JN293658

ロープレスキュー技術

Rope Rescue Technique

堤　信夫
Tsutsumi Nobuo

ナカニシヤ出版

はじめに

　ロープレスキュー技術は、基本技術の応用である。普段のロープ技術をしっかりやっておけば、レスキュー活動のときにその技術が使える。
　だから、レスキューの現場だけでなく、ロープを使う仕事、活動をしているすべての方に覚えていただきたい技術だと思っている。
　この本では、最小限の道具を使って出来る技術を紹介している。本を読む時には、ロープ、カラビナ、スリングなどを、手元に置き、図を見ながら実際にやってほしい。
　そして、実際に現場でのやり方も書いてあるので、その現場を想像してイメージ・トレーニングをしながらやってみる。私の技術は、すべての動きに理由が有り、無駄な動きをしないようにしている。安全、素早く、簡単に、が基本である。昔から使われていても間違いやすい技術は使用しない。
　シンプルにわかりやすいやり方を工夫している。それは「T式」のやり方ということで本書で紹介している。
　安全であるということは、自分が事故を起こさない。二重事故を起こさないということも重要である。そのためには早く救助を終了することである。レスキュー活動は、どんなに時間を短縮してもしすぎることはない。災害時にもあと30分、いやあと5分早かったら助かったのにということもある。やむを得ないで間に合わない場合をのぞいて、人為的な動きで、時間を短縮することは可能である。
　例えばロープを結ぶ、アンカーにセットするなど、それぞれの作業の工程が、3段階かかるとして、その一つひとつに10分ずつかかっていたらどうだろう。そしてそれが5分ずつで出来たらどうだろう。
　また1段階で出来るとしたらどうだろう。30分かかるところが、15分、または5分で出来る。それが、この技術書で可能になる。
　危険な中に救助者も要救助者も長い時間いることは危険そのものである。早く救助を完了するということは、救助時の行動、判断を素早くするということである。救助する場所、人の配置、救助器具の設置などの判断

を迷わない、間違わないことによってどうやろうかと考える時間、やり直す時間が無くなる。

近年、自然災害も多く、街での救助活動も増えてきているので、今回はビルからの救助方法、マンホールからの救助方法なども書いてある。

普段から最善の努力をする。それは技術を習得して、自分のものにしておくということ、どんな状況ででも出来るようにしておくということである。

レスキュー技術には、セルフレスキュー、アワレスキュー、チームレスキューのやり方がある。

セルフレスキューは、自分自身を助けるための救助である。アワレスキューは事故が起きたとき仲間同士で助ける救助である。チームレスキューは、救助隊を組んで要救助者を助けに行く救助である。

本書では、チームレスキューを想定した技術を多く紹介したが、技術の一つひとつはすべてのレスキューに通用するものである。

そして、まだたくさんのロープレスキュー技術がある。いずれ紹介したいと思っている。

はじめにも書いたが、この技術書にある技術は、レスキューに係わる人だけでなく、アウトドア関係者、登山をする人、ケービング、ツリークライミング、仕事でなど、ロープを使うすべての人々が応用出来る、使える技術である。ロープを扱うすべての人々に、私はこの本の技術を習得してほしいと願っている。

2008年3月

堤　信夫

目次

はじめに………2

第1章　基本の用具
1．ロープの種類………………………………………………………8
2．カラビナの種類……………………………………………………13
3．スリングの種類……………………………………………………24
4．ハーネスの種類……………………………………………………26

第2章　レスキュー活動で使う用具
1．自己ビレー用スリング……………………………………………32
2．スイベル……………………………………………………………34
3．登高器（アッセンダー）の種類…………………………………35
4．リンギングプレート………………………………………………36

第3章　ロープの結び方
1．ロープの連結（ダブルフィッシャーマンズ・ノットとオーバーハンド・ノット）…40
2．ロープの連結（シートベンド）…………………………………42
3．巻き付け結び（フリクション・ノット）のいろいろ…………45
4．メインロープまたは補助ロープでの巻き付け結び……………50
5．巻き付け結びの回収………………………………………………53
6．おもしろ巻き付け結び……………………………………………55
7．インラインフィギュアエイト・ノット…………………………57
8．ナイン・ノット……………………………………………………58
9．バタフライ・ノット………………………………………………59
10．クローブヒッチ……………………………………………………62
11．カラビナを使用してストッパーをかける3つのやり方
　　（ガルダーヒッチ・ロレンソ・ビエンテ）……………………65
12．カラビナバッチマンの正しいつくり方と間違ったつくり方…67

第4章　アンカー
1．アンカー（支点）の角度…………………………………………70
2．アンカーの構築（アンカーとスリング）………………………71
3．アンカー2本取り…………………………………………………74

4．アンカー3本取り……………………………………………………77
　5．アンカー4本取り……………………………………………………79
　6．メザシのやり方………………………………………………………80
　7．アンカーが抜けたときのことを考えた、ロープをセットする方法と
　　 危険回避……………………………………………………………82
　8．立木への結び方………………………………………………………87

第5章　ハンマードリルとボルト
　1．ハンマードリルとボルト……………………………………………90
　2．ボルトの打つ位置を決めるとき……………………………………96

第6章　ムンターヒッチ
　1．ムンターヒッチのつくり方いろいろ………………………………100
　2．ムンターヒッチでのロワーダウンと引き上げ
　　 （HMS型安全環付カラビナを使用する）……………………………101
　3．ムンターヒッチで重いものを降ろすとき…………………………104
　4．ムンターヒッチでの懸垂下降………………………………………105
　5．ムンターヒッチの固定………………………………………………106

第7章　エイト環
　1．エイト環の種類………………………………………………………112
　2．エイト環の基本的な使い方…………………………………………113
　3．懸垂下降で一番安全なやり方………………………………………117
　4．懸垂下降中の途中停止（横向きエイト環の使い方）……………119
　5．エイト環での固定……………………………………………………121
　6．懸垂下降時のロープの末端の結び方………………………………123
　7．エイト環での簡単な一時固定・固定・本固定（T式）……………124
　8．ロワーダウン（エイト環を使う方法）……………………………127
　9．エイト環での結び目の通過…………………………………………129

第8章　引き上げシステム
　1．引き上げシステムの形………………………………………………136
　2．ガイドが使う一人で引き上げる方法………………………………141

3．オートブロックシステム……………………………………142

第9章　プーリー
　　1．プーリーの種類……………………………………………148
　　2．プーリーの使い方…………………………………………152

第10章　ロープの移動
　　1．岩場やビルでのロープの移動（ロープ1本の場合）………156
　　2．岩場やビルでのロープの移動（ロープ2本の場合・T式カラビナ巻き）…161

第11章　ストレッチャー
　　1．ストレッチャーの基本的な使い方………………………164
　　2．ストレッチャーを引く角度………………………………165
　　3．救助者が付き添うときのやり方…………………………167
　　4．ストレッチャーでの安全な降ろし方……………………171
　　5．ストレッチャーの使い方（ロープの調整）………………174
　　6．ストレッチャーをセットするときのやり方……………178
　　7．ストレッチャーを運ぶとき（スリングとカラビナの使い方）………179
　　8．2：1での引き上げ（狭いビル間の場合）…………………182
　　9．Aアングルのつくり方……………………………………186
　10．Aアングルのロープの張り方と調節……………………190
　11．人を降ろすときの誘導者の自己ビレー…………………193

第12章　救助に役立つ知識
　　1．川、沢の渡り方（トラバース）……………………………198
　　2．マンホールからの救助……………………………………204
　　3．安全地帯と危険地帯、および中間地帯の見分け方……211
　　4．屋上からの脱出……………………………………………212

　　日本ロープレスキュー協会……………………………………162

　　おわりに………215

第1章　基本の用具

　レスキュー活動やロープを使う作業をするときに、まず必要な用具として、ロープ、カラビナ、スリングがある。そして、ハーネスを身につける。
　これらの用具も、材質、特性、使用方法などを知って使用することで、より安全に早く行動が出来る。そして、必要な用具を的確に現場へ持って行くことが出来るのである。
　何も考えずに、ただあるものを使うのではなく、ここにはこれを使うという理由づけを、日頃から明確に意識して使うことが大事である。
　これだけの種類があれば、たいていの救助が出来る最低限の用具だ。あとは、いかに使用するかである。

1. ロープの種類

　ロープの種類は、現在では大きく分けて「三つ打ち」ロープと、「編み」ロープの2種類がある。
　以前は登山界ではロープと言わず、ザイルと言っていた。近代登山ではアルパインクライミング時代であったのでドイツ語が主流であり、ドイツ語の名称が使われていた。
　しかし、現在はフリークライミングが流行ってきて、クライミング用語は英語で言うようになってきた。
　それで、今はロープという。また、以前は登山界ではマニラザイルが有名であった。ピンと張って亜麻仁油を塗って使用したのである。日本山岳会の槙有恒氏が、1925年にカナダのアルバータに初登頂したときにはシルクのザイルを使用したと聞いている。

1. 三つ打ちロープ

　三つ打ちロープにはZ撚り、S撚りの二つがあるが、ほとんどはZ撚りの方が使われている。硬さには、ソフト、ミドル、ハード、スーパーハードなどがある。メーカーにより違うが、白色のロープの中にオレンジが1本入っているとソフトである、などのように見ただけで区別が出来るようになっている。

2. 編みロープ

　編みロープの中でダイナミックロープとは、一般的にクライミングロープを指す。クライミング中に転落した場合にロープが伸びて、その引っ張られる力をロープが吸収して、転落者の体に負担がかかるのを少なくするためである。
　スタティックロープは、編みロープの中で伸びの少ないものである。レスキュー、ケービング、工事などで使用するロープである。ハード（硬い）、セミ（中間）、ソフト（柔らかい）の3種があるが、一般的にスタティックロープというとセミスタティックのことである。太さは9mm、10mm、10.5mm、11mm、12mm、13mmがある。
　色は、ホワイト、ブラック、オールブラック、カーキ、イエロー、グレーなどがある。

3. スタティックロープ

スタティックロープには用途により種類がある。

・水難救助用ロープ

三つ打ちロープでは、ジェット・フローティングロープ（日本製）というものがある。これは水に浮くロープで、水中からの引き上げなどに使用する。ポリプロピレンで出来ていて太さ12mmのものがある。

編みロープでは、水難救助用、またキャニオニング（沢下り）用として、エバードライという特殊な加工がしてあり、水に浮き、水をはじくロープがある。その他、ウオーターロープとして、ポリプロピレンで太さ10mm、色はイエローで、袋に入っていてその中にマットも入っている。ロープの端を掴んで袋ごと放このロープは水に浮かぶ。

・化学薬品救助用ロープ

特殊なロープとして火や化学薬品に強いロープである。太さは11mm。芯はナイロン、芯の上に編みのケブラー、外皮はナイロンでつくられている。外皮が溶けてしまっても、その下のケブラーによって、切れることはない。ケブラーは熱や化学薬品に強いと言われている。TEMP11・ファイヤー・リターダント・スタティックロープというものがある。

・ケブラーロープ

ケブラーロープは5.5mmの太さで、ナイロンロープの10mmに相当するくらいの強度がある。伸びがないので補助ロープとして引くにはとても良い。そのときは、少し細いので握りにくいからカラビナをかけて引くとよい。ロープの末端処理は焼いても出来ないので切ったあと瞬間接着剤で固めるとよい。

・ツリーワークス用ロープ

ツリーワークスという木登り用のロープも現在売られている。柔らかくて太い12.6mm、13.5mmがある。木を傷つけないことと、巻き付け結びがよく利くロープである。

ロープはこの他にもいろいろあるが、主なものを紹介した。三つ打ちロープを使用しているところも、現在、編みロープを使用するようにかわりつつあるので、簡単に記載した。

4. ロープの注意点
　ロープは、摩耗などに弱いので、使用上注意しなければならないことがある。また、スタティックロープは伸びないので、クライミングでは使用しないこと。
（1）使用上の注意点
① エッジに弱い。エッジとは、岩角のことで、ビルの屋上などもこれと同じで、下降時などにロープが角に当たるときは、角にプロテクターを使用する。
　エッジの横移動などには特に弱い。摩擦に弱いので、こすれるとロープが溶ける可能性がある。
② ロープとロープを交差させない。一方が張ってロープにもう1本のロープが当たっている状態でそのロープを引くと摩擦熱でロープが溶けてしまう可能性がある。
③ 懸垂下降などではスピードアップ（加速）しない。エイト環が触れないくらい熱くなる。その熱でロープの外皮が溶けてくる。このようなときは、外皮をよく見ると光っている。
④ 地面に置いたロープを、足で踏まない。常に気を遣い、ロープを傷つけないようにする。足だけでなく、重い物をロープの上に降ろすと外皮は切れていなくても芯が切れている事もあるので、細心の注意を払う。
⑤ 外皮が毛羽立ってきたら廃棄して交換する時期だが、外皮が毛羽立っていないのに芯が痛んでいたら、その部分を切って捨て、切った先端を焼いて末端処理をすれば残りのロープが使える。
⑥ ロープの寿命は、使い方による。新品を使っても1回目で外皮が傷つき芯がむき出しになったらそのロープは使用しない。傷ついた箇所が1箇所ならば、その部分を切って使うことは出来る。ロープの寿命はどのような使い方をしたかの使用内容による。
⑦ ロープは濡らすと強度が低下する。凍るともっと強度が落ちる。
⑧ ナイロンは熱と化学薬品に弱いので、それらをロープに与えないように注意する。
　ロープを使用した後、保管する際にはロープを目で見て、手のひらで滑らせていくと、芯が切れてたり、折れていたりすればすぐにわかる。
⑨ ロープを濡らしてそのままにしておくと、乾いてから使用するときには短くなっているので注意する。ロープが硬くなって傷つきやすい。
　ロープが汚れたり血液が付着したときは、ロープ用の洗剤で柔らかいタワシまたはロープ用のブラシで洗う。

⑩　ロープが濡れた場合は、網の上に置いて陰干しする。太陽に当てるとロープがごわごわになってしまう。また、外皮は紫外線に弱いので、涼しく乾燥した場所に保管する。

⑪　外皮と芯のズレが出たときは、強く引っ張らずに柔らかく外皮を伸ばして、芯より長くなった外皮を切り、末端を良く焼いてくっつける。先端は角がないように丸くする。
欧米では最初に使用する前に一度水につけてから外皮と芯のズレを直して使用することもある。

外側＝痛んでいないロープ
内側＝中芯が切れているロープ

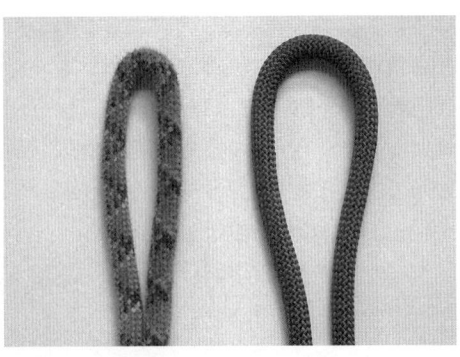

右側＝痛んでいないロープ
左側＝折れたロープ
　　　エッジなどでキズがつくと折れる

同じロープでも、痛んでいる箇所は太くなって、毛羽立ってくる

上＝痛んでいないロープ
下＝外皮に毛羽立っている箇所があるロープ

(2) 傷みの目安と見分け方

　ロープが傷んだと思える目安がある。傷んだロープを気づかずに使うと、そこに力が加わったときに切断してしまう危険性がある。使用前後には、ロープをチェックして傷などがないかを確認するようにしておく。

　編ロープは古くなるとだんだん硬くなってくる。

　ロープの太さが太くなり、芯が柔らかくなってくる。ロープの中で撚ってあるナイロン糸の撚りが戻って太くなってくるのである。

　ロープの芯が切れる。見た目には何でもなくても芯が切れていることがある。手のひらでロープを軽く握って、少しずつ手の中を滑らせるように動かすと、手触りの違うところがあるのがわかるようになる。そこがロープの芯が切れているところや切れかけている箇所である。ロープの上に重いものを置いて傷ついたときは、ロープのその箇所は小判型になっている。外皮もよく見ると毛羽立っている。外皮は毛羽立っているから切れるとはかぎらないが、問題は中芯がキズを負っているかいないかである。手でよく触れるとだんだんとわかってくる。

(3) ロープが傷みやすい状況

　ロープの使用時に傷みやすい状況で、気をつけたいことはロープを横に張るときにロープがねじれてしまう（キンク）ことと、角（エッジ）にこすれることである。摩擦に関しては編みロープより、三つ打ちロープの方が強いかもしれない。

　また、ロープの末端のほつれ、あるいは化学薬品、シンナー、プライマーの付着によって硬くなり、力が入るといきなり切れてしまうことがあるので注意したい。

　ロープがたるんでいるときは、ナイフでロープを切ろうとしてもなかなか切れないが、ロープをピンと張って大きなテンションをかけてナイフを当てれば、力を入れなくても思ったより簡単に切れてしまう。チロリアンブリッジなどの張り込みのときなどには、このことを頭に入れて注意しよう。角（エッジ）はナイフと同じ状態になる。

2. カラビナの種類

　現在、カラビナにはいろいろな種類がある。材質としては、アルミニウム（ジュラルミン）、ステンレス（SUS）、スチール（鉄）などがあり、メーカー1社でいろいろな形を出しているので、スポーツ店に行くと迷うほどの多種多彩な種類が並んでいる。カラビナは好き嫌いがあって、このバネの開閉部が使いやすいとか、バネが傾きすぎるとか、手の小さい女性などは手のひらに入るくらいのものが使用しやすいことで選ぶことが多い。クライミングではそれでもよいが、レスキューとなると強度出しが必要なので、使う箇所に適したものを選べば大きくなったり重くなったりする。それぞれをよく知った上で使い分ける。

1. カラビナの形
　主なものは、O型、D型、変D型、HMS、新変D型などがある。それ以外にも用途に応じたカラビナがある。

2. 開閉部（ゲート）の種類
　安全環付カラビナと、安全環がついていないノーマルカラビナがある。
・安全環付カラビナのゲート
　①スクリューゲート……ネジ式になっていて回して締める。
　②クイックロードゲート……開閉部を摑んで回して引くと開閉部が開き、指を離すと自動的に開閉部が締まる。
　③ロックセーフモード……メーカーによっては、3ステージクイックロックという。開閉部をもう一度下にさげて回して開け、指を離すと自動的に締まる。
　④スライドゲート……ゲートの環を指で持って下に下げて引くと開き、指を離すと締まる。初めてだとスクリューゲートだと思い何回も回してしまう。ゲートの形で覚えるとわかりやすい。
　ロックされて、そのあと下に下がるか上に上げるかは自分で見て覚える。
　メーカーによって多少違う。片手ではやりにくい。安全性は高いが、慌てているときや初めてさわる人は、まず開くのに時間がかかる。

ノーマルカラビナのゲート
　①ベンドゲート……レスキューには向かない。安全環付にはない
　②ストレートゲート……前に書いた安全環付の3つにもある。
　③ねじれたゲートもある。開けるとゲート口の横にゲートがいくようになり、大きく開くのでロープを入れやすい。これも安全環付の3つにもある。

3. レスキューカラビナとクライミングカラビナの違い

　レスキューカラビナとクライミングカラビナは大きな違いがある。これは製造する工程で違ってくる。クライミングのアルミニウムカラビナは軽さが優先し、なおかつ強度を出すためにいろいろな形をしている。断面を見ると
　①小判型、②楕円形、③丸形などがある。
　レスキューカラビナは強度が優先する。
　強度を出すためにプレスをかけないので、断面は丸のままである。

4. カラビナのいろいろ

　カラビナの強度表示、形、形状などを図で示す。
(1) 強度（図1-1〜図1-4）
　カラビナには刻印がしてある。よく見ると、「KN↔30↕10◯10」とある。これは、このカラビナの強度を示している。
　KN（キロニュートン）は耐荷重の単位で、1KNは約100kgである。
　図1-1は横方向の引っ張りに耐えられる強度30KN。
　図1-2は縦方向の引っ張りに耐えられる強度である。変形または破壊されるまでの強度を表わしている。
　横強度　基準カラビナを横にして、12mmの鉄棒で両側に引っ張り、何KNまで耐えられるかを測定している。

KN↔30↕10◯10

図1-1 横に引っ張られたときの強度

図1-2 縦に引っ張られたときの強度

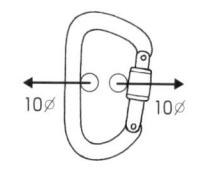

図1-3 ゲートに当たったときの強度
F>1KN

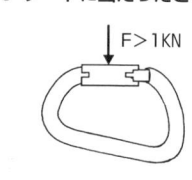

現在のカラビナの強度は、22KN以上のものになっている。

縦強度　基準カラビナを縦にして10mmの鉄棒で真ん中の両側を引っ張り、何KNまで耐えられるかを測定している。

◯は、カラビナのゲートを開けて使用したときの強度である。

図1-3はゲートの開閉部分に衝撃がかかったときの強度。

図1-4はカラビナを立て横から衝撃がかかったときの強度。

ゲートに衝撃がかかったときの、ゲートの強度は表示にはないので、このくらいの力で破損するということを覚えておく。

開閉部に何らかの力があたると強度が落ちる（データは、イタリアのコング社のものを参考にした。コング社はヨーロッパではもっとも大きな会社であり、軍隊やレスキュー用品、登山用品を造っている有名なメーカー。旧ボナッティカラビナのメーカーである）。

（2）安全環付カラビナのゲート（図1-5～図1-8）

安全環付カラビナは、ゲート部分が岩などにあたっても開かないようになっており、それには4つの形がある。

図1-5　スクリューゲート……ネジを回して開閉する。

図1-6　クイックゲート（ワンタッチゲート）……開閉部が長くなっており、閉じるときはそのまま締められる。開けるときはゲート部分を回して開ける。

図1-7　クイックセイフティゲート……開閉部が長くなっており、ストッパーがついている。開閉部を上下に動かして回して開ける。

図1-4　ゲートの横に当たったときの強度

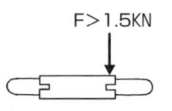

F＞1.5KN

図1-5　スクリューゲート

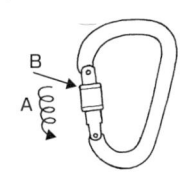

図1-6　クイックゲート

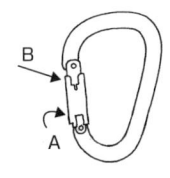

図1-7　クイックセイフティゲート

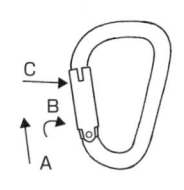

図1-8　スライドゲート

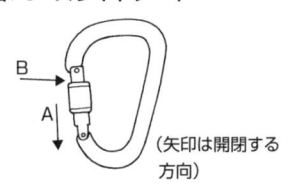

（矢印は開閉する方向）

ダブルセイフティゲートともいう。
図1-8 スライドゲート……開閉部がネジ式（スクリューゲート）と同じなので、知らないとつい回してしまうが、下に下げると開く。

（3）キャッチ部（図1-9～図1-12）

　カラビナのキャッチ部分は、思ったよりロープが引っかかりやすい。慌てているときは、それがスムーズにはずれない場合がある。古い型から表示するので覚えておこう。

　図1-9 イカリ型……船のイカリのような形。鉄カラビナや初期のアルミ製のものはこの形になっている。日本製。

　図1-10 主軸側にピンがついている型……アルミ製の時代の始まりはこの形であった。初期のものは強度が少ない。

　図1-11 ゲート（開閉部）にピンがある型……この時期が一番多くつくられいる。強度も出てきた。

　図1-12 主軸側にキザミがあるものやヒョウタン型……ロープが引っかからないようにつくられている。

（4）ゲート（開閉部）の型（図1-13～図1-16）

　図1-13 ストレートゲート……現在のカラビナでは、この型が一番多い。

　図1-14 ベンドゲート……ゲートの真ん中が少し内側へ曲がっているので、クライミングでランニングビレイを取るときなど、片手でロープをかけやすい。しかし、その逆もありで、転落したときなどベンドゲートの上にロープが乗っかったら、ゲートが開いてロープがカラビナからはずれてしまうことがある。レスキューには向かない。

　図1-15 ワイヤーゲート……ゲートがワイヤーでできており、キャッチ部に引っかける。冬山では

図1-9　イカリ型

図1-10　主軸側にピンがある

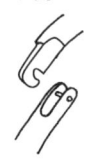

図1-11　ゲート側にピンがある

図1-12　キザミがあるもの、ヒョウタン型になっているもの

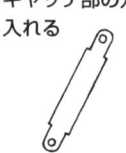

図1-13　ストレートゲートをキャッチ部の穴に入れる

図1-14　ベンドゲート

ゲートが凍って開かなくなることがあるが、ワイヤーゲートではそのようなことはない。

　図1-16　ツイストワイヤーゲート……小さな球がワイヤーの先端についていて、キャッチ部のへこみにそれがはまるようになっている。まさに芸術的な形だと私は思う。

[ワンポイント]
この他にも、ゲート部とキャッチ部が、開閉部を開くと斜めにずれ、大きく口が開きロープがかけやすくなる型もある。スポーツ店で手にとって見てみると楽しいものだ。

（5）危険な使用の仕方

　カラビナは、割れるものだ。ねじれに非常に弱い。アルミは軽いが、割れるということを覚えておこう。スチール製は割れることはないが、強い力が加わると開閉部が開かなくなる。その他にも、強い力が加わると弱くなる。

　図1-17　カラビナに3点から強い力が加わると強度が落ちる。3点からカラビナを引くようなことはしないこと。

　図1-18　ダイニーマのクイックドロー（ヌンチャク）は、カラビナがダイニーマスリングに当たるところが角度を強くして狭くつくってある。

　図1-19　ナイロンスリングのクイックドロー（ヌンチャク）は、カラビナがナイロンスリングに当たるところが広くつくってある。

　図1-20　カラビナの狭い部分に、ナイロンの30mmぐらいの幅の広いスリングをつけて強い力で引くと、カラビナの強度が落ちる。スリングがカラビナの湾

図1-15　ワイヤーゲート
ワイヤーをキャッチ部に引っかける

図1-16　ツイストワイヤーゲート
ワイヤーの先の球

図1-17　3方向（3点引き）は割れる

図1-18　ダイニーマ
クイックドロー

スリングのかかる箇所が狭くなっている

図1-19　ナイロンスリング

スリングのかかる箇所が広くなっている

曲に合わず、横にずれて引っ張られるためである。クライミングの転落時などに、このような状態になる。

・**ベンドゲートの危険性**（図1-21〜図1-23）

　図1-21　ベンドゲートでの転落時などは、ロープがゲート部分にロープが乗り、はずれることがある。図のようにロープをセットする。

　図1-22　転落時に、上にいっているロープが下に下がり、ロープがゲートのへこみの上に乗る。

　図1-23　ロープがゲートを押して開いてしまう。ロープがカラビナから抜けてしまうので注意する。

[ワンポイント]

ベンドゲートはレスキューには向かない。カラビナを購入するときや使用するときは、使用目的をよく考えよう。カラビナの種類をよく思い出して購入し使ったりしよう。

図1-20　幅の広いナイロンスリング（30mmぐらい）が当たる所が狭いと、強い力で引くと強度が落ちる（広いテープスリングがカラビナの中でずれた状態）

図1-21　ベンドゲートのクイックドローにロープをセットする

図1-22　転落した場合、ロープが下に落ち、ベンドゲートの上に乗る

図1-23　ロープの重さでゲートが開き、ロープがはずれる

（6）カラビナとロープのあそびを止める器具

　カラビナにかけたロープが、あまり動きすぎるとゲートに当たり、ロープが抜けたり、カラビナの弱い部分にロープの力がかかり、強度が落ちるということがある。そこで、カラビナにかけてロープの移動を制限する器具がある。メーカーによっていろいろな形のものが出ている。

　図1-24　バンジー・ゴム製……ヌンチャクのクイックドロー用に使用する。

　図1-25　ファーストイノックス・ステンレス製……開閉部を開けそこから通す。ロープを止めて結ぶ。

　図1-26　ファーストオープン・ステンレス製……クイックドローのテープをカラビナにかけて、テープの下部から入れて、ペンチなどで潰す。

　図1-27　ナイロン・プラスチック製……クイックドローの上からセット出来る。ロープなどでもよい。指で押すとパチッと入る。

　図1-28　クロスバー・ステンレス製……カラビナに穴が開いていて、後からピンを差し込みハンマーでたたき込むようになっている。カラビナを買うとセットでピンがついている。また、現在は初めからカラビナにピンが差し込まれているものもある。

（7）変型カラビナの種類

　ちょっと変わった型のカラビナ（図1-29～図1-39）を紹介しよう。

　図1-29は名前をギャラクシーという。ダブルセイフティゲートでHMS型であり、ゲートにワイヤーがついている。このカラビナは優れものである。開閉部を開けて、ハーネスのループに入れて引くとワイヤーのゲートが開き、簡単にロープがカラビナの下部にセット出来る。ロープが回らない。下降や確保

図1-24　バンジー・ゴム製

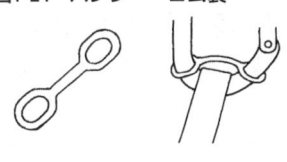

図1-25　ファーストイノックス・ステンレス製

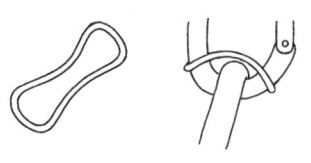

図1-26　ファーストオープン・ステンレス製

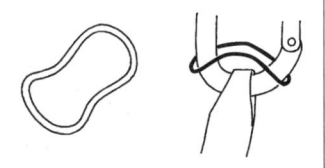

図1-27　ナイロン・プラスチック製

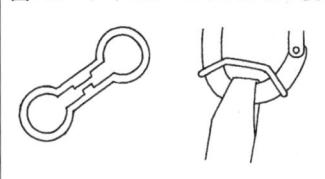

図1-28　クロスバー・ステンレス製

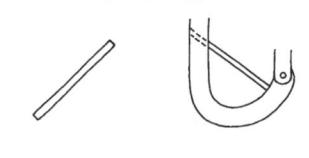

のときなどには、とても安全性が高い。

　図1-30　ピン付カラビナである。カラビナにピンがついていて、カラビナの下部とピンの間にロープを結ぶ。ロープが動かないので結び目が回らない。古くからあるカラビナの一つであるが、日本では売れなかった。

　図1-31　名前はビレイマスターという。安全環付カラビナのスクリューゲートにプラスチックのカバーをつけ、ゲートが不用意に開かないよう、より安全性を高めた。下降器や確保にはよい。

　図1-32　安全環付カラビナでクロスした形になっている。なぜクロスしているか、わかるだろうか。ちょっと考えてみよう。

　一般的なカラビナを使った場合、ロープを張ってカラビナをかけ、その下にプーリーをセットしたとする。ロープを引いた場合プーリーが横を向くため、こういうときはカラビナを2枚使用してプーリーをセットする。結構、めんどうでカラビナを多く使わなければならない。

　そこで、このクロスカラビナを使うと、プーリーがロープにまっすぐになり90°に向く。クロスカラビナ1枚で対応できる。これも昔からあるが、日本では売れないカラビナであった。これは安全環付のみである。

　図1-33　安全環付カラビナの下部に輪がついている。ロープを結ぶのに都合がよい。これも古くからあるが、日本では売れていない。

　図1-34　安全環付カラビナにスイベルがついている。アルミスイベルアイという。スイベルが回転してロープがキンクしないようになっている。

　図1-35　FROGという。FROGはカエルのことで、その形が似ていることから付いた名前だろう。今まで

図1-29　ギャラクシー
カラビナの下部にワイヤーが付いている

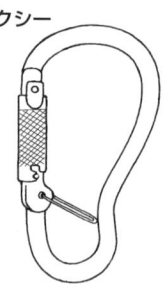

図1-30
カラビナの下部にピンが付いている

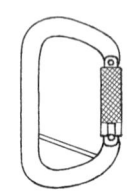

図1-31　ビレイマスター
スクリューゲートにカバーをかけるようになっている

図1-32
クロスになっているカラビナ

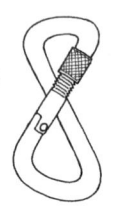

図1-33
カラビナの下部が輪になっている

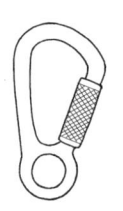

のカラビナのイメージをガラッと変えたものである。左右の爪部分を下に下げると上部が開き、ロープを入れると閉まる。ハーケンやハンガーを入れて押すと、自動で閉まる優れものである。テープが付いている。アンカーに直接つけられる型もある。私はフィックスロープにかけ、転落防止に止め結びをして使っている。1つぐらいは持っていてもよいカラビナだ。

図1-36 片手でオープン出来るカラビナといったらよいだろうか。私は自己ビレイに使用しているが、とてもよい。工事の安全帯につけるものと同じである。アルミ製とスチール製がある。足場のパイプにかけることが出来る。

図1-37 これも片手でオープン出来る。工事の安全帯のものと同じで、これはアルミ製である。

図1-38 各種の大型カラビナ。左側の一般的なカラビナから比べると、2〜3倍の大きさがある。多くはスチール製だがアルミ製もある。形により使用目的も少し違う。中型もあるが、型がまた少し変わる。

図1-39 ステンレス製の針金で出来ていて、片手で開きセットも出来る。いま私が一番気に入っているものだ。下の輪を握ると、上が横向きに開く。ロープまたはアンカーなどにかけて、手を緩めると閉まる。両側で引っかかりがあるので、手で締めない限り開かない。これで30KNの耐荷重がある。長さが約40cmあるので、ロープウエーなどのワイヤーにかけるのも楽だ。私の得意としている、ロープウエーの救助講習などで使用している。メーカーはコング社。

[ワンポイント]
用具の売れ行きなどをみても、日本の救助技術は遅れている。メーカーも救助隊も経験が少ないまま取

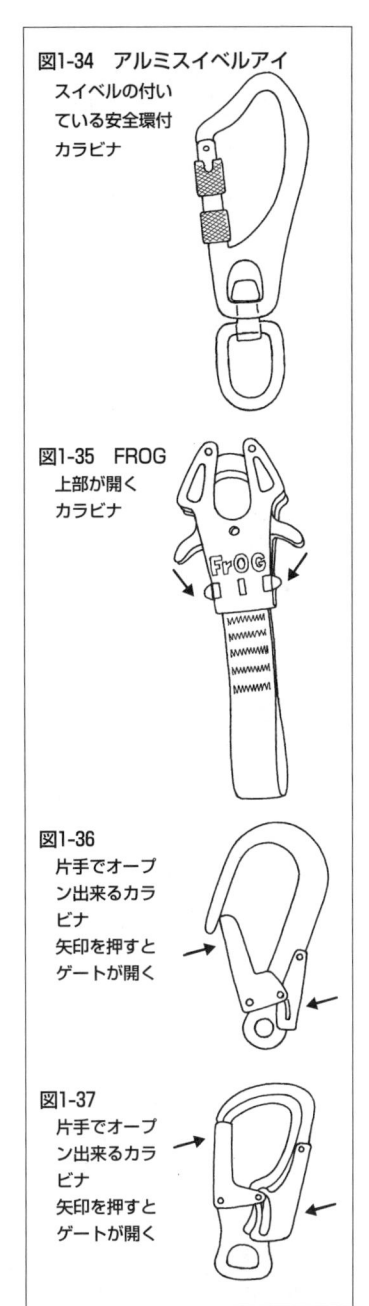

図1-34 アルミスイベルアイ
スイベルの付いている安全環付カラビナ

図1-35 FROG
上部が開くカラビナ

図1-36
片手でオープン出来るカラビナ
矢印を押すとゲートが開く

図1-37
片手でオープン出来るカラビナ
矢印を押すとゲートが開く

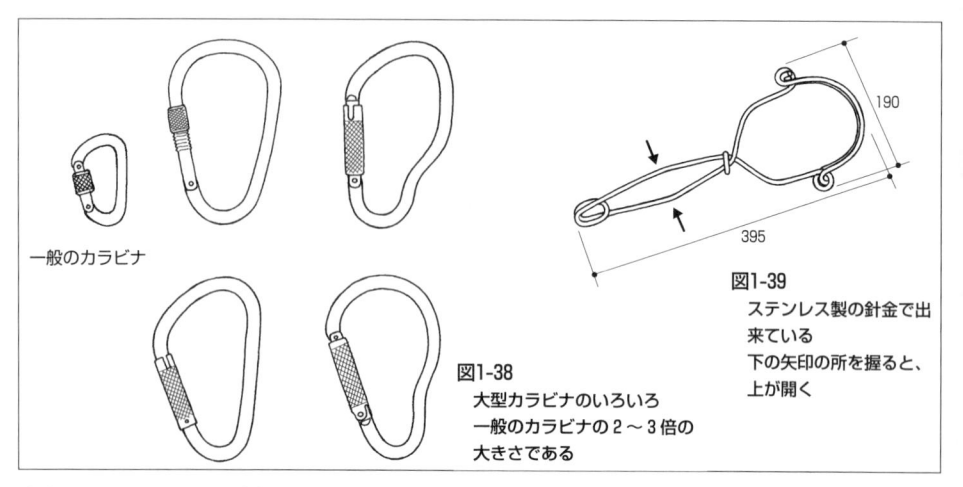

一般のカラビナ

図1-38　大型カラビナのいろいろ
一般のカラビナの2〜3倍の大きさである

図1-39
ステンレス製の針金で出来ている
下の矢印の所を握ると、上が開く

190
395

図1-40　O型カラビナ

図1-41　D型カラビナ

図1-42　変D型カラビナ

図1-43　新変D型カラビナ

り扱っているので、新しい用具を使うことが出来ないのだろう。もう少しレベルを上げて用具を使いこなせば、もっと救助活動も楽で安全に出来るだろう。現在、用具の進歩はめざましいものがある。

6．一般的なカラビナ

　ここからは、一般的なカラビナを紹介しよう。名称はその形から呼ばれているものが多い。

　カラビナは、今やいろいろな型がある。同じ型でも、メーカーにより少しずつ違う。買うときは手に取って、扱いやすく手になじむものを購入しよう。

　図1-40　O型カラビナ。古くからある型だが、最近はあまり使われなくなった。その理由は強度が出ないということである。プーリーによっては、O型をかけるものもあるので、よくチェックすること。今は兼用プーリーを使用することがほとんどである。

　O型が有効な使い方は、登高器のロープをかける所にセットするときやチェストハーネスとシットハーネスを繋ぐ場合である。最近のスチール製O型カラビナ

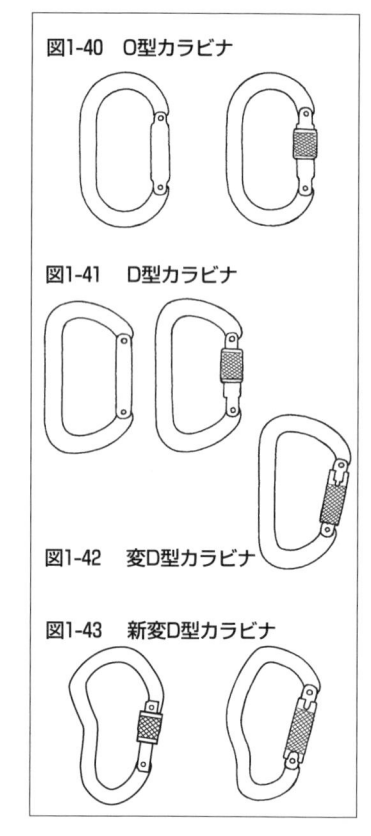

は、強度が出るものもある。

図1-41 D型カラビナ。これも古いボナッティカラビナの型で、70年代はこの型が主流であった。真ん中を中心に、上部と下部が同じ型のものをいう。黒色や、迷彩色などもある。

安全環付カラビナはオートブロックシステムに使える。ボナッティは現在コング社という。

図1-42 変D型カラビナ。これが現在多く使われている型である。上部と下部のアールの形が違い、下部のゲートの下が狭くなっている。

図1-43 新変D型カラビナ。ゲートの反対側に少しアールがついていて、内側へ凹んだ型になっている。いろいろな型がメーカーから出ている。オートブロックシステムのときに、巻き付け結びが潜らないのでとてもよい。

図1-44 HMS型カラビナ。ムンターヒッチ用のカラビナ。ムンターヒッチでロープを引くときと出すときに、ロープがカラビナにかかっている所が逆に返るように形が大きく洋梨型になっている。

図1-44 HMS型カラビナ（洋梨型）
オメガ社の製品は矢印の箇所に強度テスト時のキズがある

図1-45 HMS型カラビナ

図1-46 カラビナの面の違い
丸型はレスキュー用が多い
プレスをかけて小判型にしているものは、クライミング用に多い

カラビナの断面の形

[ワンポイント]

図1-44はアメリカのオメガ社の製品である。矢印のところにキズがある。強度実験をしたキズである。持ってたら見てみよう。

図1-45 HMS型カラビナ。図1-44のカラビナに比べてだいぶ型が違う。ムンターヒッチをセットする部分がまっすぐになっているので、結び目を3つ入れても安定する。私はトリプルインク・ノットに使用している。DMM社製である。

カラビナの断面の形

図1-46 カラビナの断面は、レスキュー用のカラビナは丸型のものが多く、クライミング用のカラビナはプレスをかけて小判型などに加工されているものが多い。

[ワンポイント]
アルミ製は割れるが、スチール製は割れることがない。世界で一番強度があるカラビナは、D型安全環付カラビナ（オメガ社）で、73KNである。チロリアンブリッジなどのようにロープを張るときに使うカラビナは、スチール製を使用すること。

3. スリングの種類

スリングは、丸いロープスリングとテープスリングがある。昔は、ロープを切って結んで使うことが多かった。自分で使いやすい長さを決めてつくっていた。今はテープではじめから縫い合わせてあるものが多く使われている。それをソウンスリングという。

1. 材質

スリングの材質には、ナイロンとダイニーマがある。ミシンで縫って輪にしてあるものをソウンスリングという。

しかし、レスキュー隊の活動時では、アメリカなどでは太いテープスリングを使用して、その現場で結び輪をつくるやり方である。これは現場の必要に合わせた大きさのスリングをつくり使用するためである。

登山界では、現在はダイニーマのスリングが多く使われだした。ダイニーマは、ポリエチレン系の材質のため、軽量で水とエッジに強い。ナイロンとの大きな違いは、ナイロンは伸び率が大きいが、ダイニーマはほとんど伸びないと言ってよい。ダイニーマは防弾チョッキの材料にも使われている。

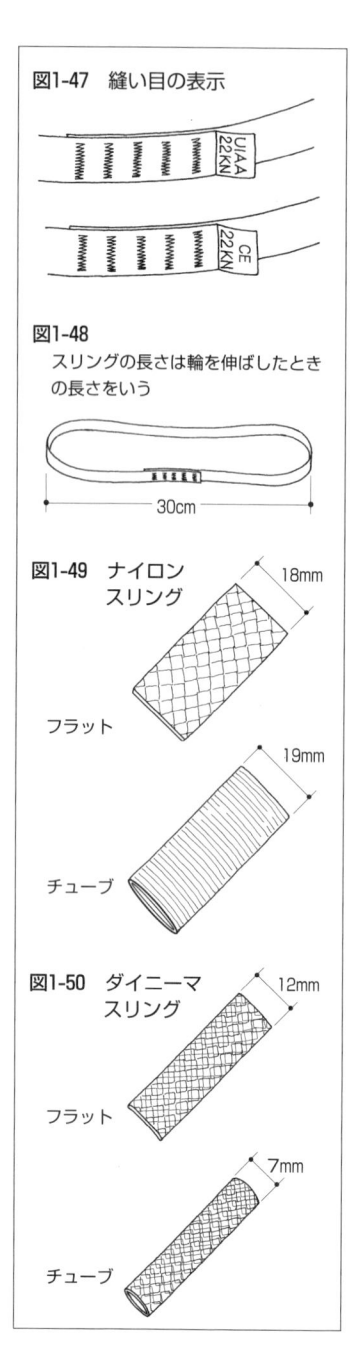

図1-47 縫い目の表示

図1-48
スリングの長さは輪を伸ばしたときの長さをいう
30cm

図1-49 ナイロンスリング
18mm
フラット

19mm
チューブ

図1-50 ダイニーマスリング
12mm
フラット

7mm
チューブ

図1-47 ソウンスリングの縫い目には、「UIAA」か「CE」の文字が書かれていて強度も22KNと表示されている。実際には22KN以上の強度がある。

図1-48 スリングの長さは、輪を伸ばしたときの長さをいう。

図1-49 ソウンスリングでナイロンテープとダイニーマでそれぞれ30cmのもので22KNの強度を出すとすれば、ナイロンのチューブスリングで太さ19mm、ナイロンフラットテープだと太さ18mmが必要になっている。

図1-50 ダイニーマテープだと12mmの太さで22KNの強度が出せる。現在は、エーデルワイス社のものでダイニーマの丸スリングがある。太さは7mmである。
こんなに細くて22KNが出せるのかと疑ってしまうくらい細いが、軽くて強度があり使いやすい。世界でも「ロープはエーデルワイス社製」という一番有名なブランドである。

2. 形状

ロープスリングは、スポーツ店などで切り売りされている。レスキューで使用するなら、最低でもナイロンロープでは7mm以上の太さはほしいものである。巻き付け結び用としては、専用のプルージックロープ（太さ7mm）があり、これはナイロンロープに巻いても相性がよく、利きが良い。三つ打ちロープにも巻き付け結びがよく利く。

また、ケブラーロープの太さ5.5mmのものがある。みるからに細いロープであるが、引っ張り強度は1,850kgというからすごく強いものである。ナイロンロープでは、9mmで1,700kgの強度であるから、その強度は比較するまでもなくわかるであろう。ただ、ケブラーロープは切り口をナイロンロープのように火で焼いて処理することが出来ない。私は、アロンアルファのような接着剤を使用して固めている。

メインロープに巻き付け結びなどをするのには、ロープスリングが利きやすい。結び方はダブルフィッシャーマンズ・ノットが良い。

ケブラーロープは、バルトタン、ボロネ、レインなどの結び方が非常に良い。

ナイロンテープは織り方で2種類ある。チューブ・テープとフラット・テープがある。切り口を見ると中が空洞で袋状になっているものと、平らに帯状に織ってあるものである。柔らかさは、チューブ・テープの方がある。テープでハーネスをつくるのに適している。

フラット・テープは、メーカーにより多少違いがあるが少し堅めなので、結び目がほどけやすいので注意する。両方とも、スリングの輪をつくるなどテープを結ぶときは、リングベンド（テープベンド）で結ぶと良い。

4. ハーネスの種類

ハーネスとは安全ベルトのことである。昔は、安全ベルト、ゼルブストバンドと言ったが、現在では、登山、レスキュー、ワークなどでもハーネスという言い方が一般的になっている。

ハーネスを選ぶときは、高いから良い、安いから悪いということはなく、自分の体に合った物を探すことが、大切である。メーカーにより形、大きさ等それぞれ違いがある。形状で分類すると、3種類がある。

1. シットハーネス

図1-51　腰のベルトと腿(もも)にループを通すハーネスである。腰を下ろす形になっていて、転落やロープにぶら下がったときは椅子に座ったような状態になる。

レスキューやワーク用などは、ベルトの幅も広く左右にバックルが付いているので、装着が早く出来る。バックルを同時に引くとワンタッチで装着出来る。

前部にD環が付いている。横にもD環が付いている。メーカーによっては前と同じような大きさのものが付いているが、大きいと体を振ったりするときに邪魔になり使いにくい。

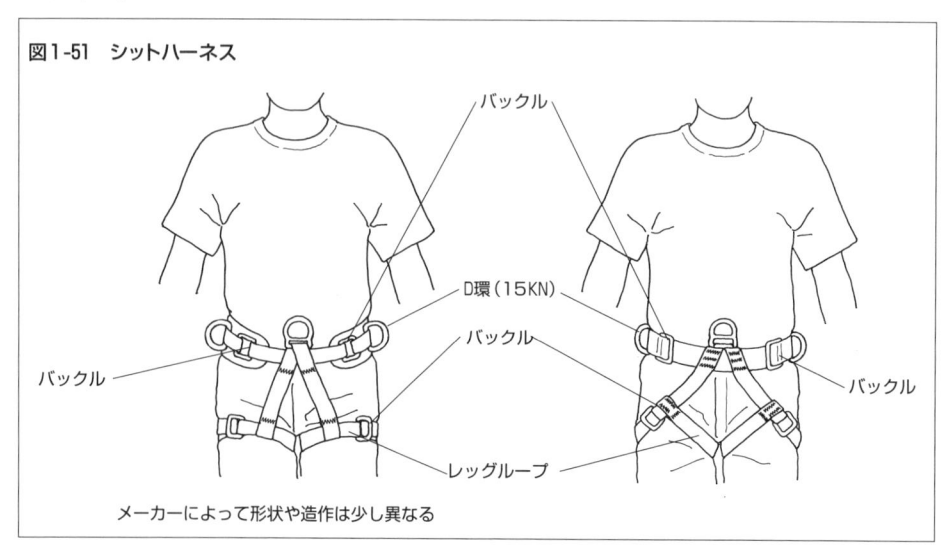

図1-51　シットハーネス

バックル
D環(15KN)
バックル
バックル
バックル
レッグループ

メーカーによって形状や造作は少し異なる

左右のＤ環は少し細いものが良い。空中でもかけやすい。Ｄ環の強度は15KNである。

3個とも、クライミングのように転落時などの負荷は入れていない。

2. チェストハーネス

図1-52 胸に付けるハーネスである。現在では、チェストハーネスだけ使用することはほとんどない。

シットハーネスと併せてセットで使用される。長時間の行動の場合はセットで使用したほうが楽である。登高のときなどにも良い。

・シットハーネスとセットするときの注意

シットハーネスとチェストハーネスをセットするときは、Ｏ型安全環付カラビナでＤ環の内側のベルトにかけてセットする。Ｄ環にはかけない。必ず、Ｏ型安全環付カラビナを使う。

図1-53は、シットハーネスをセットするときのＯ環のかけ方である。

図1-52 チェストハーネス

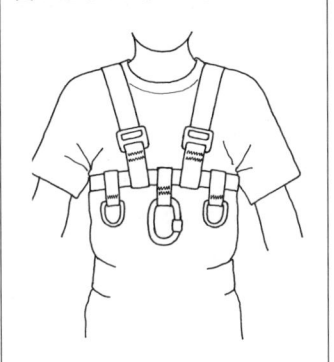

図1-53 安全環付Ｏ型カラビナのかけ方

シットハーネスとチェストハーネスをセットで使用するときに使う

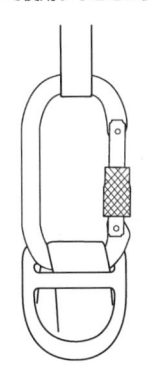

Ｄ環の内に安全環付カラビナをかけるのは、Ｏ型にかぎる

3. フルボディハーネス

チェストハーネスとシットハーネスが一体になっているものを、フルボディハーネスという。

エアレスキューなどでは多く使用されているが、動きにくいため現在はシットハーネスだけ使用する人も増えている。長時間のぶら下がりや空中時には良い。

長く動いていると肩がこってくることがあるが、安全性は高い。

・フルボディハーネスの形状

　図1-54は、ヨーロッパ製の形である。メーカーが違うと少しずつ違うが、後ろにD環が付いているものと付いていないものがある。

　ハーネスは、旧共産圏でつくったものはしっかりつくってあるのでよい。値段もヨーロッパ製よりも安く安全性も良い。

　図1-55は、アメリカ製のフルボディハーネスである。アメリカ製はごつく、頑丈に出来ているので日本人の体系には合いにくい。

　アメリカのハーネスの特長はレッグループのところが縫ってある（図1-56）ので、一目みてヨーロッパ製との違いがわかる。

　図1-57はD環が左右の肩に付いていて、背中にも1つ付いているものである。ウエストはD環のようなものがなく、上半身にセットするので、空中やエアーレスキューなどではよいが、地上では使いづらい部分もある。

　それをカバーするものとして付属品がある（図1-58）。ハーネスにセットして吊り上げるアール状の物とデルタ状のものがある。

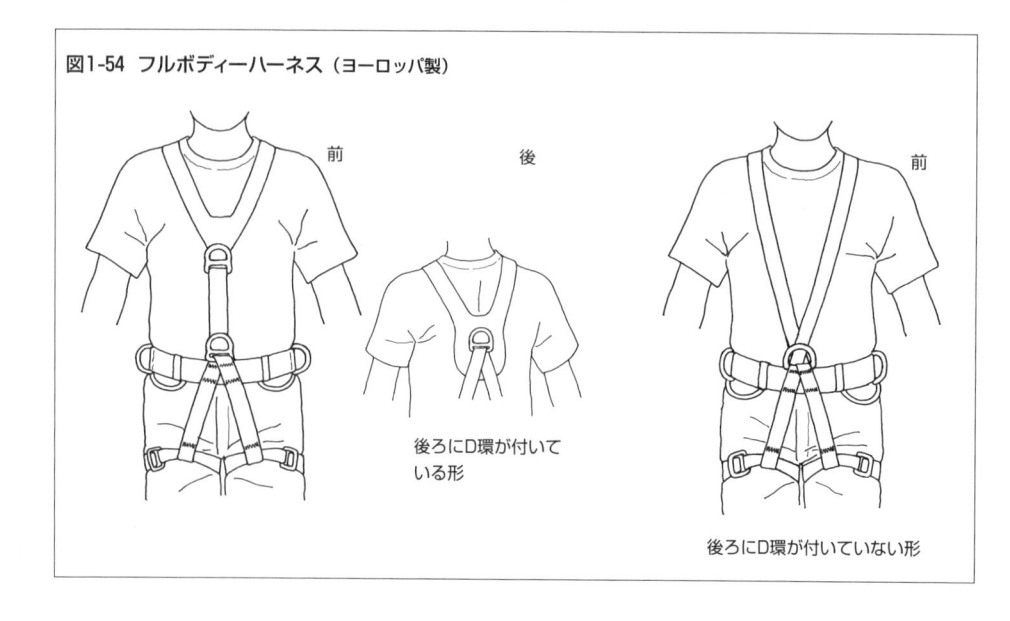

図1-54　フルボディーハーネス（ヨーロッパ製）

前　　　後　　　前

後ろにD環が付いている形

後ろにD環が付いていない形

第1章　基本の用具　29

図1-55　フルボディーハーネス（アメリカ製）

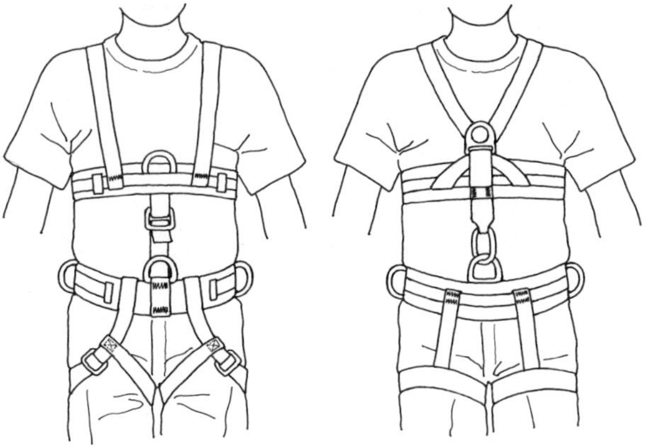

図1-57　アメリカ製

バックルが多くあり、テープもかたくて重い

図1-56　レッグループ

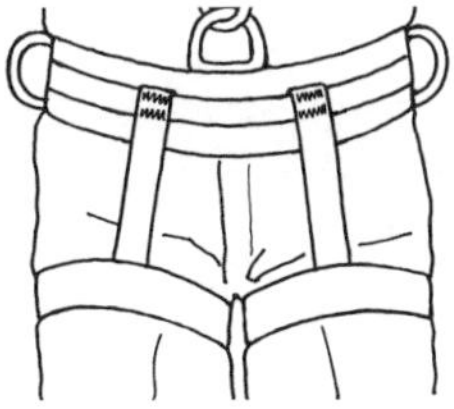

レッグループが縫い付けてある

図1-58　付属品

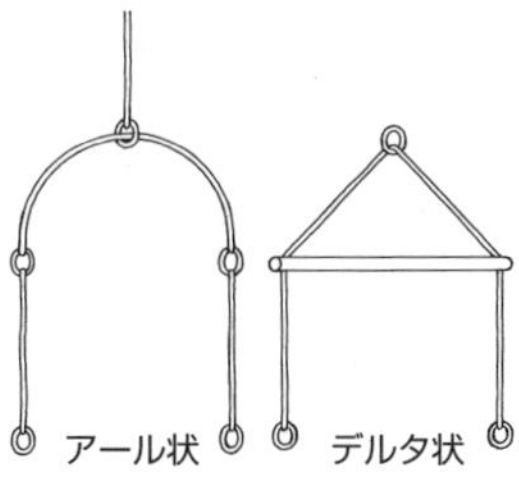

アール状　　デルタ状

肩にD環が付いているフルボディーハーネス
ヘリコプター用に使われる
腰のベルトにD環が付いていないので、懸垂下降に不向き

フルボディーハーネスの肩のD環に、下側の輪をカラビナでセットして、上から吊り上げ吊り下しが出来る

4. スワミベルト

　腰のみにベルトを巻くハーネスのことである。ウエストベルトのようなものだ。
　図1-59は、ベルトに三角の環が付いているもの。
　図1-60は、金物でかけてテープが縫ってある。
　図1-61は、スワミベルトだが、前の金具でワンタッチで付けられるようになっている。ベルトの左右に細長いテープがたたんで収納してあり、そのテープをほどいて腿に巻き先端の輪をベルトに通すとシットハーネスの出来上がりである。
　下降や確保が素早く出来る。これはアメリカ製で、とてもおもしろいアイデアだ。

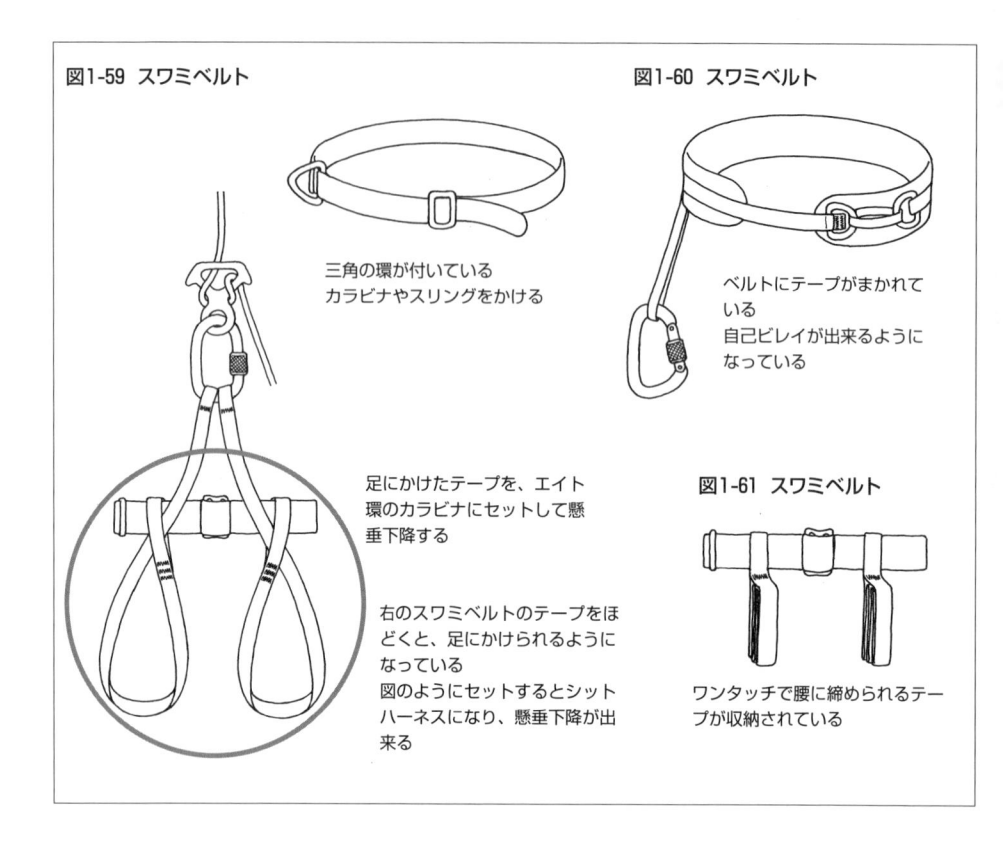

図1-59 スワミベルト

三角の環が付いている
カラビナやスリングをかける

足にかけたテープを、エイト
環のカラビナにセットして懸
垂下降する

右のスワミベルトのテープをほ
どくと、足にかけられるように
なっている
図のようにセットするとシット
ハーネスになり、懸垂下降が出
来る

図1-60 スワミベルト

ベルトにテープがまかれて
いる
自己ビレイが出来るように
なっている

図1-61 スワミベルト

ワンタッチで腰に締められるテー
プが収納されている

第2章　レスキュー活動で使う用具

　レスキュー活動には基本の用具の他に、必要な道具がある。あれば役に立つ用具もある。最近は多種多様な用具があるが、それらも使い方を知っておくと役に立つ。
　このような用具があると、とても楽に事が運ぶ。しかし、いかに用具を使いこなすかが大切である。用具には、長所と短所がある。どのようなときに使用するかが問題になるので、用具があればなんでも楽になるという考えはやめよう。用具を上手に使いこなすことで、楽に早く安全に活動が出来る。

1. 自己ビレー用スリング

自己ビレー（セルフビレー）用に専用のスリングがある。いくつかの種類があるが、自分が使いやすい物を選んで持つようにしたい。

1. デイジーチェーン

デイジーチェーンは、多くの人が使い出した。確かに良いのだが使い方に注意点がある。調節するときに、輪の中に安全環付カラビナを入れて調節する。

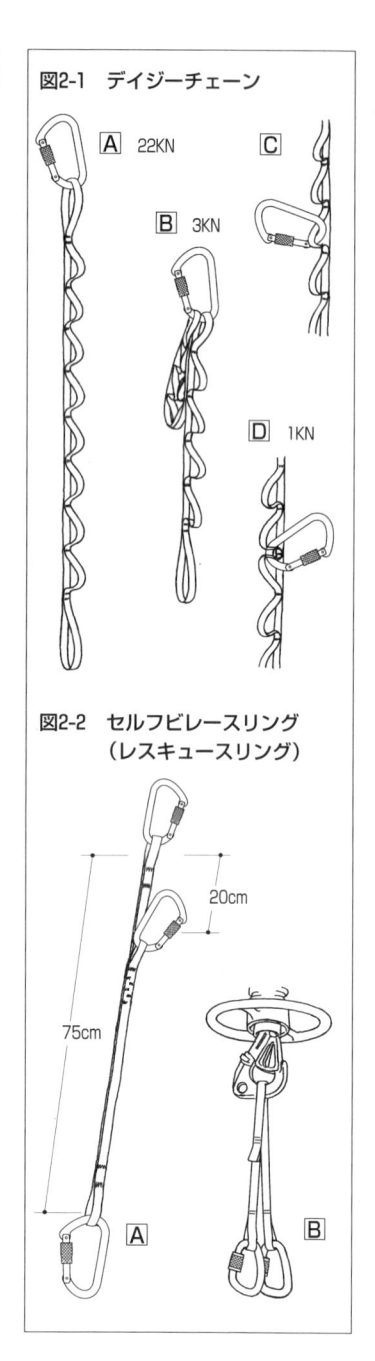

 図2-1 A 強度22KN。
   B 輪にかけた強度はメーカーによっていろいろである。おおよそ3KN。長さを調節するときのかけ方である。
   C 正しい使用法。
   D 縫い目の箇所はメーカーによって強度1KNしかないものもある。このかけ方は間違いである。
   縫い目が切れたら転落してしまう。
      危険！

元々は、人工でクライミングするときにアブミを落とさないため、アブミにセットしてハーネスに付け、マイクロハーケンやバッシ、コッパーヘッドなどを使用したエイド・クライミング用のものである。

2. セルフビレースリング

セルフビレースリングはテープの左右を縫ってあり、見るからに安心感がある。長さ75cmと55cmがあり、使いやすい。

図2-1 デイジーチェーン
 A 22KN
 B 3KN
 D 1KN

図2-2 セルフビレースリング
  （レスキュースリング）
 20cm
 75cm
 A B

図2-2 Ⓐ 強度22KN。
　　　Ⓑ ヘリコプターでの吊り上げのときは、二重にしてぶら下がると安心出来る。

3. 調節が出来る自己ビレー

　自己ビレー用スリングは、他にも、メーカーで出しているものもある。全てテープであるが、これはロープの9mmを使用するやり方である。SLYDEという器具を使用する。

図2-3 Ⓐ SLYDE。
　　　Ⓑ SLYDEの良さは、自己ビレーの長さが調節出来るという点で、これが一番大事である。切り売りの9mmロープを通すだけでよく、自己ビレーなら1.5mあれば良い。
　　　Ⓒ ストレッチャーの引き込みに使用する方法。

　ストレッチャーの引き込みのときに、上へ上がってきたSLYDEを、セットしたロープをストレッチャーにかけ、ストレッチャーを引きながらSLYDEのロープも引くと、もし手を離してもロープが止まるので落ちることがなく、バックアップになる。使用するときはロープを5〜6mにすればよい。チームレスキューでストレッチャーを使用する場合はとくに良い。

図2-3 SLYDE
Ⓐ
Ⓑ 自己ビレーを短く出来る
引くと止まる
Ⓒ ストレッチャーの引き込みに使用

図2-4 レスキューデイジーチェーン
自己ビレーを2つ取ることが出来る

4. レスキューデイジーチェーン

図2-4　レスキューデイジーチェーン

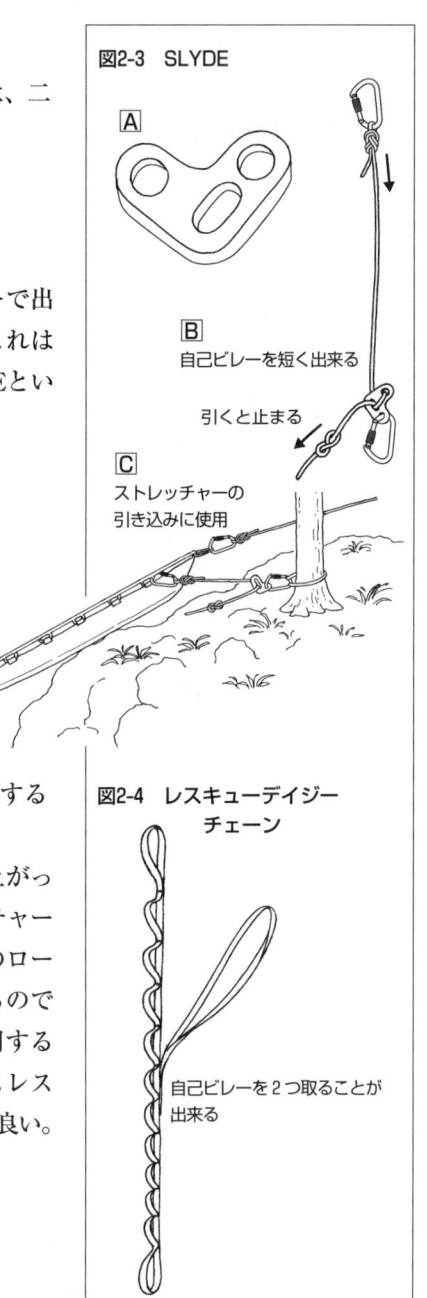

レスキューの商品カタログに載っていて、牛のしっぽになっている。

アンカーの通過にも良い。先端の輪が4個大きくて、あとは小さい。

スリングの途中からもう一つスリングが出ている。

今は、メーカーが日本に入っていないので取り寄せになるだろう。

2. スイベル

スイベルは、ロープのキンクを直すものである。ロープとロープを繋いだときなどにスイベルを使用する。上下の輪を接続している部分が回転して、ロープがキンクするのを防ぐ。

チロリアンブリッジのロープをキンクした状態で強く引くと、キンクしている箇所が切れてしまうのでスイベルを使うと良い。

スイベルは、アルミニウムで出来ているものが多い。また安全環付カラビナの下部にスイベルが付いているものもある。

図2-5　SMC、スイベル。上下に安全環付カラビナにロープを付けてロープを張る。

図2-6　DMM、アルミスイベルアイ。安全環付カラビナにスイベルが付いている。

図2-7　安全環付カラビナにスイベルをつけ、ロープをセットしたときの状態。

図2-5　SMC　スイベル

図2-6　DMM　アルミスイベルアイ

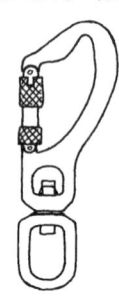

図2-7　カラビナにロープをセットしたとき

ここが回転する

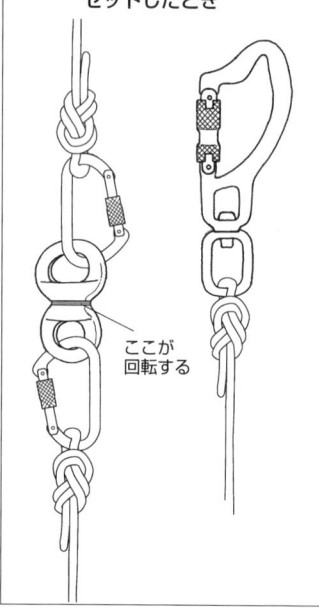

3. 登高器（アッセンダー）の種類

　ロープにセットした道具を使って登高する。登高器というのがこの道具の名前だが、昔のクライマー達は、「ユマール」と言っていた。これは商品名である。
　この「ユマール」が登高器の元祖である。その他にはトニー・ヒベラーの名前をとったヒベラーというものがあったが、ユマールが多くに使われていた。
　ヒマラヤ登山にはなくてはならない物となっていった。登高器をユマールという所以である。現在はアッセンダーという名称で言われている。
　製品はずいぶんと多様になってきたが、形は似たようなものが多い。

図2-8　ユマール　代表的なものである。スイス製で左右がある。
　左右とも、片手でカムをオープン出来るように練習しておく。

図2-9　登高器　この形は似たようなものが多くある。ラッキー、DMM、コング、ペッツル製などはこのような形である。ヨーロッパのものは、皆よく似た形をしている。これも左右がある。

図2-10　握りなし登高器　ユマールのような握りがなく、そのかわりのもの（プーリーや握りのダブルなど）が付けられている。

図2-11　アメリカアッセンダー　アメリカ製で、ヨーロッパのものとはだいぶデザインが違う。
　握りのあるものもあるが、だいぶデザインがごつくなる。いかにも強そうである。アメリカのメーカーでもいろいろな形がある。

図2-12　チェストアッセンダー
　この形は、ヨーロッパのメーカーでは同じような

図2-8　ユマール

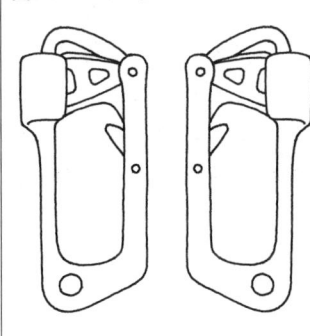

図2-9　登高器

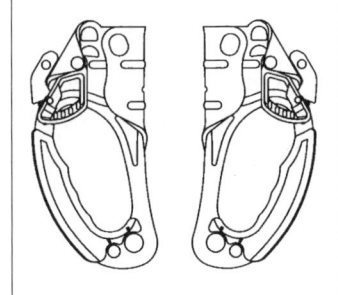

図2-10　握りなし登高器

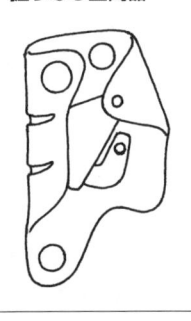

ものを出している。
　シットハーネスに安全環付カラビナをつけ、それをアッセンダーの下の穴に付ける。上の穴には、チェストハーネスに安全環付カラビナかスリングで結ぶ。あるいは、三角のフックをかけるかしてセットする。ロープにチェストアッセンダーを付けてクライミングが出来る。両手を常に離して登高すれば自動的に上がる。その際、下のロープに荷物を付けるか、アンカーに結ぶかをする。ロープが張られている状態にしておく。上下のカラビナをかけるところがロープに当たらないようねじれている。

[ワンポイント]
登高器は左右があり、そのカムに丸く飛び出ている突起がある。それを親指で上に持ち上げかけるとカムがとまり、開閉部は開きロープを入れて上にあげたところを押すと、カムが閉まり登高器がロープに利く。

図2-11　アメリカアッセンダー

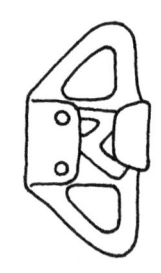

図2-12　チェストアッセンダー

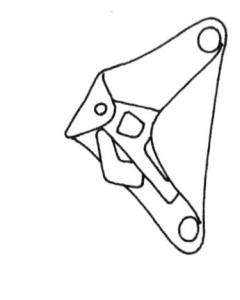

4. リンギングプレート

　レスキュープレートとも言われている。一つの大きな穴と複数の穴が開いていて、ロープ、スリング、カラビナなどをそれぞれにかけることが出来る。
　アンカーから取ったスリングまたはロープに、リンギングプレートをセットして、プーリーや自己ビレーを取るやり方と、プレートを逆に使い、アンカーからスリングや、ロープをとると、1枚のプレートで複数のアンカーを取るやり方が出来る。また、ストレッチャーを、空中や岩場で降ろすときに、ストレッチャーの上に付けて救助者が自己ビレーを取る方法もある。

1枚のプレートで複数に使いわけることが出来るため、レスキュー時などはもってこいの器具だ。

それぞれの使い方を図で説明する。

(1) アンカーにセットして使う

　図2-13　立木のアンカーにスリングを巻き、カラビナをかけてからそれにリンギングプレートをセットする。プレートの小さい方の穴に、プーリーやオートブロックシステム、および自己ビレーなどをとることが出来る。

図2-13　アンカーにセットした形

(2) 複数のアンカーにセットして使う

　図2-14　複数のアンカーからロープスリングの大きな輪で複数のアンカーを取り、アンカーの間のロープスリングを引いてリンギングプレートにセットして使用する。

　方法は、図のように、アンカーのスリングとプレートにそれぞれカラビナをかける。

　プレートには、両端からそれぞれ同じ数のカラビナをかける。

　例えば、4個のアンカーの場合は、左側から2個、右側から2個のカラビナをかける。そうすれば力は均等にプレートへかかる。大きな輪のロープスリングを図のようにかけて、アンカーの間とプレートのカラビナの間のスリングをそれぞれカラビナにかける。

図2-14　複数にセットした形

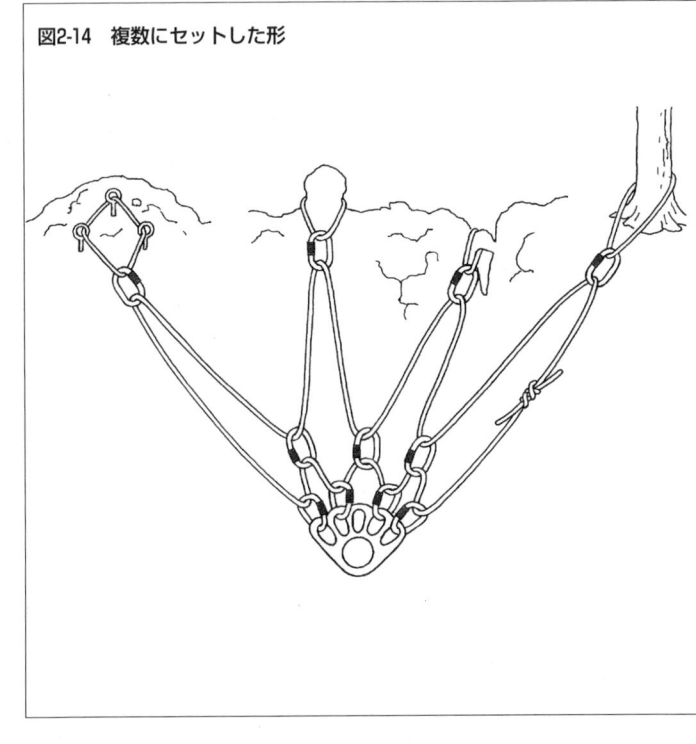

（3）ストレッチャーに使う場合のやり方

　図2-15　ストレッチャーから出ているスリングを、リンギングプレートの複数の穴の方にそれぞれセットして、真ん中の穴から救助者が自己ビレーを取る。上からロープ2本でプレートの大きな穴にセットして確保する。引き上げでもロワーダウンでも、どちらも使える。

（4）リンギングプレートのいろいろ

　図2-16　リンギングプレートは、メーカーによりいろいろな形があるので、使いやすいものを選ぶとよい。

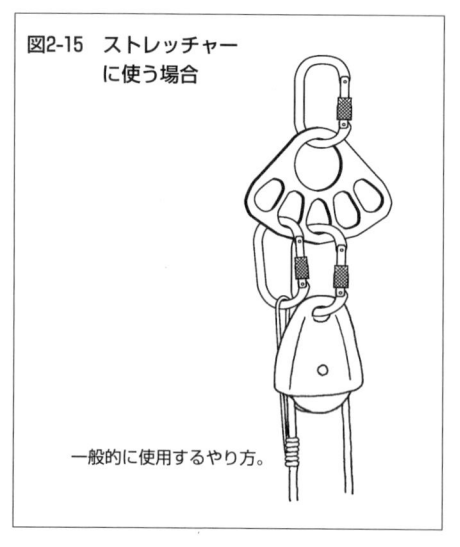

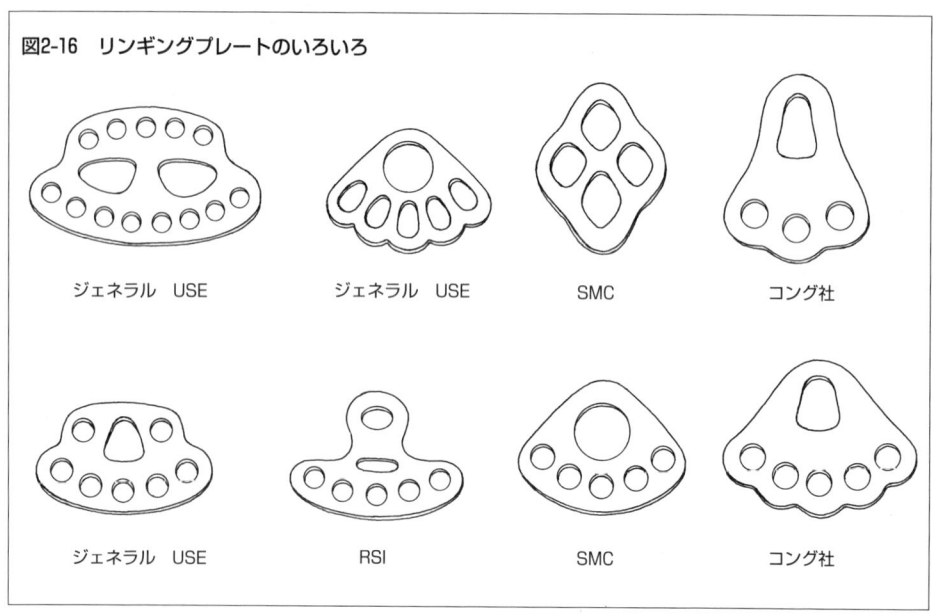

図2-15　ストレッチャーに使う場合

一般的に使用するやり方。

図2-16　リンギングプレートのいろいろ

| ジェネラル USE | ジェネラル USE | SMC | コング社 |

| ジェネラル USE | RSI | SMC | コング社 |

第3章　ロープの結び方

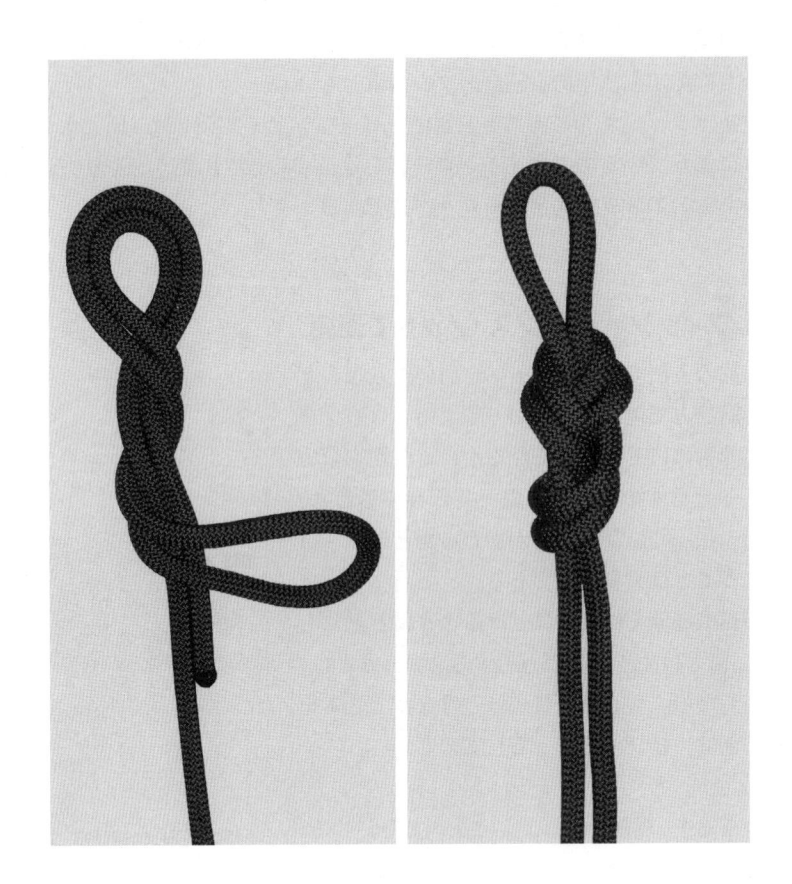

　ロープを使うときに必ず必要な技術が、ロープの結び方である。その結び方や長所、短所、使い方をよく覚えよう。同じ用途でもいくつかの結び方がある。
　そのときに使う結び方は、どれが一番的確かをすぐに判断して結ぶ。
　結び目のトラブルで、事故の起こることがままある。ロープに荷重がかかったときロープの結び目にどのように力がかかるか、結び目がどのような位置にあるか、それらがわかっていないと思わぬ事態に陥ることになる。そういうことがないようにしっかり練習しておこう。

1. ロープの連結
（ダブルフィッシャーマンズ・ノットとオーバーハンド・ノット）

　ロープの連結は、ロープ2本を繋げるときまたは切り売りのロープからスリングをつくるときなどに結ぶ方法である。ロープの結束ともいう。
　ダブルフィッシャーマンズ・ノットとオーバーハンド・ノットは、同じ太さのロープを結ぶときに適しているので、メインロープを連結するときに使う。やり方は、大きく分けて2つある。アメリカ式とヨーロッパ式である。

1. ダブルフィッシャーマンズ・ノットで連結

　アメリカ式の方法である。ロープを引いたり張るときは、この結び方で連結するのが一番よい。ロープを引っ張ると非常にほどけにくくなるが、それが安全であるといえる。2本のロープを繋いで作業するとき、ロープを引っ張って結び目に力が加わったときに、ほどけてしまうことは大変危険である。
　ロープの連結部分をあとでほどけるようにと誰しも思う。だが、ほどけやすい結び方をするということは、危険性が高くなる。もし結び目がほどけなくて2本を分けたいときは、結び目を切ってしまえばよい。

・結び方
　ロープの末端を、輪をつくるように並べて合わせる。重なる部分は長さを揃える。
　図3-1　矢印のように、ロープを回して結ぶ。反対側も同じように結ぶ。
　図3-2　末端を引いて締める。両方の結び目をくっつけて揃える。
　図3-3　完成（表と裏の結び目の形）。表面は結び目が交差して、××になるようきれいに揃える。
　裏面は4本巻かれている。これもきれいに揃える。

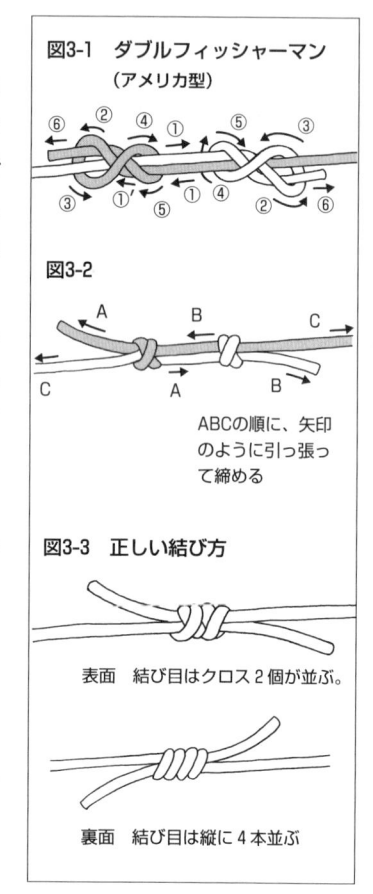

図3-1　ダブルフィッシャーマン（アメリカ型）

図3-2

ABCの順に、矢印のように引っ張って締める

図3-3　正しい結び方

表面　結び目はクロス2個が並ぶ

裏面　結び目は縦に4本並ぶ

図3-4　このような形に結ばれているのは間違いだ。昭和40年代の本にはこのように書かれているので、その頃の人はこのように結ぶが間違いである。

[注意]
結び終わりが、図3-3のようにならなければ間違いである。結び目はきれいに形を整えてよく締めておく。

[ワンポイント]
結んだ後のロープの末端は、ロープの径の10倍は出しておく。ロープの連結の場合は、どの結び方も同じである。両端は同じ長さにそろえる。
力が加わったときロープは伸びる。そのため、結び目も多少動く。末端が短いと、結び目がほどける可能性がある。また、長すぎるとロープに巻き付いたり、カラビナに引っかかったりして、スムーズにロープを動かすことが出来なくなる可能性がある。

2. オーバーハンド・ノットで連結

　これはヨーロッパ式である。フランスなどで多く使われる方法である。テープベンドと同じ結び方だ。
・**結び方**（図3-5～図3-7）
　図3-5　ロープをオーバーハンド・ノットにする。
　図3-6　もう1本のロープを、オーバーハンド・ノットにした末端から結び目を沿うようにたどって回していく。
　図3-7　結び目のロープを、重ならないように揃えて締める。
　ドイツなどでは、最近はダブルフィッシャーマンズ・ノットを多く使用しようという方向にある。末端は、ロープの径の10倍くらい出しておく。

図3-4　間違った結び方

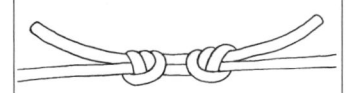

図3-5　オーバーハンド・ノットで連結

オーバーハンド・ノットで結ぶ

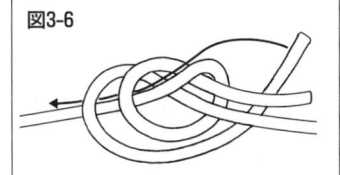

図3-6

図3-5の末端から、結び目に並べるようにロープを沿わせて結ぶ
最後に、末端を矢印のように入れる

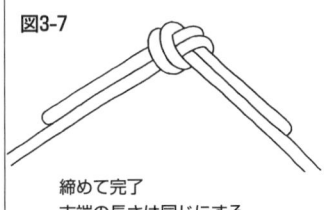

図3-7

締めて完了
末端の長さは同じにする
ロープの径の10倍くらい出す

2. ロープの連結 (シートベンド)

　ロープの連結のやり方を、もうひとつ説明しよう。シートベンドで結ぶやり方である。この結びは、結び目にコブがないので、強度を出せる連結の方法である。
　一般的には、太いロープと細いロープを連結するときに使う。他にも使い方はある。例えば次のようなときに使う。

1. シートベンドの結び方の種類

　図3-8　ソウンスリングをシートベンドで連結すると結び目（コブ）がないので強度が出る。
　チェストハーネスをつくるときはシートベンドで結ぶ。
　図3-9　太いロープと細いロープの連結時はシートベント（一重つなぎ）で結ぶ。
　図3-10　同じくらいの太さのロープならシートベンドでよいが、ロープの太さに差があるときはダブルシートベンド（二重つなぎ）で結ぶのがよい。

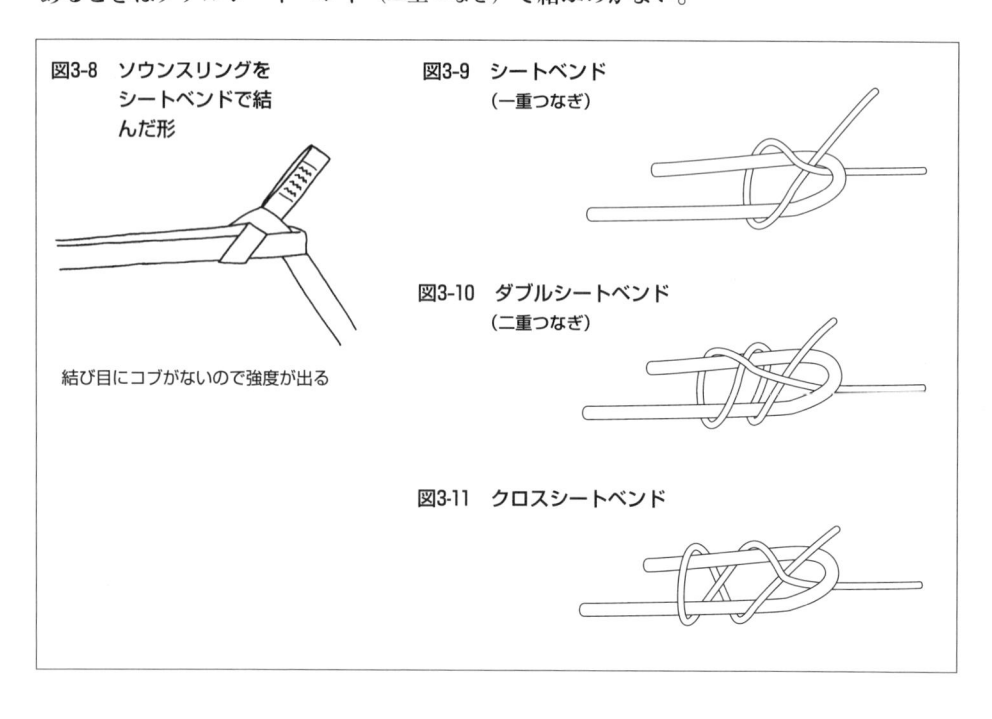

図3-8　ソウンスリングをシートベンドで結んだ形
結び目にコブがないので強度が出る

図3-9　シートベンド（一重つなぎ）

図3-10　ダブルシートベンド（二重つなぎ）

図3-11　クロスシートベンド

図3-11 極端に太さに差があるロープを連結するときは、クロスシートベンドで連結する。

例えば、径11mmのロープと径3〜4mmのロープを連結させるときなどよく締まってよい。

図3-12 立木にロープをかけて連結するときは、パチンコをつくり、ロープに重りをつけてパチンコで飛ばして、木の枝にロープをかけてから、シートベンドで他のロープと連結する。メインロープは太いため飛ばすのが難しいので、飛ばすロープは細いものを使う。このときはクロスシートベンドを結ぶ。

空師の大木の枝払いなど、木の上で仕事をするときなどでも使える。

シートベンドは結び目（コブ）がないので、投げても木に引っかからないのでよいのだ。

[注意] **図3-13**
メインロープにオーバーハンド・ノットをしてから、シートベンドを結んでいるものが本などで紹介されているが、これは大きな間違いである。シートベンドに結び目はいらない。シートベンドは結び目がないのが長所である。結び目をつくると引っかかるのでよくない。

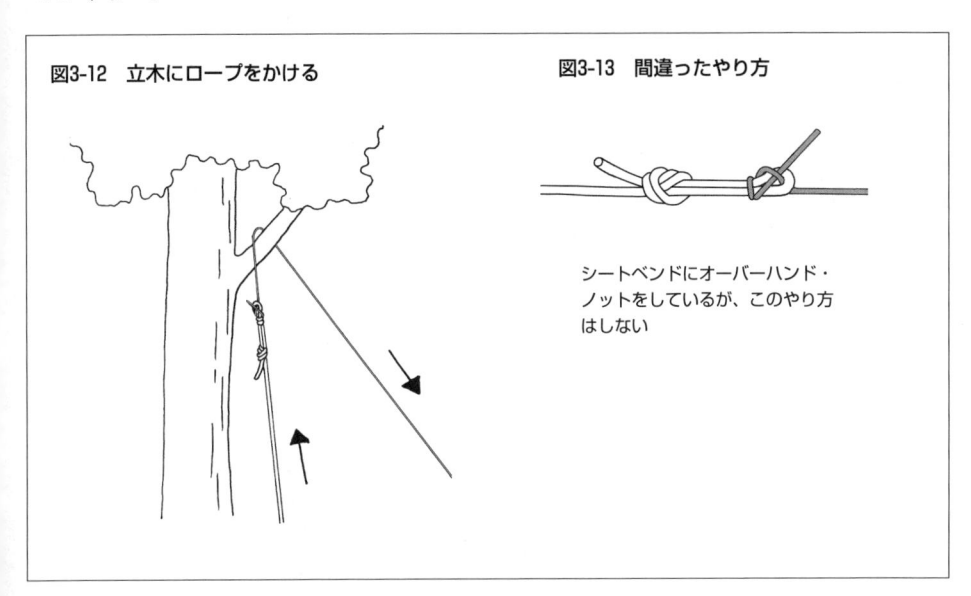

図3-12　立木にロープをかける

図3-13　間違ったやり方

シートベンドにオーバーハンド・ノットをしているが、このやり方はしない

2. 正しいシートベンドの結び方

　シートベンドは、間違いやすい結びのひとつで、間違って覚えている人もいるため、正しい結び方を説明する。間違った結び方と比べて、形のちがいをよく覚えて正しいシートベントの形と結び方を頭に入れておく。

・正しい結び方
　図3-14　輪にしたロープの中に、反対側のロープを下から入れ、そのままロープに回してくぐらせる。

・間違った結び方
　図3-15　間違った方法は、輪にしたロープに回していない。このやり方だと結び目が動いてしまう。結び目が動いたら間違った結び方である。

・裏シートベンド
　図3-16　裏シートベンドというやり方もある。まずは、輪にしたロープに巻き付けてから輪に通す。
　締めると裏シートベンドになる。

[ワンポイント]
裏シートベンドは、このような形もあるということを覚えておくだけでよい。強いテンションがかかるとほどけやすい。正しいシートベンドを結べるように練習しておこう。

図3-14　正しい結び方

輪の中に反対側のロープを下からくぐらせる

図3-15　間違った結び方

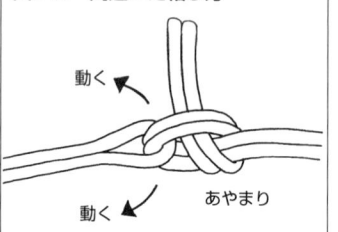

動く
動く
あやまり

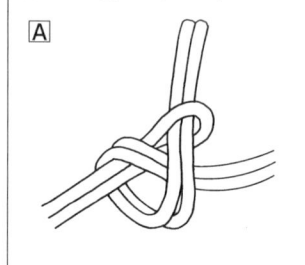

輪にしたロープに回していない

図3-16　裏シートベンド

A

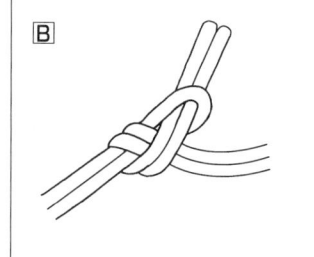

B

3. 巻き付け結び（フリクション・ノット）のいろいろ

巻き付け結びは、巻き結びといっていたが、ロープにスリングを巻き付けてつくる結び方なので、私は「巻き付け結び」と言っている。結び方は数多くある。

引き上げシステム、チロリアンブリッジ、バックアップなど、使うところはたくさんある。確実に出来るように練習しておきたい。

巻き付け結びは、フリクション・ノットともいう。スリングでつくる巻き付け結びを説明する。

1. プルージック（片手で結ぶやり方）

巻き付け結びの基本中の基本であり、いちばん初めに習う巻き付け結びである。長所は、片手で巻き付け結びが出来る。短所はテンションがかかると利きすぎて動かなくなる。メインロープと巻き付け結び用ロープの太さの差があるとよく利く。同じ太さなら利かないので、止まらないから注意しよう。

プルージックは片手で結べるようにぜひ覚えてほしい。はじめはメインロープに巻き付けることがなかなか難しいが、何度も練習すると出来るようになる。

メインロープはダブルロープでもよい。ダブルロープのほうがよく利く。

図3-17 Ⓐ メインロープにスリングの結び目をつけて、親指とひと差し指と中指でメインロープに巻き付ける。

Ⓑ 結び目を持って、くるくるとメインロープに巻く。3回巻いたら結び目を引く。巻き付けた輪はきれいに揃えておく。

Ⓒ 結び目は少しずらして、矢印のように真ん中にこないようにしてスリングを引いて締める。

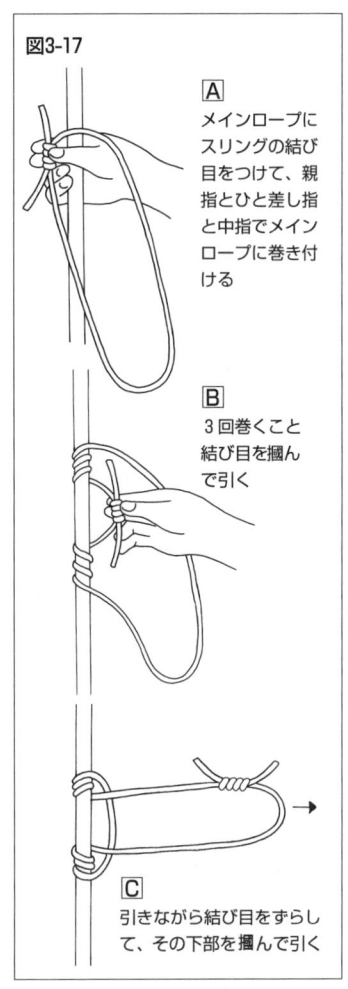

図3-17

Ⓐ メインロープにスリングの結び目をつけて、親指とひと差し指と中指でメインロープに巻き付ける

Ⓑ 3回巻くこと 結び目を摑んで引く

Ⓒ 引きながら結び目をずらして、その下部を摑んで引く

[ワンポイント]

スリングを引いて締めるときに結び目をずらすのは、カラビナをかけたときにカラビナが当たらないようにするためである。

メインロープに巻いたスリングは、きれいに揃えるようにする。慌てているときには交差したままでも利くが、美しく揃えるとさらに利きがよくなるので安心である。

両手でするときは、メインロープにスリングの結び目と反対側をつけて、反対の手で結び目をメインロープに3回巻く。あとは片手で結ぶのと同じである。

図3-18 カラビナバッチマン

A カラビナにスリングを通して、メインロープと同じに巻き付けておく

B カラビナいっぱいまで巻き、別のカラビナをかけて使用する

2. カラビナバッチマン

カラビナとスリングを使って、ロープに巻き付け結びをするやり方である。

昔からある方法で、バックマンともいう。強く引くときなどはとてもよい。テンション（強い力）がかかって強く締められても、巻き付け結びを動かすことが出来る。そのため回収もしやすい。それはカラビナがロープとスリングの間に入っているためである。チロリアンブリッジなどに使うとよい。

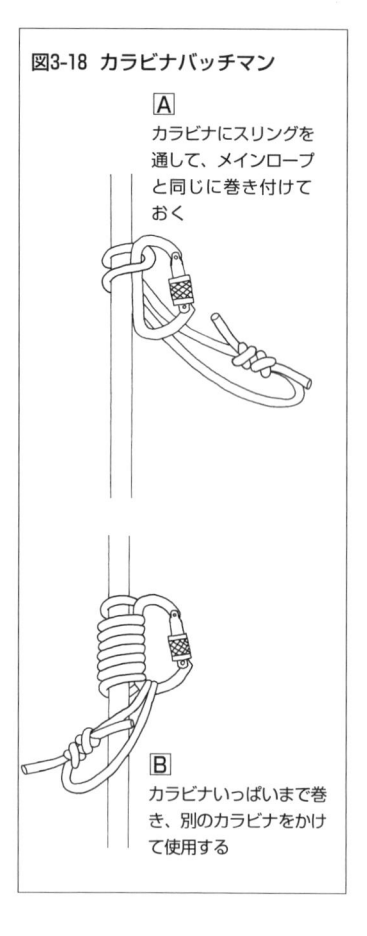

図3-18 A カラビナにスリングをかけて、そのカラビナとロープを一緒にスリングに巻き付けていく。

B 3～4回巻き付けてから、下に引っ張って締める。スリングにカラビナをかける。

3. クレムハイスト

この巻き方も、昔からあるやり方である。強く引くときなどに使用する。ロープに巻いても強く、立木、パイプに巻き付けてもずり落ちてこない。

第3章　ロープの結び方　47

テンションがかかると動かしにくいので、動かす場所には使用しない。回収はやりやすく、よく締まる。

図3-19　Ⓐ　ロープに巻き付けて、下方向に3～4回巻いていく。
　　　　Ⓑ　下の輪を、はじめの上の輪の中に入れて締める。

4. マッシャー

　この結びは、最近つくり出された方法である。歴史はそんなに古くないが、最近よく使われるようになった。やり方は簡単である。テンションがかかっても動かせる。ただし、強い力で引くときは使用しない。この巻き方はうまい人と下手な人の差がでるので、利くときと利かないときがあるので注意しよう。

図3-20　Ⓐ　ロープにスリングを4回以上巻き付ける。
　　　　Ⓑ　上の輪を、巻き付け終わった下の輪と合わせてカラビナをかける。
　　　　　　このとき、巻き付け方が悪いと利かない。危険なのでよく揃えて締める。

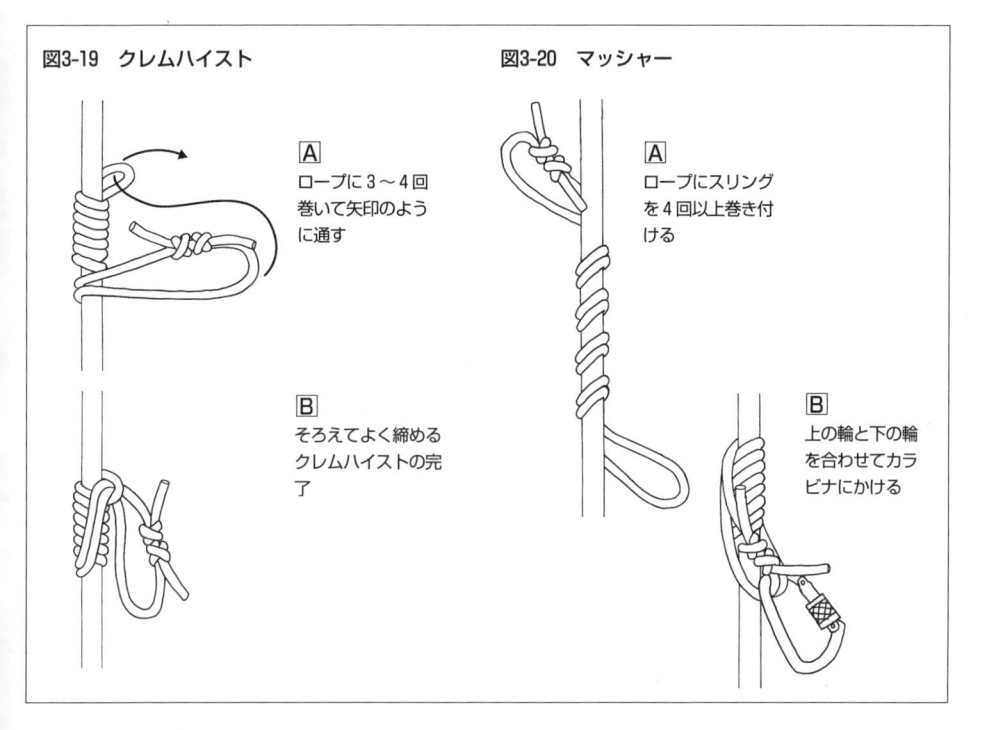

図3-19　クレムハイスト

Ⓐ ロープに3～4回巻いて矢印のように通す

Ⓑ そろえてよく締める　クレムハイストの完了

図3-20　マッシャー

Ⓐ ロープにスリングを4回以上巻き付ける

Ⓑ 上の輪と下の輪を合わせてカラビナにかける

[注意]
国際山岳ガイドのやり方である。ロープスリングが、柔らかくないと止まらないのと、引き上げを何回かやっているうちに止まらないこともある。
手を離しても止めることが出来るやり方を、オートブロックシステムといい、この結び方を使う。
このマッシャー結びが出来て、レスキューもまた変わってきた。そのやり方はフランス式である。
この巻き付け結びをオートブロックという人がいるが、オートブロックシステムは引き上げシステムのことをいうので間違いである。

5. マッシャートレ

マッシャーは巻き方のうまい下手があるので、止まる人と止まらない人がいる。そこで、最後にクロスを2回するとよく止まるようになる。これをマッシャートレという。

私の本『全図解』の中に、「結び目を××をするとよく止まる」と書いたが、このときはまだ誰も一般にはやっていなかったのでこのような表現をした。しかし、その1年後にフランスでトレという言葉が出てきた。フランス語でトレとは「編む」という意味らしい。

図3-21　マッシャーで巻き付けていき、カラビナをかける前に2回交差してカラビナをかける。

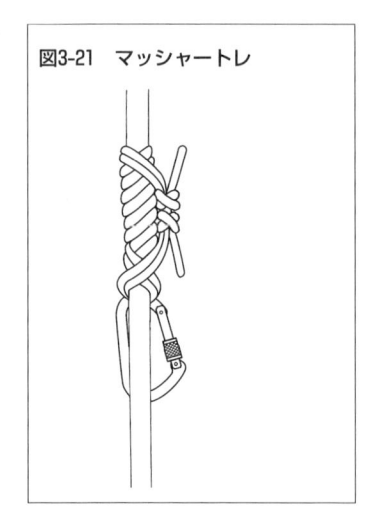

図3-21　マッシャートレ

6. スネーク

ソウンスリングを用意する。

図3-22 Ⓐ テープの真ん中をロープに当てる。
　　　　Ⓑ テープをロープの前で交差、後ろに回して交差する。これを繰り返していく。
　　　　Ⓒ 輪のところまでできたら、2つの輪をまとめてカラビナをかける。

蛇のように巻き付けるので、スネークという名前がついた。
巻き付け結びの幅が長くなるので邪魔になるときもある。動かしやすいが長すぎる。
補助ロープしかないときには、この巻き付け結びをする。ロープでもテープでもよい。

7. ブリッジプルージック

これは、柔らかいロープを使いメインロープに3回巻き付ける。それ以上でも以下でも利きが悪い。プルージックと違い、同じ太さのロープどうしでも利く。強く締まっても動かすことが出来る。オート・ブロックシステムに使う。

図3-23 Ⓐ 結び目をメインロープに付けて、3回巻き付ける。
　　　　Ⓑ 結び目がメインロープについている。よく締める。

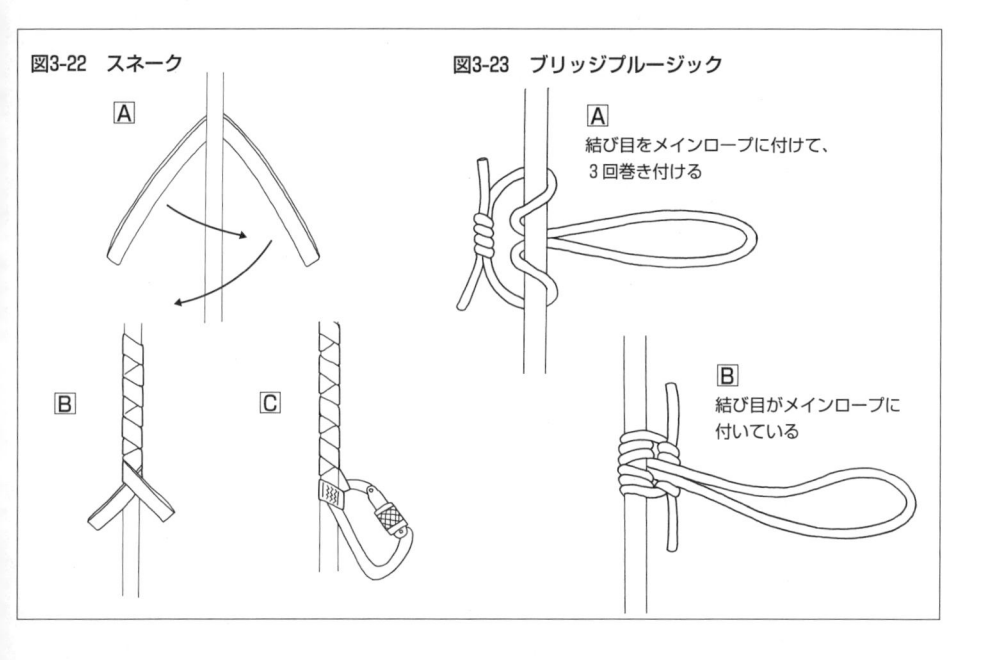

図3-22 スネーク

Ⓐ
Ⓑ
Ⓒ

図3-23 ブリッジプルージック

Ⓐ 結び目をメインロープに付けて、3回巻き付ける

Ⓑ 結び目がメインロープに付いている

4. メインロープまたは
補助ロープでの巻き付け結び

　巻き付け結びは、ふつう輪にしたスリングを使う。しかし、メインロープの末端、または補助ロープを使う場合は、1本のまま巻き付けて結ぶ。そのやり方も覚えておこう。

1. ポロネ

　補助ロープがあればそれを使用するが、ロープがないときなどはメインロープの端で巻き付け結びが出来るというのが大きい。ソウンスリングではないところも大きな違いである。やり方は簡単で、ほどきやすい。山岳ガイドが引き上げ（5：1、7：1）時に使用するやり方である。

　図3-24 A　メインロープに補助ロープを下から上に巻く。巻いた先端をメインロープの後ろから前に矢印のように持ってくる。
　　　　 B　その先端を巻き付けたロープの上から2番目に入れる。矢印のように本結びで結ぶ。
　　　　 C　よく締めれば完成。

2. バルトタン

　これも同じことがいえ、結び目はボーラインが裏返しのやり方なので勘違いする人がいる。注意したい。結んだあと、結び目を確認することを忘れないようにしよう。

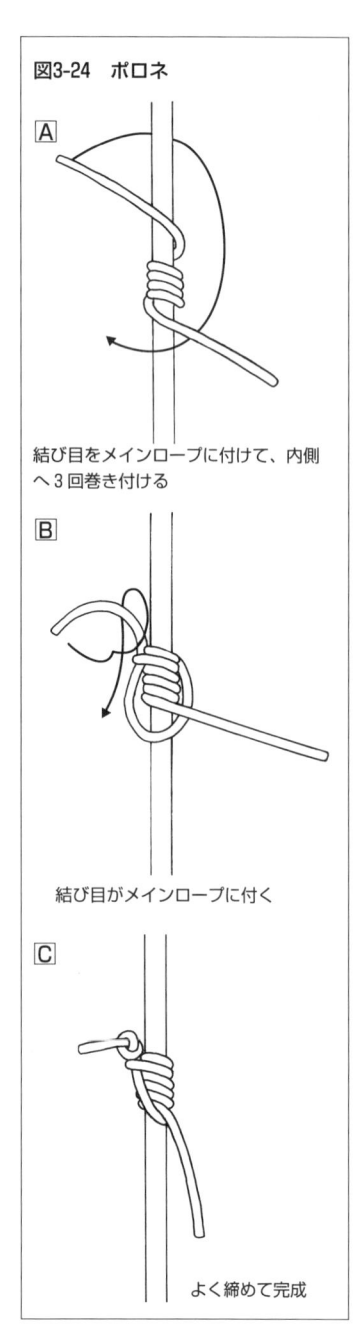

図3-24　ポロネ

A
結び目をメインロープに付けて、内側へ3回巻き付ける

B
結び目がメインロープに付く

C
よく締めて完成

第 3 章　ロープの結び方　　51

図3-25　Ⓐ　メインロープに巻き付けたら、巻きはじめを図のように結び、先端を矢印のように通してから、巻きはじめのロープを引いて結び目を返す。ボーライン・ノットが出来る。
　　　　Ⓑ　先端を上に引き、よく締める。

3. クレムハイスト

この結びは、強いこととロープをダブルで巻き付けるというのが特長である。
EUの国によっては、ロープの張り込みの固定に使用している。
ダブルのメインロープは、同じ太さのロープを使用する。
図3-26　Ⓐ　ロープをダブルにして、矢印のように通して結び目をつくる。
　　　　Ⓑ　結び目を上にして下に巻き付けていく。
　　　　Ⓒ　輪に巻き付けたロープの先端を通してから締めて完成。

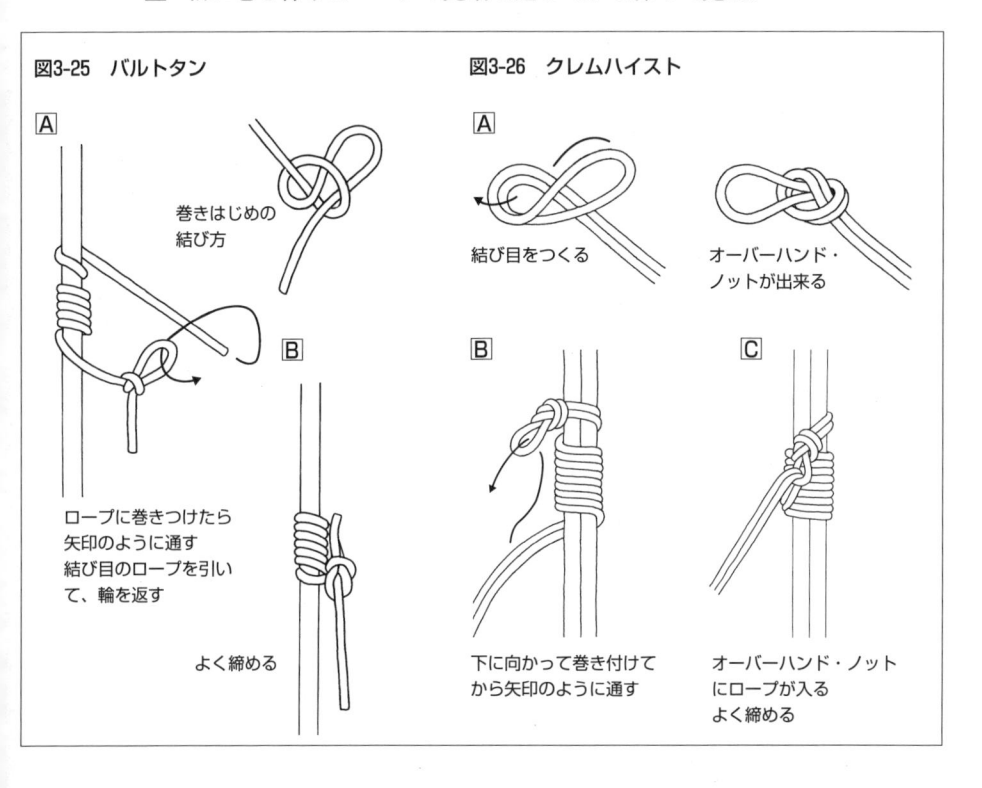

図3-25　バルトタン

Ⓐ
巻きはじめの結び方

Ⓑ
ロープに巻きつけたら
矢印のように通す
結び目のロープを引いて、輪を返す

よく締める

図3-26　クレムハイスト

Ⓐ
結び目をつくる

オーバーハンド・ノットが出来る

Ⓑ
下に向かって巻き付けてから矢印のように通す

Ⓒ
オーバーハンド・ノットにロープが入る
よく締める

4. プルージック

メインロープに補助ロープを巻き付ける結び方である。

登山者などは、プルージックというとスリングで巻く物と思ってしまうが、アメリカのケイビングなどでは、スリングではなく補助ロープでプルージック結びをする。慣れるとわりあい早く出来る。巻く回数を多くしたり、真ん中から下部を多く巻いたりして強度や摩擦力を調節出来る。練習して覚えておくとよい。

図3-27　Ⓐ　メインロープに補助ロープを巻く。下に2回巻き付け矢印のように上に末端を持っていく。
　　　　Ⓑ　上から下にロープを巻き付けていき、矢印のように通す。
　　　　Ⓒ　巻いたロープを揃えて、締める。
　　　　Ⓓ　末端をオーバーハンド・ノットにして完了。

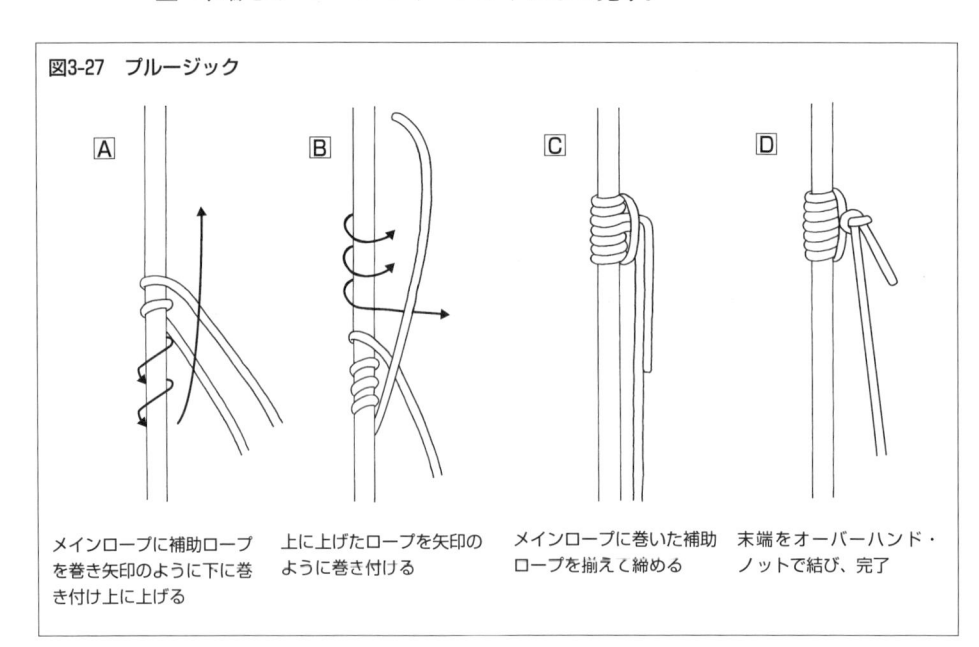

図3-27　プルージック

Ⓐ　メインロープに補助ロープを巻き矢印のように下に巻き付け上に上げる

Ⓑ　上に上げたロープを矢印のように巻き付ける

Ⓒ　メインロープに巻いた補助ロープを揃えく締める

Ⓓ　末端をオーバーハンド・ノットで結び、完了

5. 巻き付け結びの回収

巻き付け結びを動かすときは、たいていは巻き付けたところを手で握って動かす。

しかし、コブを通過するときやチロリアンブリッジなどの張り込みのときなど、巻き付け結びに手が届かなくなる位置まで移動してしまう場合に、補助ロープを引いて巻き付け結びを手元まで持ってきて回収するやり方がある。

これは、セットする段階で予測できるので、巻き付け結びから回収が出来る結び方をしておく。

1. ブリッジプルージックでのやり方

一般的には、メインロープに巻き付け結びをして利かせる（止める）が、そのときに補助ロープの端に結び目をつくり、メインロープと補助ロープを一緒に巻き付けてしまう。

懸垂下降中のコブの通過などに使う。

図3-28　ブリッジプルージックをするときに、メインロープと補助ロープを一緒に巻き付ける。

補助ロープの先端は、結び目をつくっておく。

矢印のAを引くと止まる。Bの補助ロープを引くと巻き付け結びがすべる。

空中などで、懸垂下降中に結び目の通過などをして少し下ってしまいスリングが回収できなかったりしたことはないだろうか。

このやり方は、レスキュー訓練でも、ビッグウォールクライミングで遠征に行くときでも、トレーニングの一環として私が昔からやっていることである。このやり方をすると、どんな事故状況でも回収は出来る。

[ワンポイント]
スリングはテープでもロープでも同じである。

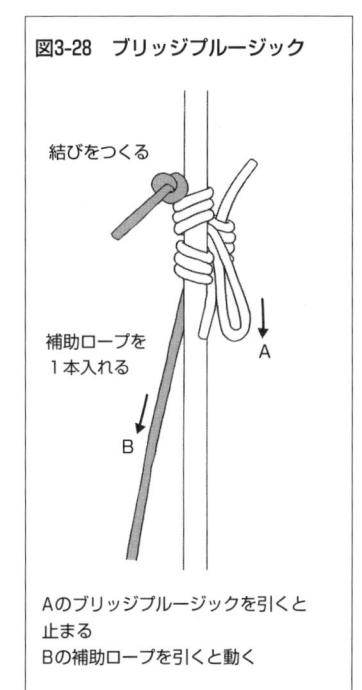

図3-28　ブリッジプルージック

結びをつくる

補助ロープを
1本入れる

A

B

Aのブリッジプルージックを引くと
止まる
Bの補助ロープを引くと動く

2. カラビナバッチマンでのやり方

　カラビナバッチマンは、強い力がかかるときに向いている巻き付け結びである。これを回収出来るようにするには、巻き付けたカラビナに補助ロープをエイト・ノットでかけておく。

　メインロープの端でもよい。これもよくやられているやり方で、日本では普通に使われているやり方のひとつである。

　図3-29　メインロープにカラビナバッチマンを結んで、カラビナに補助ロープをエイト・ノットで結んでかける。

　もう1枚かけたカラビナを矢印のAの方向に引くと止まる。Bの方向に補助ロープを引くと巻き付け結びが滑る。

　巻き付け結びのスリングを引くと、よく止まって滑らない。

　テンションを抜いて補助ロープを引くと、巻き付け結びが滑り手元にくる。

　ブリッジプルージックとカラビナバッチマンの使い分けの違いは、巻き付け結びにかかる強度の違いである。カラビナバッチマンの方が、より強い力がかかっても滑らないからである。

　コブの通過よりも、チロリアンブリッジなどの張り込みでの方が、より荷重がかかる可能性が高いので、安全性を考えれば強い力に耐えられる巻き付け結びを使う方がよい。

図3-29　カラビナバッチマン

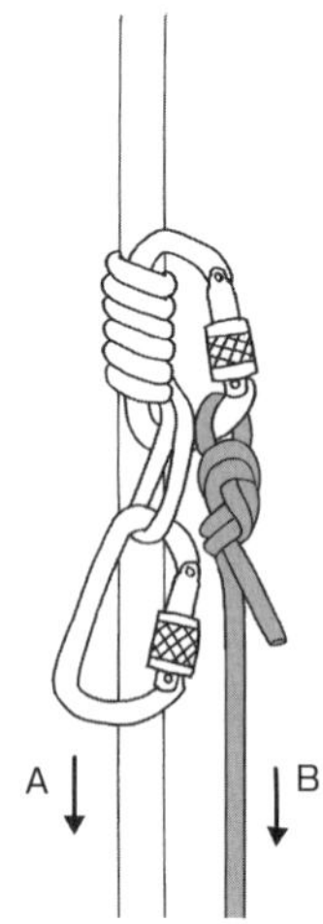

カラビナにエイト・ノットをかける

メインロープの端でよい

6. おもしろ巻き付け結び

　おもしろ巻き付け結びとは、巻き付け結びに一工夫して使用する方法なので、今のところ名称は付いていないものもある。自分でやっていると、こうした方がやりやすいとかよく利くなど、いろいろ気が付くようになる。それを形にして使用するのもおもしろい。
　この結び方は、スリングの回収と全く同じ考え方を持てば簡単につくれる。あとはその結び方をつくって、どのようなときに使用するか考えてみよう。
　ただ、何度も練習して大丈夫だと確認してから本番で使うことが大事である。
　いろんな事態を頭に入れておくのが一番だが、ただ覚えておくだけだと宝の持ち腐れになるため、どのようなときに使えるかを考えておくことが大切である。いろいろな結びをやってみるが、なかなかすっきりしたものがない。
　まずは、こんなやり方があるということを紹介しよう。

1. クレムハイストの応用

　メインロープに補助ロープを巻き付ける結び方で、クレムハイストと同じやり方である。
　補助ロープを2本にたたみ、輪にした方にエイト・ノットまたはオーバーハンド・ノットをつくって、その先のロープの1本をメインロープに並べる。もう1本でメインロープと補助ロープの上から一緒に巻き付ける。巻き付けた先端をオーバーハンド・ノットの輪に入れて締める。メインロープは、シングルでもダブルでもどちらでもよい。
　図3-30 A オーバーハンド・ノットで

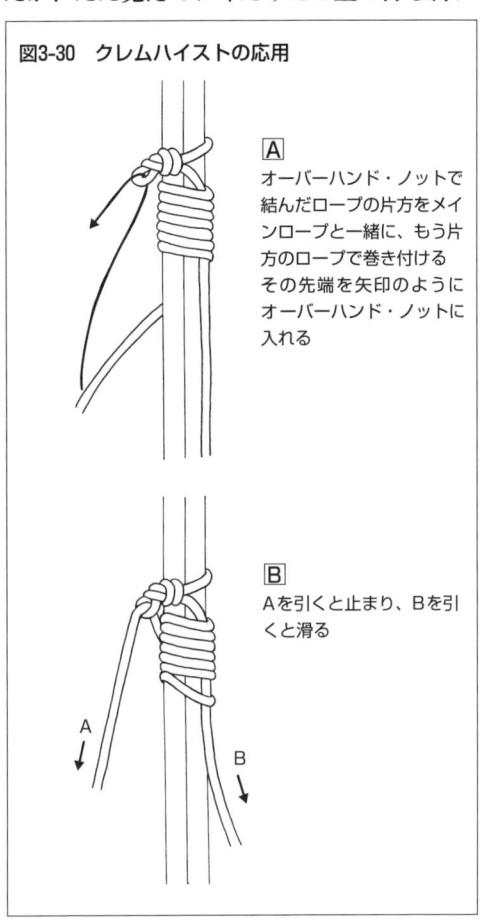

図3-30　クレムハイストの応用

A
オーバーハンド・ノットで結んだロープの片方をメインロープと一緒に、もう片方のロープで巻き付けるその先端を矢印のようにオーバーハンド・ノットに入れる

B
Aを引くと止まり、Bを引くと滑る

結んだロープの1本を、メインロープと共にもう1本のロープで巻き付ける。巻き付けたロープの先端をオーバーハンド・ノットの輪に入れる。

B ロープを締めて完了。矢印のAのロープを引くと止まる。テンションを入れる。
Bのロープを引くと滑る。

2. T式プルージック

これは、私がつくったやり方である。T式プルージックと呼んでいる。

補助ロープでもよいが、それよりももう少し細いロープスリングの方が利きがよいかもしれない。

メインロープに巻く。シングルよりもダブルロープの方がよく利く。補助ロープを1本にして、プルージックをつくる。その巻き付けた輪の中に補助ロープの先端を通していくやり方である。

図3-31 A メインロープに補助ロープを巻き付ける。はじめは下に向かって3回から4回巻く。
その先端に持ってきて、また下に向かって矢印のように後ろから手前に3回から4回巻く。

B 先端を真ん中から矢印のように通して、巻き付けた輪の中に通す。輪を緩めてひとつずつ通していくとやりやすい。

C 締めて完了。矢印のAを引くと止まる。矢印のBを引くと動く。

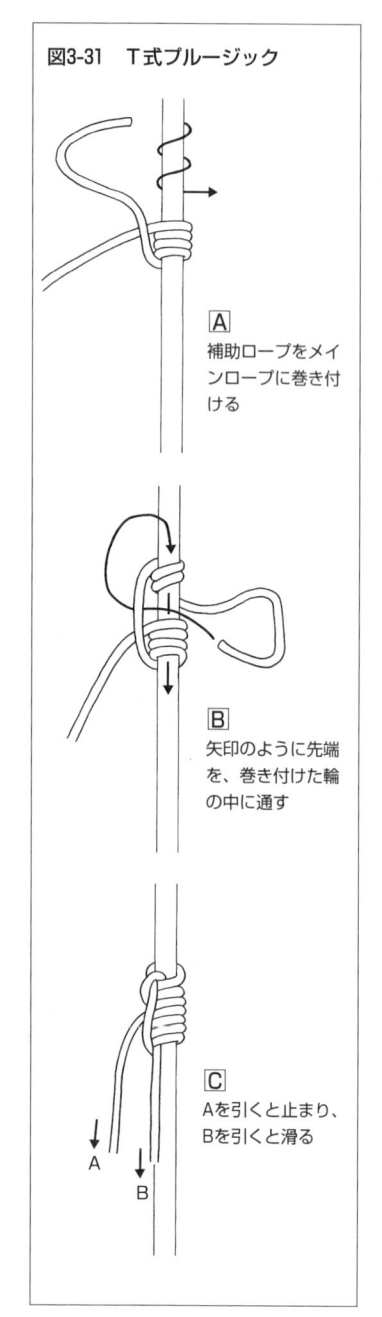

図3-31 T式プルージック

A 補助ロープをメインロープに巻き付ける

B 矢印のように先端を、巻き付けた輪の中に通す

C Aを引くと止まり、Bを引くと滑る

7. インラインフィギュアエイト・ノット

　ロープを引くときはエイト・ノットで結ぶと、引く方向に結び目が横になるので、インラインフィギュアエイト・ノットで結ぶ。
　結び目に輪ができて縦になるため、ロープを引くとき輪を持って引いたり、同じロープにいくつも結び、アブミや縄梯子の代わりにもなる。

1. 正しい結び方

　図3-32　ロープをひねり、メインロープの後ろから持ってきてオーバーハンド・ノットをつくる。よく締めると、インラインフィギュアエイト・ノットになる。下のロープが結び目の真ん中から出ていれば正しい。

2. 間違った結び方

　図3-33　ロープを、そのままメインロープの後ろから持っていってオーバーハンド・ノットをつくる。
　よく締めて出来上がりだが、下のロープが横から出てしまう。これではロープを引くと結び目が横向きになってしまい正しくない。

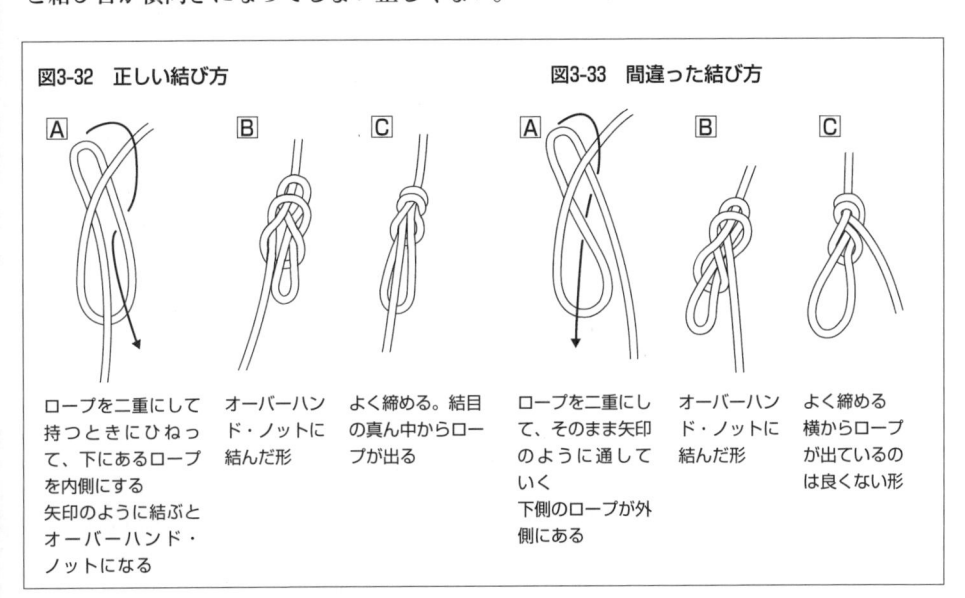

図3-32　正しい結び方

A　ロープを二重にして持つときにひねって、下にあるロープを内側にする
矢印のように結ぶとオーバーハンド・ノットになる

B　オーバーハンド・ノットに結んだ形

C　よく締める。結目の真ん中からロープが出る

図3-33　間違った結び方

A　ロープを二重にして、そのまま矢印のように通していく
下側のロープが外側にある

B　オーバーハンド・ノットに結んだ形

C　よく締める　横からロープが出ているのは良くない形

8. ナイン・ノット

　この結び方は、世界のレスキューやワークなどで多く使われ出した。エイト・ノットは、テンションがかかり締まってしまうとほどけにくくなるので、エイト・ノットより半回し多く巻くことで締まりにくく、解除するときはほどけやすい結び方になる。

・結び方

　まず、エイト・ノットのようにロープで輪をつくる。図3-34 Aの矢印のように、ロープを結んでいけばエイト・ノットになる。Bの矢印のように、ロープを通していけばナイン・ノットになる。図3-35はナイン・ノットの結び方である。エイト・ノットより半回し多くロープに巻き付けるようにする。結んでよく締めて、結び目の形をよく整える。

　結び目のロープが、捻れたり重なったりしないで、きちんと美しく並んでいる。

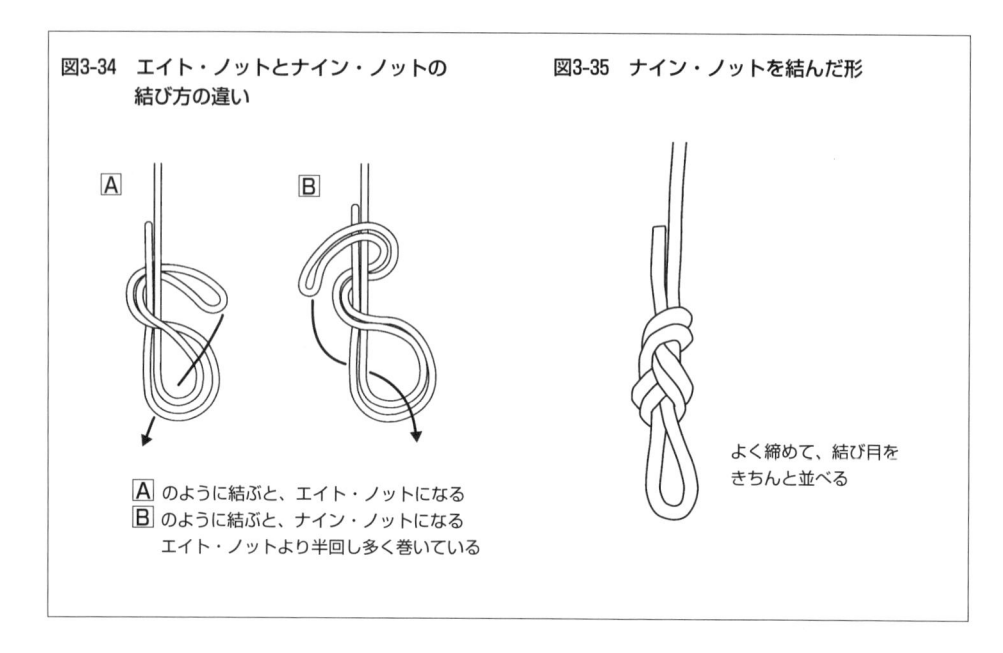

図3-34　エイト・ノットとナイン・ノットの結び方の違い

図3-35　ナイン・ノットを結んだ形

Aのように結ぶと、エイト・ノットになる
Bのように結ぶと、ナイン・ノットになる
　エイト・ノットより半回し多く巻いている

よく締めて、結び目をきちんと並べる

9. バタフライ・ノット

1. 特長と使い方

　この結びは、非常に良い結びである。万が一、輪にしたところが切れてもロープがほどけることがない。しかし、大きな力を加えると結び目がしまってほどけなくなる。このような特性を考えて、ロープの張り込みのときなどに力が加わる場合は、パイプや木などを結び目に入れて使用する。

　フィックスロープの中間などは、バタフライ・ノットを使用する。カラビナの開閉部を開けなくても、ロープの調節が出来るからである。

　ロープの中間の結びは、他の結び方も出来るが、エイト・ノットだとカラビナから一度ロープをはずさなくてはならず、エイト・ノットの輪が切れたときは結び目に強い力が入り、結び目が返ってしまいほどけてしまう。

　また、クローブヒッチでもカラビナの開閉部を開けることなく調節出来るが、クローブヒッチから少し離れたところで落石によってロープが切れると、ロープが伸びて、切れたときに逆にロープが縮み、その力でクローブヒッチがゆるんでしまって危険である。

　クローブヒッチを中間できつく締めても同じである。結びが早いことは確かに早い。それが良いと思うなら使うのもよいが、一度やってみてから実際に使うこと。

　あくまでも、基本はバタフライ・ノットなので、その結び方を説明する。

2. 結び方

　結び方は大きく分けて4つあるが、わかりやすいのは3つなので図を見てやり方を覚えよう。

(1) 手のひらに巻いてつくる

　図3-36　A　手のひらに斜めにロープをかける。
　　　　　　B　その上から親指に向かって2回巻く。4本の指側が1回目で外側になる。
　　　　　　C　4本指側にある先に巻いたロープを、上から2回目に巻いたロープの下に矢印のように入れる。
　　　　　　D　入れたロープの輪を持って、手のひらからロープを抜く。
　　　　　　E　締めて、バタフライ・ノットの完了。

図3-36 手のひらに巻いてつくる

|A| 手のひらにロープをかける
|B| 2回巻く
|C| 指側のロープを下に入れる
|D| この形になったらロープから手を抜く
|E| バタフライ・ノット完了

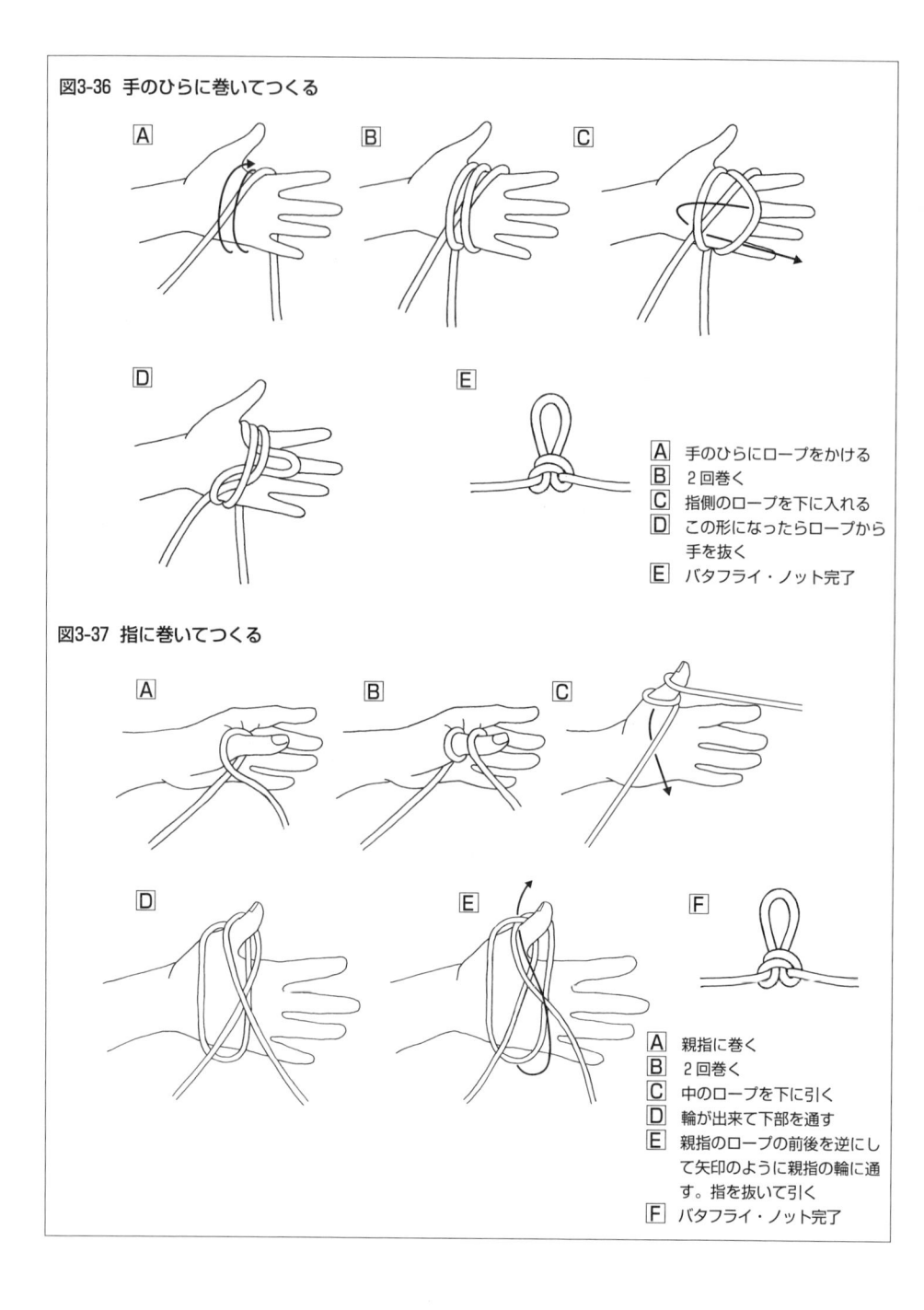

図3-37 指に巻いてつくる

|A| 親指に巻く
|B| 2回巻く
|C| 中のロープを下に引く
|D| 輪が出来て下部を通す
|E| 親指のロープの前後を逆にして矢印のように親指の輪に通す。指を抜いて引く
|F| バタフライ・ノット完了

（２）指に巻いてつくる

図3-37 Ⓐ 親指にロープをかける。
　　　 Ⓑ もう一回親指に巻く。
　　　 Ⓒ 輪になった所を少し引いて大きくする。下に引く。
　　　 Ⓓ 輪が出来る。
　　　 Ⓔ 初めにかけたロープの下から真ん中に持ってくる。このとき、親指の上のロープの重なりを後ろと前を逆にしておく。締めた輪がキンクしないためである。
　　　　輪の上でロープが交差している。
　　　　この形になる。矢印のように下の輪を交差した上から親指のある輪にいれて指ごと引き抜く。
　　　 Ⓕ 締めて、バタフライ・ノット完了。

（３）ロープをねじってつくる

図3-38 Ⓐ ロープをねじる。
　　　 Ⓑ もう一度ねじる。
　　　 Ⓒ 輪を後ろにねかす。交差している所から後ろへ折り曲げる形。
　　　 Ⓓ ねかした輪を下からとり、手前から上の輪の交差したところへ通す。
　　　 Ⓔ 締めて、バタフライ・ノット完了。

４つ目は、大きく輪をつくってやる方法であるが、ここでは上の３つを覚えておけばよいだろう。

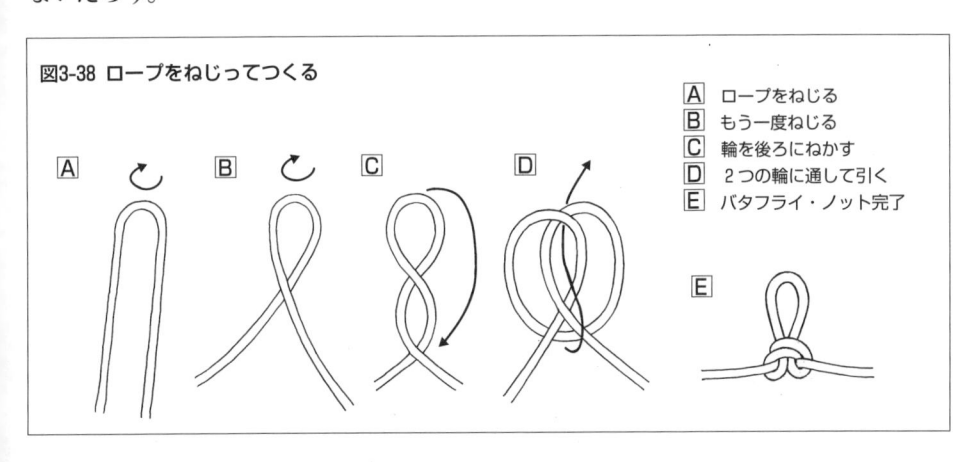

図3-38 ロープをねじってつくる

Ⓐ ロープをねじる
Ⓑ もう一度ねじる
Ⓒ 輪を後ろにねかす
Ⓓ ２つの輪に通して引く
Ⓔ バタフライ・ノット完了

10. クローブヒッチ

　クローブヒッチは、慣れると簡単なやり方だが、ひねり方の向きを覚えるまでが間違いやすいので迷ってしまうところがある。
　出来上がってから、カラビナにかかっているハーネスからのロープが、自分の方に向いていればそれは正しい。しかし、逆の方が自分に向いているのは間違いである。
　クローブヒッチの特長は、結び目をつくらないから強度が出ることと、カラビナを開閉しなくてもロープの調節が出来ることである。冬期の場合は、カラビナからロープをはずしても結び目が凍るということがないので、ほどくのに苦労しない。

1. 片手で取る自己ビレイのやり方

(1) 正しいつくり方

　片手で自己ビレイを取ることが出来るやり方である。
　図3-39 A　カラビナに向かって、自分（ハーネス）から出ているロープを下にして外から手前に向かってカラビナにかける。
　　　　　 B　ハーネスから出ているロープの後ろから、反対側のロープを取り、図のような形にひねる。矢印のようにカラビナの開閉部に持っていく。

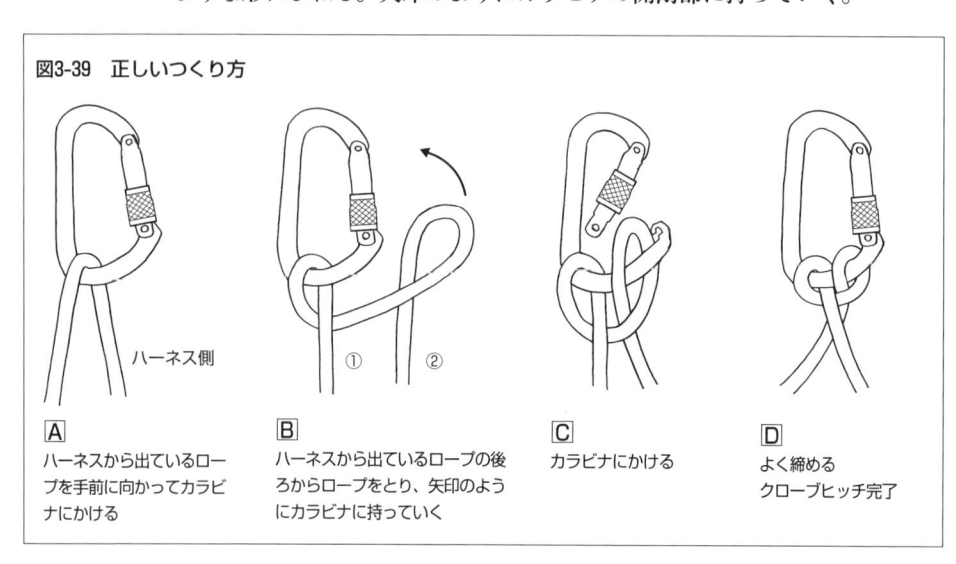

図3-39　正しいつくり方

A　ハーネスから出ているロープを手前に向かってカラビナにかける

B　ハーネスから出ているロープの後ろからロープをとり、矢印のようにカラビナに持っていく

C　カラビナにかける

D　よく締める　クローブヒッチ完了

　　　　C　カラビナを開けてロープをかける。
　　　　D　よく締めて完了。

（2）間違ったつくり方
　ひねり方の間違いをよく比べてみよう。
　　図3-40　A　自分から出ているロープをカラビナにかける。これは図3-39と同じで正しい。
　　　　B　ハーネスから出ているロープの後ろから、反対側のロープを取り、図のような形にひねる。このとき、ロープのひねり方が内側になっており、ここが間違いである。
　　　　C　カラビナを開けてロープをかける。
　　　　D　よく締めて完了。ガースヒッチになってしまうので気をつけよう。
　図3-39のBと図3-40のBのひねり方の向きと、図3-39のDと図3-40のDの形をよく見比べて、①と②のロープのひねり方の方向をよく覚えよう。

[ワンポイント]
正しいつくり方でつくったときでも、ロープの掛け替えなどで間違えるときがある。正しいかどうかを判断するには、ハーネスについているロープで確認できる。
図3-39　Bのロープの先が①のほうにハーネスをつけているのが正しい。②のロープがハーネスについているのは間違いである。②がハーネスについていると、引いたときに締まらない。

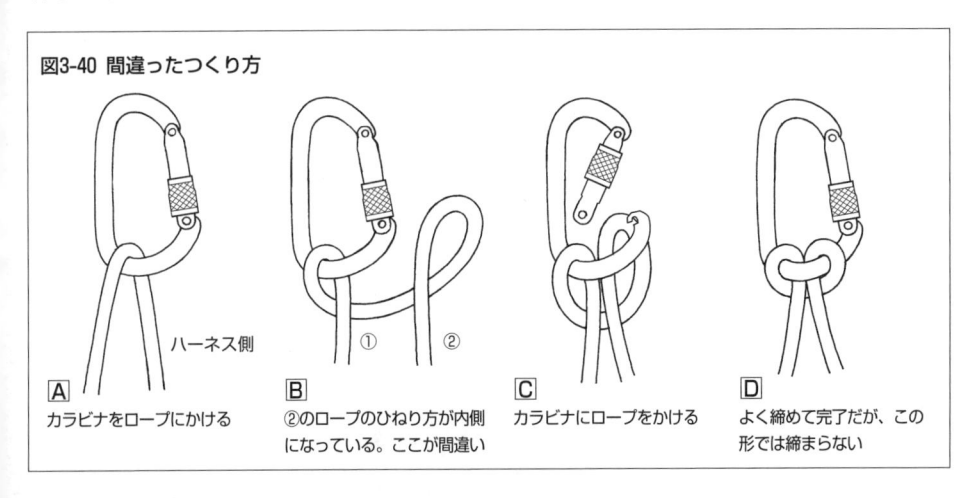

図3-40　間違ったつくり方

A　カラビナをロープにかける
B　②のロープのひねり方が内側になっている。ここが間違い
C　カラビナにロープをかける
D　よく締めて完了だが、この形では締まらない

2. スリングでクローブヒッチを早くつくるときのやり方

　立木またはボルトなどにスリングをかけて、クローブヒッチをつくるやり方を説明する。かけたとき、両手で早く簡単に出来るやり方である。
　昔、京都の人が考えたやり方である。良いやり方なので覚えてほしい。

　図3-41 Ⅰ　スリングを立木にまわして、安全環付カラビナをかける。ロープをカラビナにかける。
　　　　 Ⅰ　安全環付カラビナを半回転して開閉部を上向きにする。ロープは図のようにひねられる。
　　　　 Ⅰ　その上側に、図のように、もう一回ロープをひねる。ロープが交差している形が違うのをよく見よう。
　　　　 Ⅰ　ひねった輪を安全環付カラビナにかける。カラビナにかかっている輪に重ねるようにかける。
　　　　 Ⅰ　締めて完了。A、Bのロープを同時に引かないで、片方ずつ引くとよく締まる。

[ワンポイント]
何回も練習するとより早くなる。右手でカラビナを横に半回転して、左手でロープに輪をつくりかける。

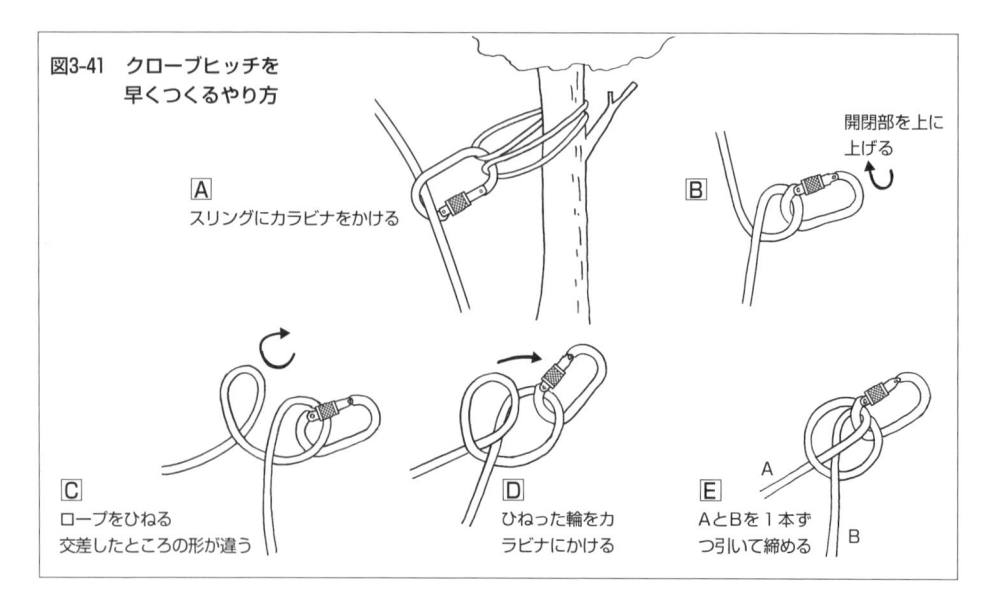

図3-41　クローブヒッチを早くつくるやり方

Ⅰ　スリングにカラビナをかける
Ⅰ　開閉部を上に上げる
Ⅰ　ロープをひねる　交差したところの形が違う
Ⅰ　ひねった輪をカラビナにかける
Ⅰ　AとBを1本ずつ引いて締める

11. カラビナを使用してストッパーをかける3つのやり方 (ガルダーヒッチ・ロレンソ・ビエンテ)

　人の力でロープを引いても、その力はたかがしれている。ロープを引いたままで最後まで引き上げることは難しい。そこで、引いた分が戻らずにロープを引くことが出来るのが、このやり方である。途中休憩をしたり、体勢を整えることが出来る。
　アンカーをつくり、スリングをかけカラビナを使用して、ロープをストッパーにするやり方である。その方法には、アメリカ式とイタリア式があり、人の名称がついている。フランス式もある。
　この3つのやり方が世界的には広まって使われている。日本式もあるが少し複雑である。
　この3つのなかでも、私はアメリカ式のガルダーヒッチを薦めている。講習会でも3つ教えると講習生はガルダーヒッチを一番覚えている。
　このやり方は、どれも同じ形のノーマルカラビナを2枚使用する。

1. ガルダーヒッチ (アメリカ式) のやり方

　アメリカ式の方法である。覚えやすいし簡単だ。私が使用して一番よいやり方だと思う。

図3-42 Ａ　同じ型のカラビナを2枚使用する。開閉部も同じ向きにして、アンカーからのスリングにかける。2枚共にかける。
　　　　Ｂ　ロープを回す。
　　　　Ｃ　手前のカラビナに回したロープをかける。
　　　　Ｄ　ロープをカラビナのアールの上に上げる。矢印のように引くとロープが滑る。反対に引くとブロックして、ロープが動かなくなる。

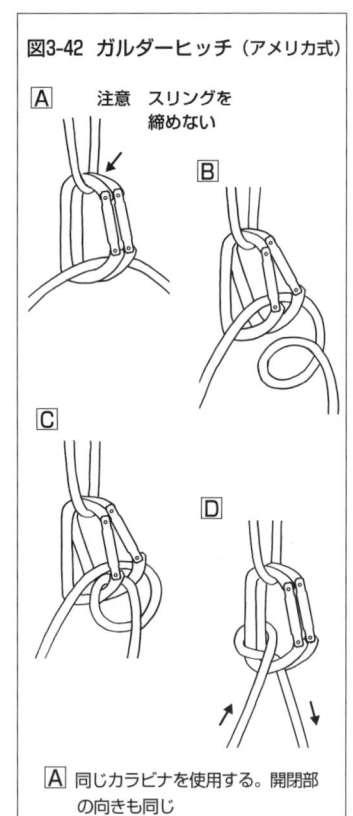

図3-42 ガルダーヒッチ (アメリカ式)

Ａ　注意　スリングを締めない
Ｂ
Ｃ
Ｄ

Ａ　同じカラビナを使用する。開閉部の向きも同じ
　　ロープをカラビナ2枚にかける
Ｂ　ロープを回す
Ｃ　手前のカラビナにかける
Ｄ　ロープをカラビナのアールから上にあげる
　　矢印の逆に引くとブロックする

[注意]
①O型のカラビナは使わない。角のあるカラビナを使う。
②安全環付きカラビナは、開閉部があたってそれが気になるためノーマルカラビナを使う。
③開閉部を互い違いにするという人もいるが、これはこのしくみがわかっていない。どのように引くとどうなるかをよくわかってから使用する。
④カラビナをスリングで締めない。カラビナをスリングにかけるだけである。

図3-43 ロレンソ（イタリア式）

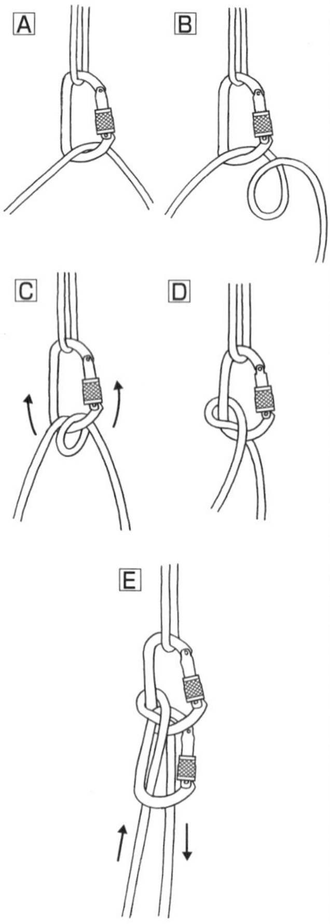

2. ロレンソ（イタリア式）のやり方

これはイタリア式だ。ガルダーヒッチよりも簡単そうだが、2枚目のカラビナのかけ方を間違いやすいので注意しよう。

図3-43 Ⓐ カラビナにロープをかける。
　　　　Ⓑ ロープを回す。
　　　　Ⓒ カラビナにかける。
　　　　Ⓓ かけたロープを上にずらす。輪が上側になり、ロープがカラビナの中で交差した状態。
　　　　Ⓔ 交差したロープの下から、カラビナにもう1枚カラビナをかける。そのカラビナの中に2本のロープが入る。矢印のように引くと滑る。反対に引くとブロックする。

Ⓐ カラビナにロープをかける
Ⓑ ロープを回し
Ⓒ カラビナにかける
Ⓓ ロープの輪をを上にずらす
Ⓔ そのロープの交差の下にカラビナをかける

[注意]
①O型のカラビナは使わない。角のあるカラビナを使う。
②交差した下にカラビナをかけ、その下にロープを2本とも入れる（カラビナにかける）。

Eのようにかけないと、はずれる可能性が高い。
③引く方のロープをかけない人がいるが、2本のロープをかけておくとより安全である。

3. ビエンテ（フランス式）のやり方

フランス式の方法を紹介する。

図3-44 A　カラビナの開閉部を互い違いにする。カラビナが回らないように、スリングは締めておく。ロープを下側のカラビナに、下から前にかける。
　　　　B　下側のロープを下のカラビナにかける。
　　　　C　カラビナの下にできた輪を持って、もう1枚の上側のカラビナにかける。
　　　　D　ロープを締める。矢印のように引くとすべる。反対に引くとブロックする。

[注意]
①O型のカラビナは使わない。角のあるカラビナを使う。
②アンカーからカラビナにかけたスリングを締める。カラビナが回転しないようにするためである。開閉部は両方とも外側に向けておく。

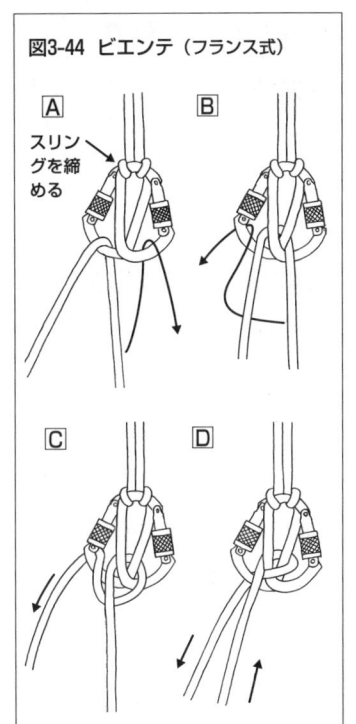

図3-44　ビエンテ（フランス式）

A　スリングを締める
B
C
D

A　カラビナの開閉部を互い違いにする
B　ロープをかけ、下のカラビナから前に持ってきてロープをかける
C　上のカラビナにロープをかける
D　ロープを締める

12. カラビナバッチマンの正しいつくり方と間違ったつくり方

　カラビナバッチマンの形と結び方は、巻き結びのいろいろで説明している。ここでは間違いやすいところを見てみよう。もう一度、結び方をよく復習しよう。

1. 正しいつくり方

図3-45 Ⓐ カラビナにスリングをかけて、メインロープに矢印のように巻き付ける。
　　　 Ⓑ カラビナいっぱいまで巻き付け、下に引っ張って締める。別のカラビナをかける。

2. 間違ったつくり方

図3-46 Ⓐ メインロープとカラビナを同時にスリングをかける。
　　　 Ⓑ カラビナいっぱいまで巻き付け、下に引っ張って締める。別のカラビナをかける。

はじめの、カラビナとメインロープとスリングの形が違うのがわかるだろうか。
　図3-46Ⓐ、Ⓑの間違ったつくり方でやると、強い力で引けばスリングとカラビナが回ってしまい、巻き付け結びがほどけてしまって止まらない。非常に危険である。両方やってみて確かめてみよう。

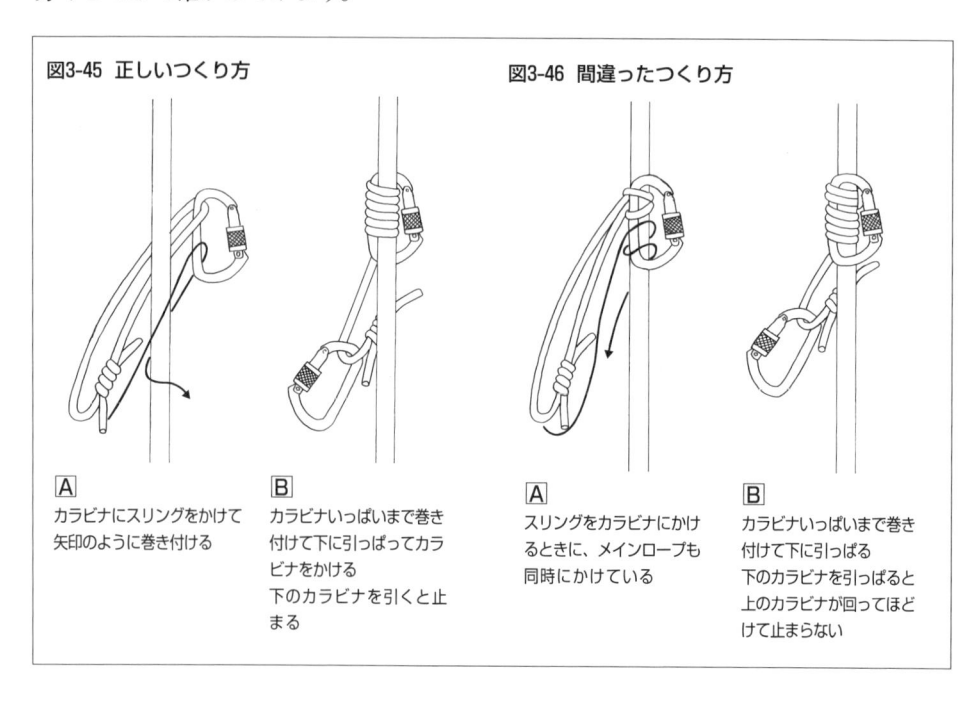

図3-45 正しいつくり方

Ⓐ カラビナにスリングをかけて矢印のように巻き付ける

Ⓑ カラビナいっぱいまで巻き付けて下に引っぱってカラビナをかける
下のカラビナを引くと止まる

図3-46 間違ったつくり方

Ⓐ スリングをカラビナにかけるときに、メインロープも同時にかけている

Ⓑ カラビナいっぱいまで巻き付けて下に引っぱると
下のカラビナを引っぱると上のカラビナが回ってほどけて止まらない

第4章　アンカー

　アンカーとは、支点のことである。ロープを使うときは、アンカーを取り、ロープをセットする。要救助者と救助者にビレイを取る。救助者と、要救助者の安全がアンカーにかかる。アンカーにかかる負荷を考えて、アンカーとロープの角度、打つ位置、何本のアンカーが必要かを考える。アンカーが抜けないように打つにはどうすればよいか。また、複数のアンカーを打つ場合、1本が抜けても他のアンカーで持ちこたえることが出来るようにするにはどうすればよいか。また、アンカーに均等な負荷がかかるようにするにはどうすればよいかなど、アンカーをつくるときのやり方を説明する。
　要救助者を引き上げたり、ロワーダウンで降ろしたりするときに、アンカーにかかる力を考えて、どのようにアンカーをつくるかが重要になってくる。
　アンカーは、1本から複数まで、また立木や岩などの自然物や、ハーケンあるいはボルトを打ち込んでつくるなど、いろいろなやり方がある。

1. アンカー（支点）の角度

ロープを使用する中で、最も重要なのがアンカー（支点）である。このアンカーの強度が強いか弱いかによって、周りの人が大怪我をしたり二重事故を起こしたりする。したがって、アンカーは完璧につくることが重要である。

力がアンカーにかかったときに、簡単に抜けたりはずれたりしてはならない。

それと同様に大事なことは、アンカーからのスリング（ロープ）の角度である。この角度の広さによって、強度が強くもなり弱くもなる。角度によってアンカーにかかる力が変わるからである。目安として角度を覚えておこう。

例えば、アンカーを2箇所取った場合で考えてみよう。図を見て、だいたいの角度と荷重を覚えておくとよい。100kgの重さに、角度を出来るだけ小さくすると2つのアンカーにかかる力は、50kg×2となる。そして、角度を大きくすると、2つの支点にかかる力は100kg×2となる。角度が小さいほど、アンカーにかかる力は小さくなる。

図4-1 アンカー（支点）の角度とそれぞれにかかる荷重。

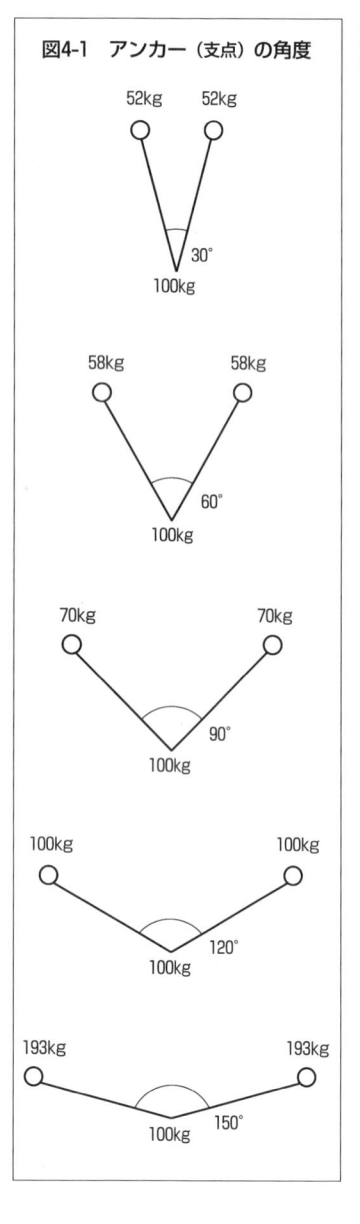

図4-1 アンカー（支点）の角度

- 52kg / 52kg　30°　100kg
- 58kg / 58kg　60°　100kg
- 70kg / 70kg　90°　100kg
- 100kg / 100kg　120°　100kg
- 193kg / 193kg　150°　100kg

2. アンカーの構築（アンカーとスリング）

1. 独立分散と流動分散の形

　登山界では、支点のことを今は一般的にアンカーという。2個以上のアンカーにスリングをかける場合は、2本のスリングの角度の大きさにより強度が変わる。そして、今度はアンカーにスリングをセットするやり方をどのようにするかである。

　やり方は、2つに分かれる。独立分散と流動分散である。図4-2 A、Bを見てみよう。

図4-2 A　独立分散

　独立分散とは、力の向きが一定の方向にかかり、スリングからの力が2つのアンカーにそれぞれ別々に分散されてかかることを前提としたものである。

　スリングは、種類を変えずに同じものを使用する。

図4-2 B　流動分散

　流動分散とは、力の向きが変わっても、2つのアンカーにかかる力はほぼ一定にかかるように考えたものである。このときは、スリングは長いスリング1本を使う。力が加わってスリングの方向が変わったときに、アンカーにかかる力はどうなるか。

2. アンカーに力が加わったとき

図4-3 A　独立分散

　左右どちらかに力が引かれたときは、引かれた方のスリングとアンカーに100%力がかかる。

　1本のアンカーに100%の力がかかってしまう。

図4-2　独立分散と流動分散

A　独立分散
それぞれのアンカーからスリングを1本ずつカラビナにかける

B　流動分散
長い1本のスリングをアンカーからカラビナに通してかける

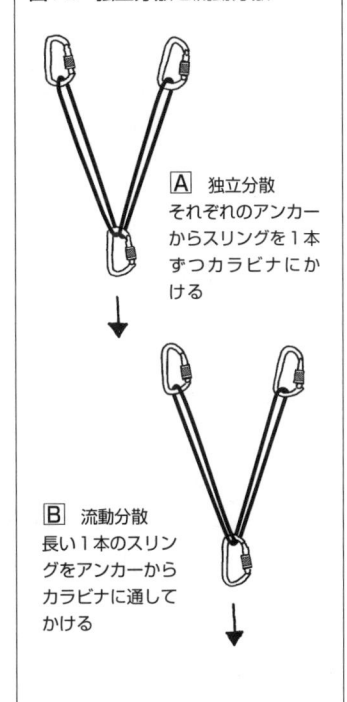

図4-3　アンカーに力が加わったとき

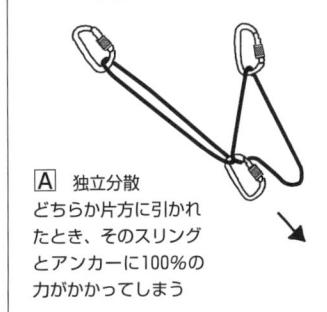

A　独立分散
どちらか片方に引かれたとき、そのスリングとアンカーに100%の力がかかってしまう

図4-3 Ⓑ 流動分散
　力の向きが変わっても、アンカーに力を分散させることが出来る。ロープをセットしたカラビナがアンカーのスリング上を動き、スリングはたるまないので、アンカーに均等に力が分散される。

　このように比べてみると、独立分散よりも流動分散のほうが良いと考えられるが、そうとばかりは言えない。流動分散でスリングにそのままカラビナをかけた場合、1本のアンカーが抜けたときどうなるか、問題として考えてみよう。
図4-4 Ⓐ 力がかかったときの状態。
　　　 Ⓑ 1本のアンカーが抜けたときは、ロープをセットしたカラビナはスリングを滑り抜けて、ロープがはずれてしまうため非常に危険である。

3．対処法

　これをなくすには、スリングをひねり、そこを通してカラビナをかけることで解消出来る。
　図4-5 Ⓐ、Ⓑのように2つのひねり方がある。
　Ⓐは、上側のスリングを半回転してひねりカラビナをかける。日本では昔から使われている方法である。
　Ⓑはスリングを交差させ、交差した所にカラビナをかける。アメリカなどで多く使われているやり方である。
　Ⓐ、Ⓑともに図の矢印の方向にカラビナをかけること。

図4-3　アンカーに力が加わったとき 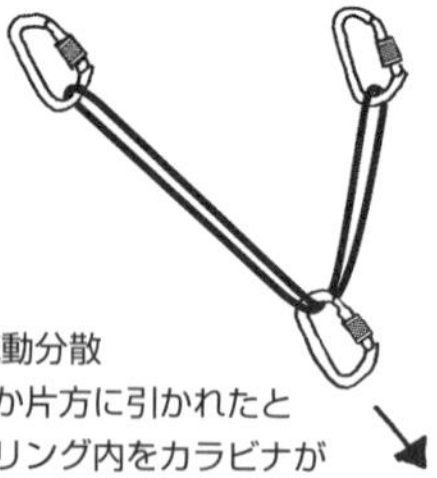
Ⓑ　流動分散
どちらか片方に引かれたとき、スリング内をカラビナが動くので、アンカーには均等に力がかかる

図4-4　流動分散で1本のアンカーが抜けたとき 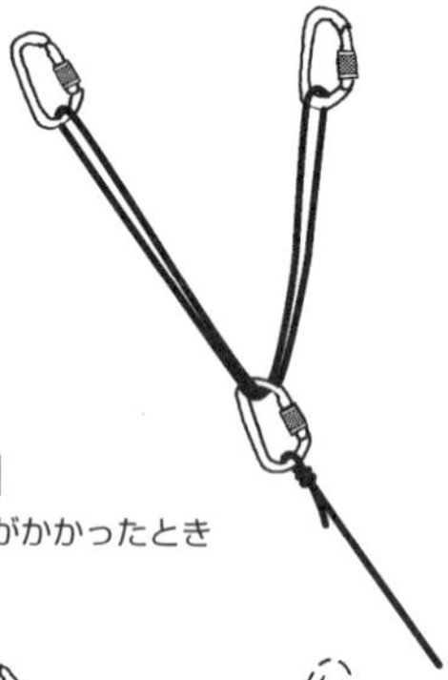
Ⓐ　力がかかったとき 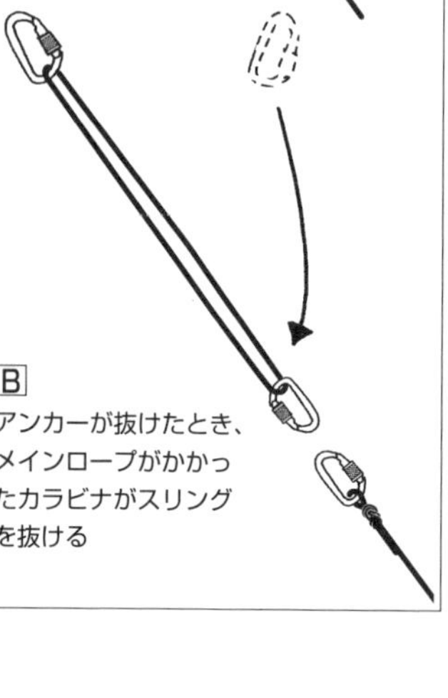
Ⓑ　アンカーが抜けたとき、メインロープがかかったカラビナがスリングを抜ける

第4章　アンカー　73

　このようにロープをひねることによって、1つのアンカーが抜けても、もう1つのアンカーで止まるという考え方である。図4-5 Cのようにロープは流れるが、止まる。これが登山界の一般的な考え方である。
　しかし、これなら、初めから力がかかる方向を確かめセットすればよかった。例えば、図4-6ようにエイト・ノットで独立分散にするというやり方がある。
　大きな力がかかるときは、短いスリングからアンカーは抜けていくので、救助のときは3本以上のアンカーをとるようにしよう。ハーケンなどは抜けやすいので、5〜6本取る場合もある。
　ただ、そのやり方は現実的ではない。なぜなら、3〜5本のアンカーを取ると、それをまとめてエイト・ノットにしなければならないからである。

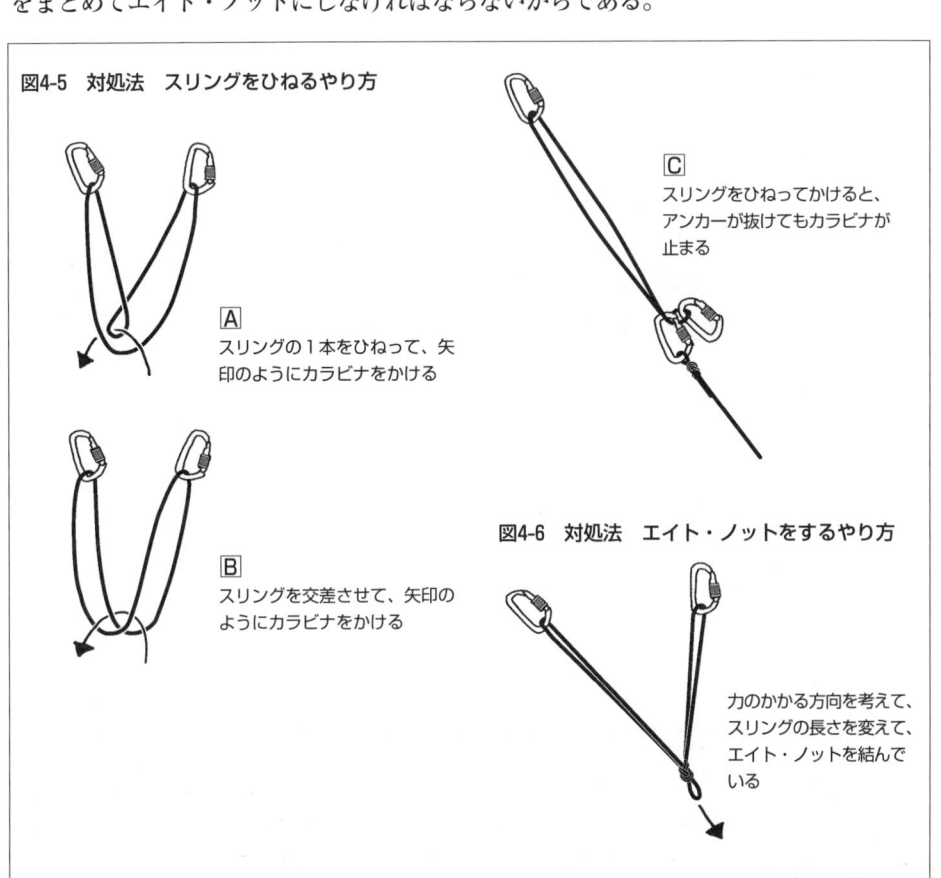

図4-5　対処法　スリングをひねるやり方

A　スリングの1本をひねって、矢印のようにカラビナをかける

B　スリングを交差させて、矢印のようにカラビナをかける

C　スリングをひねってかけると、アンカーが抜けてもカラビナが止まる

図4-6　対処法　エイト・ノットをするやり方

力のかかる方向を考えて、スリングの長さを変えて、エイト・ノットを結んでいる

3. アンカー2本取り

アンカーにセットしてロープを張るときには、アンカーを2本取るやり方が一番早い。アンカーの位置がずれていても対応出来る。

1. 流動分散でのアンカーの取り方

図4-7 流動分散のやり方である。アンカーが水平でも高さが違っていても、真ん中のカラビナの中をロープが動くことによって、2つのアンカーに同じ荷重がかかるようになる。Aを見てみると、アンカーの位置は水平であるが、Bはアンカーの高さがだいぶずれている。このように、位置がずれていても対応出来るやり方が流動分散である。しかし、これが最良のやり方というのではなく、他にもいろいろな方法がある。それぞれ試してみて、合うやり方を取り入れてやればよい。エイト・ノットやインラインフィギュアエイト・ノットまたはバタフライ・ノットで結ぶ。

このやり方は、メインロープでの流動分散のつくり方であり、アンカーが絶対抜けないという条件で行なうものである。どちらか1本のアンカーが抜けると、ロープがカラビナをすり抜けてしまうからである。

とくに、左側のアンカーが抜けると全部抜けて、下まで落ちてしまう。

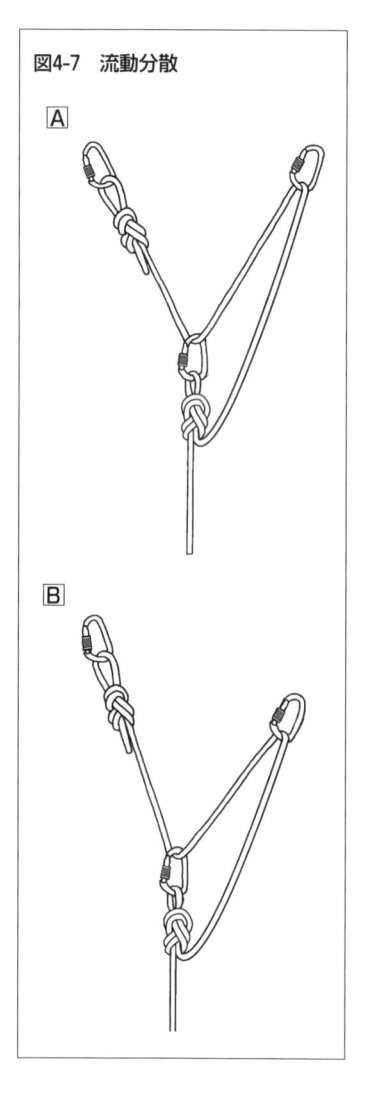

図4-7 流動分散

2. アンカー2本取りをするときのロープの結び方

(1) ダブルボーラインでのやり方

図4-8A 輪を大きくつくり、ロープをひねり中に通して2つの輪に小さい輪をかぶせる。Bのように2つの輪が出来たら、それをアンカーにかける。

（2）ミッテル結びでのやり方

　図4-9　ミッテル結びは、アンカーの位置がずれてもセットできる。クライマーが昔から使っている結び方であるが、今は若い人が知らない結び方になっている。ハーネスが無いときにミッテル結びをつくり、一つは腰に回し、一つは肩にかけてクライミングをやっていた。

　1回戻すことによって、アンカーの高さが違っても対応出来るので、この結び方は覚えておくとよい。AからEの手順で結び、Fの形にする。

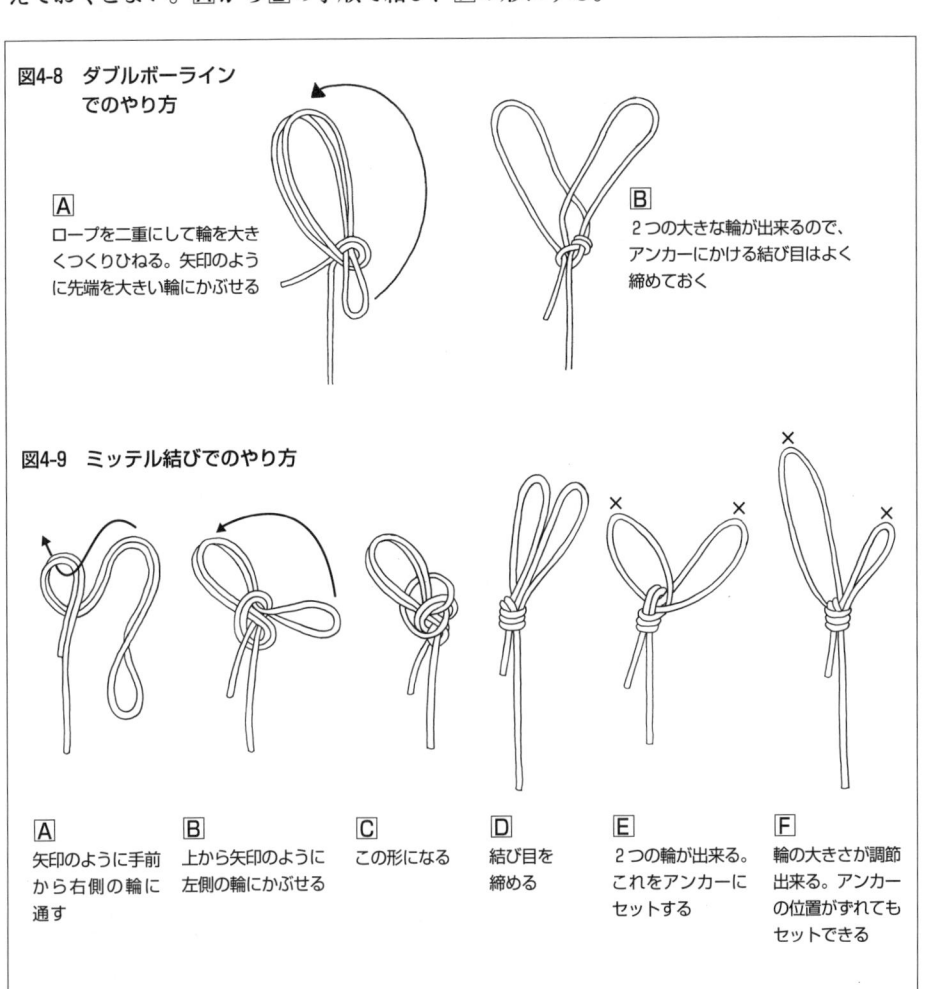

図4-8　ダブルボーラインでのやり方

A　ロープを二重にして輪を大きくつくりひねる。矢印のように先端を大きい輪にかぶせる

B　2つの大きな輪が出来るので、アンカーにかける結び目はよく締めておく

図4-9　ミッテル結びでのやり方

A　矢印のように手前から右側の輪に通す

B　上から矢印のように左側の輪にかぶせる

C　この形になる

D　結び目を締める

E　2つの輪が出来る。これをアンカーにセットする

F　輪の大きさが調節出来る。アンカーの位置がずれてもセットできる

（３）ラビット・イヤーでのやり方

図4-10　ラビット・イヤー（ウサギの耳結び）。これは、日本では昔から紹介されている結び方のひとつである。エイト・ノットが出来ればすぐ結べるようになる。これは、アンカーが水平でも高さが違っても使用出来る。高さが違うアンカーにかけるときは、2つの輪の大きさをアンカーの高さに合わせて変えてセットする。

輪の大きさをずらすときは、結びの形が変わるかやってみよう。

AからCの手順で結び、Dの形にする。Eのように輪の大きさを調節できる。

[ワンポイント]

これらのやり方を、一つは覚えておいた方がよい。アンカー1本から取るときも、カラビナをかけるところが二重になっているので安心感がある。エイト・ノットでも、いつも結んでいるとロープの先端の1mぐらいのところがいつも痛んでしまうため、二重で結ぶのもよいだろう。例えばラビット・イヤー（ウサギの耳結び）のように。

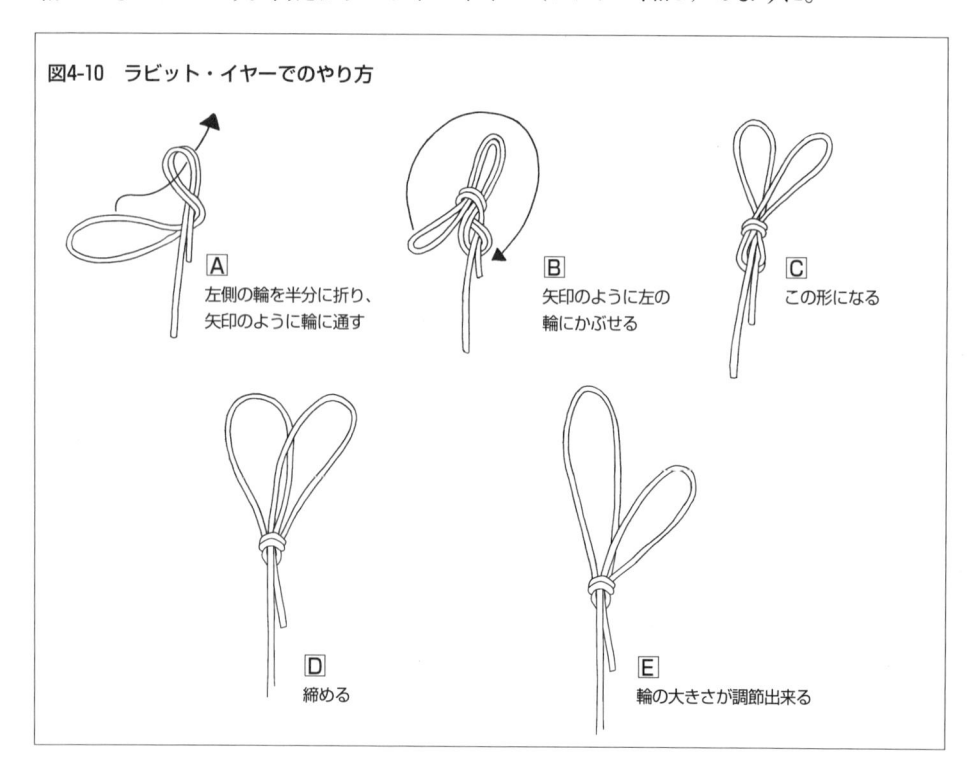

図4-10　ラビット・イヤーでのやり方

A　左側の輪を半分に折り、矢印のように輪に通す

B　矢印のように左の輪にかぶせる

C　この形になる

D　締める

E　輪の大きさが調節出来る

第4章 アンカー　77

4. アンカー3本取り

アンカーを3箇所つくることを、アンカー3本取りという。

アンカーを3本取るときにセットするロープ（スリング）の結び方、セットの仕方を紹介する。いろいろやり方はあるが、ここでは簡単な3つのやり方を説明する。

1. ダブルボーライン・ノットでセットする（変形ミッテル）

図4-11　ダブルボーライン・ノットのつくり方

Ⓐ ロープを二重にして輪の中に入れる。

Ⓑ メインロープの上を渡し、初めの輪に入れる。これはボーライン・ノットを二重にしてつくる。

Ⓒ よく締めて、出来た輪をアンカーから、どれもたるまないよう長さを調節する。

図4-11　ダブルボーライン・ノット

Ⓐ ロープを二重にして矢印のようにロープを初めの輪に通す

Ⓑ 初めの輪に通すとこの形になる

Ⓒ よく締める

図4-12　変形エイト・ノット

2. 変形エイト・ノットでセットする

図4-12 変形エイト・ノットのつくり方。

Ⓐ 大きなエイト・ノットをつくる。

Ⓑ エイト・ノットロー

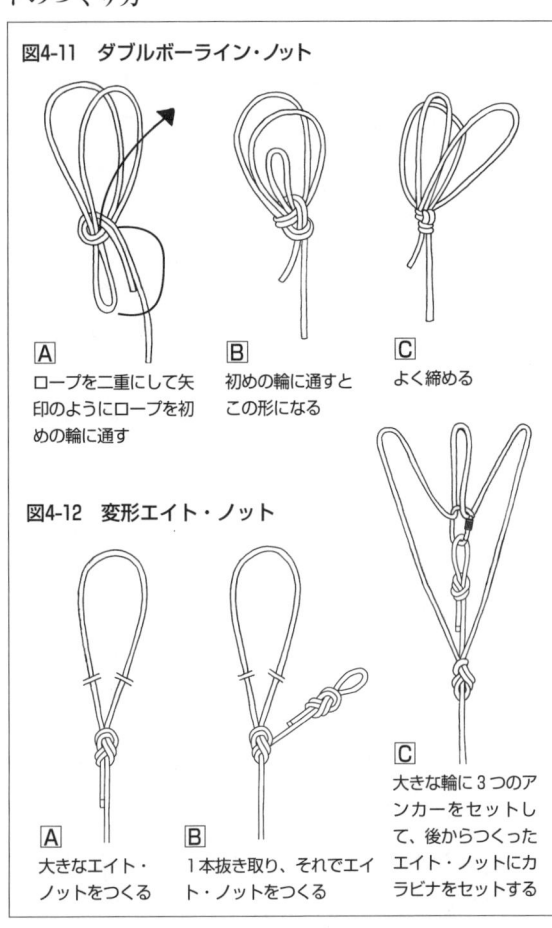

Ⓐ 大きなエイト・ノットをつくる

Ⓑ 1本抜き取り、それでエイト・ノットをつくる

Ⓒ 大きな輪に3つのアンカーをセットして、後からつくったエイト・ノットにカラビナをセットする

プの先端を1個の輪から抜き、その先端にエイト・ノットをつくる。そこに安全環付きカラビナをかける。

　C　はじめにつくった大きなエイト・ノットの輪を3つのアンカーにセットし、アンカーとアンカーの間のロープを引き、ロープの先端につくったエイト・ノットにつけた安全環付きカラビナをかける。

このやり方では、アンカーの高さがずれていても対応できる。注意すべき点は、真ん中の安全環付きカラビナにロープをかけるとき、ロープをひねっておくこと。

日本で古くから使われているやり方である。

3. エイト・ノットステインでセットする

　図4-13　A　大きなエイト・ノットをつくる。エイト・ノットの輪（ロープの先端に近い方の輪）に安全環付きカラビナをかける。

　B　エイト・ノットの大きな輪をアンカーにかけアンカーの間のロープを安全環付きカラビナにかける。ここは変形エイトと同じである。

　エイト・ノットの結び目にカラビナをかけることをステインという。

図4-13　エイト・ノットステイン

A
ここにカラビナをかける

B

このやり方が100％とは言わないが、この3つのやり方は、覚えやすくわかりやすい方法である。救助は時間との勝負である。

この他に、もっと簡単な方法もある。勉強してみよう。ただ、いろいろなやり方を覚えすぎて、いざというときにどれをやったらよいか、わからなくなった人をみたことがある。講習会では、壁でわざとパニックにさせてやらせることもある。

知識が先走り、実践に使えないことのないように、頭と体で整理しておくことが大切だ。

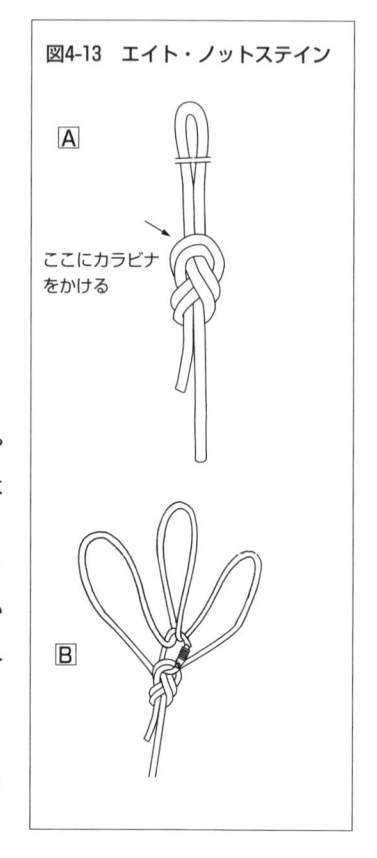

第4章　アンカー　79

5. アンカー4本取り

フレンチボーライン（FRENCH BOWLINE）でアンカー4本取りをする。

アンカー4本などで流動分散などをするときに、このやり方をする。これは昔からあるやり方で、ストレッチャーなどのプラスチックが弱いときは、ストレッチャーの複数のフックから取って引くときなど、日本の救助隊でも使用されている。

・フレンチボーラインの結び方

　図4-14 Ⓐ　ロープを上から輪をつくり、その輪の中にロープの先端を入れてから、矢印の方向にロープを通す。大きい輪をつくっておく。先端を伸びているロープの後ろ側から通し、輪の交差したところの前から小さい輪の中に入れる。

　　　　 Ⓑ　ロープの先端を大きい輪に添って、矢印のように通す。

　　　　 Ⓒ　Ⓑで通したときに、全部引かないで輪をつくっておく。安全環付カラビナをかける輪である。ロープの先端を、矢印のように小さい輪の中に入れていく。

　　　　 Ⓓ　ロープを揃えてよく締める。

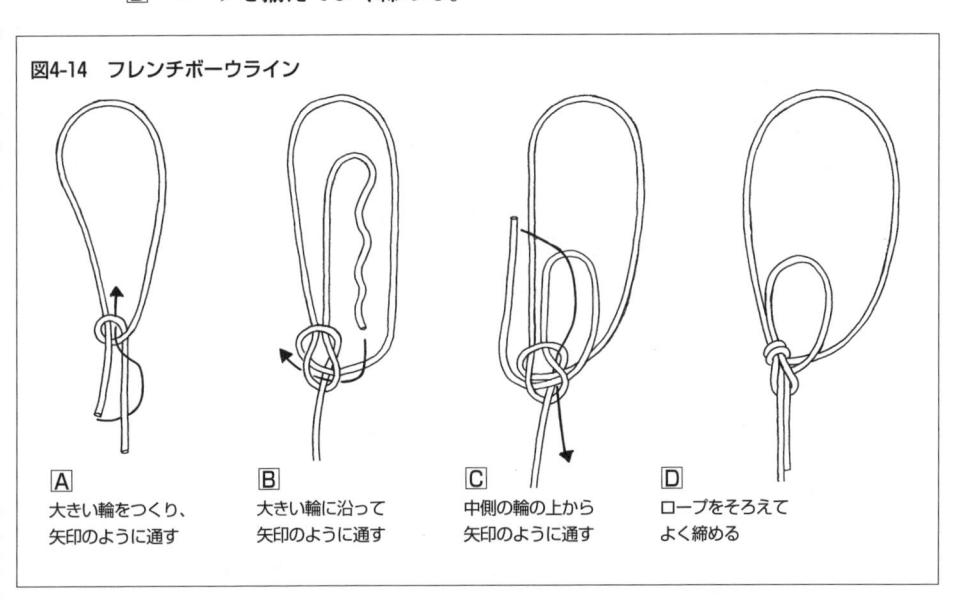

図4-14　フレンチボーウライン

Ⓐ 大きい輪をつくり、矢印のように通す

Ⓑ 大きい輪に沿って矢印のように通す

Ⓒ 中側の輪の上から矢印のように通す

Ⓓ ロープをそろえてよく締める

E ロープの先端はダブルフィッシャーマンズ・ノットで末端処理する。結び目と結び目は、離さないでくっつけておくことが大事である。Dでつくった輪に安全環付カラビナを3個かけて、大きい輪をそれぞれカラビナにかけると4箇所にアンカーが取れる。

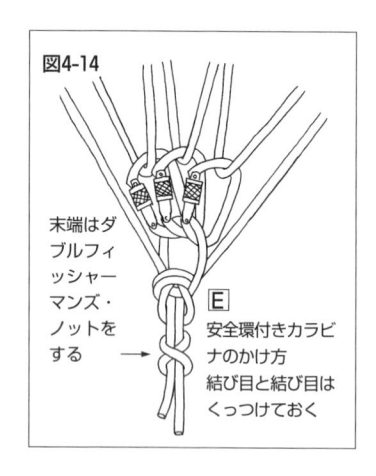

図4-14
末端はダブルフィッシャーマンズ・ノットをする → E 安全環付きカラビナのかけ方 結び目と結び目はくっつけておく

6. メザシのやり方

複数のアンカーを取るときのやり方である。この方法は非常に良いので、ぜひ覚えておこう。

これは、群馬県山岳連盟遭難救助隊顧問の西山年秋先生が始められた。文部科学省登山研修所の講師でもあり、日本のワイヤー救助の第一人者でもある。群馬県は、魔の山といわれる谷川岳が地元にあり、救助経験も豊富である。

図4-15 メザシのつくり方

A 複数のアンカーに安全環付カラビナをかけ、それぞれロープまたはテープのスリングで輪をつくり、アンカーのカラビナにかけていく。
スリングは、まとめて大きめの安全環付カラビナにかけると、扇形になる。その根元をテープスリングで巻く。巻き方は次の通りである。

B 扇形の要の、スリングの端の1本にガースヒッチでテープスリングを結ぶ。

C そのテープスリングで扇形になったスリングの要をまとめて、安全環付カラビナの上で、3回ぐらい巻き付ける。

D 巻き付けたスリングを、その上で編み込むように通していく。往復して2段編み込んだら、強く締める。

E 編み込んだ上に、さらに2〜3回巻き、オーバーハンド・ノットで締める。
このやり方の、どこが良いかすぐわかるだろうか。それは、1つのアンカーから

安全環付カラビナをはずしてみるとわかる。扇形の要にある安全環付カラビナにロープをかけて強い力で引っ張ってもびくともしないし、緩まない。もし救助の最中にアンカーがどれか抜けても、根元を止めてあるので、流動分散してスリングが滑るということがない。

[注意]
必ず安全環付カラビナを使用すること。安全環付カラビナが1枚しかない場合は、それをどこに使用するとよいか、考えてみよう。

[ワンポイント]
根元を締めるスリングは、細いテープスリングが良い。太いテープはよく締まらない。ないときは、ロープスリングでもよい。
ただ、巻くだけだと強い力がかかったときに緩んでしまうため、このようなやり方をする。

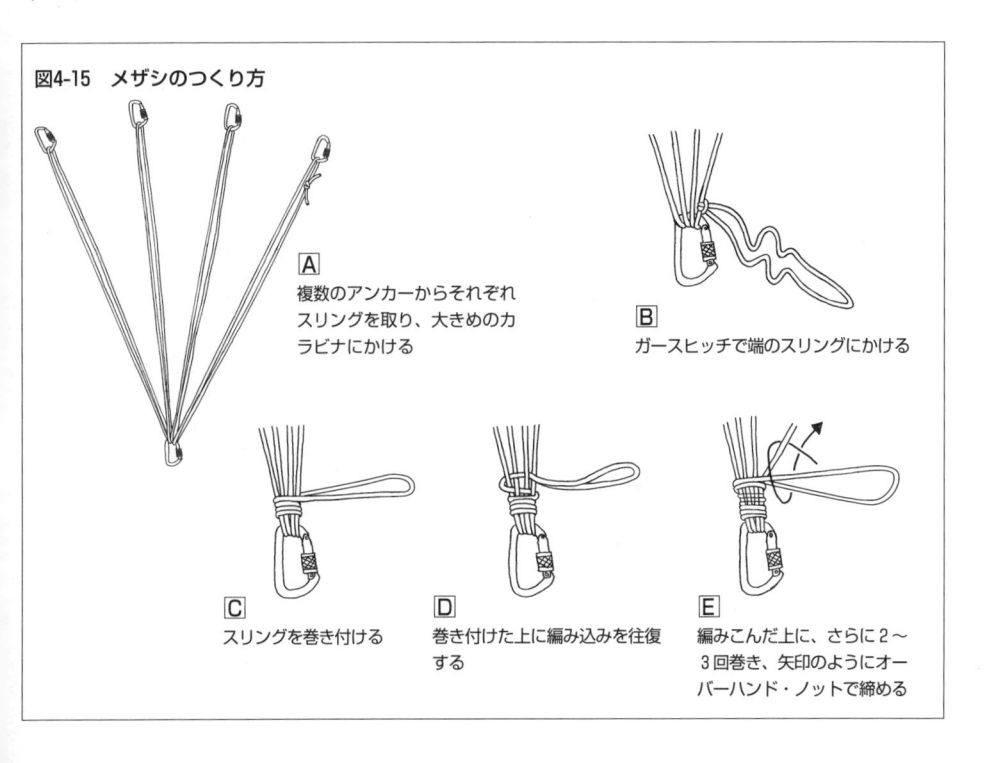

図4-15　メザシのつくり方

A　複数のアンカーからそれぞれスリングを取り、大きめのカラビナにかける

B　ガースヒッチで端のスリングにかける

C　スリングを巻き付ける

D　巻き付けた上に編み込みを往復する

E　編みこんだ上に、さらに2〜3回巻き、矢印のようにオーバーハンド・ノットで締める

7. アンカーが抜けたときのことを考えた、ロープをセットする方法と危険回避

　アンカーを取るときは、アンカーが抜けたときにロープがどうなるかを考えておかなければいけない。その対処法の1つとして、ロープをひねって安全環付カラビナにかける方法がある。
　図4-16　ロープをなぜひねるのかをわかりやすく説明しよう。まず、エイト・ノットで大きな輪をつくる。エイト・ノットのところにカラビナをかけ、3つのアンカーから流動分散をつくる。そのとき、3つのアンカーの1つが抜けたとしたらどのようになるか、想像がつくだろうか。ロープをひねったときと、ロープをひねらないときの違いを図でみてみよう。

1. ロープをひねって、セットするやり方

　図4-17 Ａ　アンカー3箇所からロープで流動分散をつくる。カラビナにロープをひねってかける。丸枠の中の図をよく見てみよう。
　　1本のロープはそのままカラビナにかけ、2本目のロープはひねってかける。
　Ｂ　アンカーの②が抜けた場合、どうなるか考えてみよう。エイト・ノットのカラビナからアンカー②の二重のロープの4分の1が下がってしまう。ロープをひねるだけでそれだけですむ。もし引き上げている場合なら、その分だけ落ちてしまう。

図4-16　大きい輪をつくったエイト・ノットでカラビナにセット

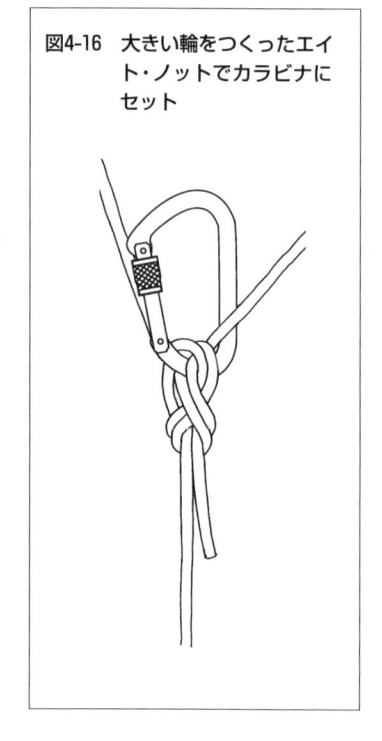

第4章 アンカー　83

図4-17 ロープをひねってセットするやり方

2本目のロープをひねる

アンカーの真ん中が抜けても、落下距離は少なくてすむ

A　エイト・ノットの大きい輪をアンカーのカラビナにかける

B　②のアンカーが抜けたときの落下距離（α）

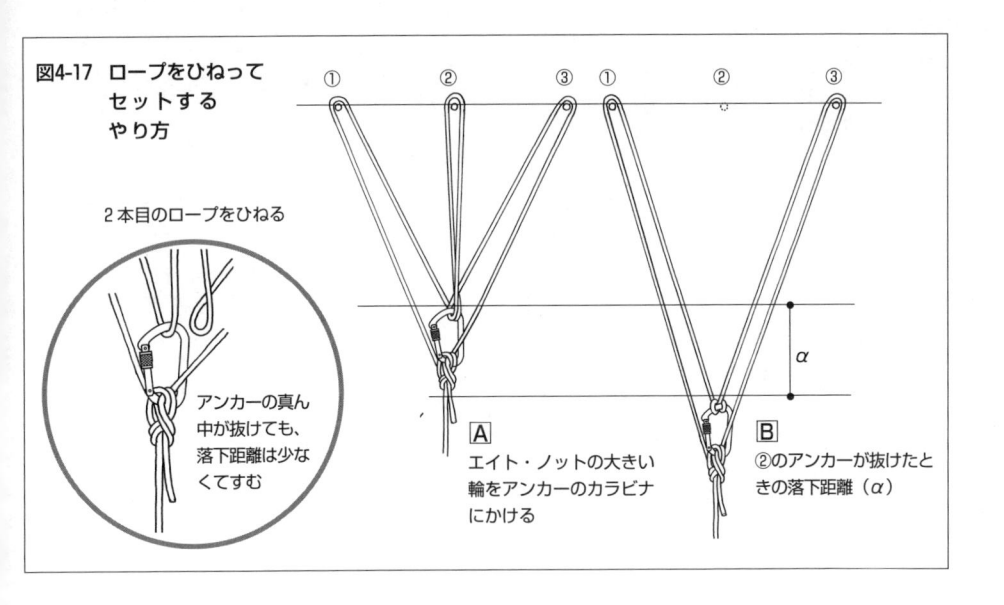

2. ロープをひねらないで、セットするやり方

図4-18 A　これは図4-17Aと同じ図だが、一部違う。カラビナにロープをひねらないでかけてある。丸枠の中の図をよく見てみよう。

アンカー②が抜けたら、アンカー①の片側のロープとアンカー②の二重のロープおよびアンカー③の片側のロープがずれる（伸びる）。アンカー①から③までのロープの距離を引いた分だけ落ちてしまうのである。

図4-17と図4-18を比べてみれば、その落下距離の違いがよくわかる。

これを整理してみよう。ロープをひねった方が落下距離が少ない。そこで、図4-19 A、B、C、Dを見ながら、ロープをアンカーにかけるやり方を考えてみよう。落下距離の比較とひねり方である。

図4-19 A　大きめのエイト・ノットにカラビナをかけ、アンカー①、②、③にかける。

B　①と②の間のロープを引き、カラビナにかける。

C　②と③の間のロープを引き、ひねってからカラビナにかける

D　エイト・ノットの下の少し先を持って引いてみる。ロープはピーンと伸び、3つのアンカーに力が入る。

ここで、注意しなければならないことがある。ロープのひねり方である。

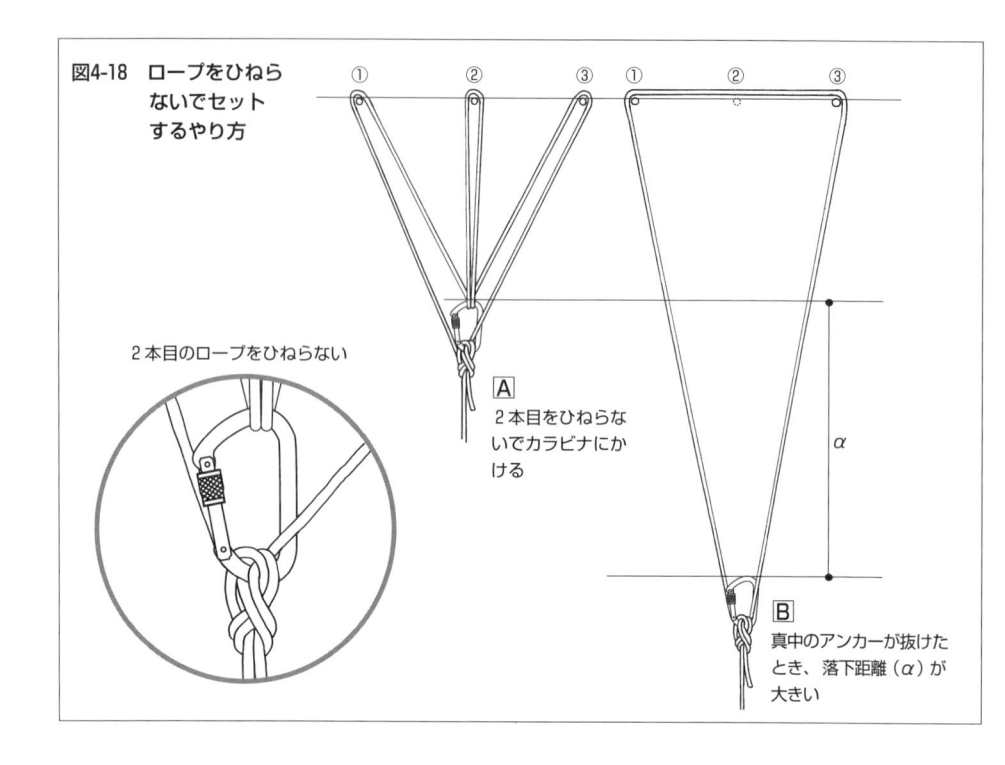

図4-18 ロープをひねらないでセットするやり方

2本目のロープをひねらない

A 2本目をひねらないでカラビナにかける

B 真中のアンカーが抜けたとき、落下距離（α）が大きい

3. 危険なやり方、ロープのひねり方の違い

　図をもう一度見る前に頭で少し考えてみよう。アンカー②が抜けたらどうなるか。
　図4-19 C のロープをひねるやり方と、図4-17 A のロープのひねり方を比べてみよう。
　図4-19 C のひねり方は、間違いである。すぐわかるだろうか。一つの流れでやると間違いがわからないのである。私の講習会でよくやるのだが、最初は手品をやっているみたいだとか、どこが違ったのかわからないとよくいわれる。
　これを、そのままアンカー②をはずして引くと図4-18 B になる。もしわからなかったら、実際にやってみればよい。このような勘違いで二重事故があるので気をつけよう。

4. 危険回避のやり方

　これをなくす方法は簡単にある。

第4章　アンカー　85

　登山の救助隊だと、アンカー①と②の間もひねり、アンカーの②と③の間もひねるということをする。間違いをしないように2つともひねる。そのときは同じ向きでひねる。
　ただし、2つ共ひねるとロープの摩擦抵抗があり、流動分散がうまくいかないことがある。

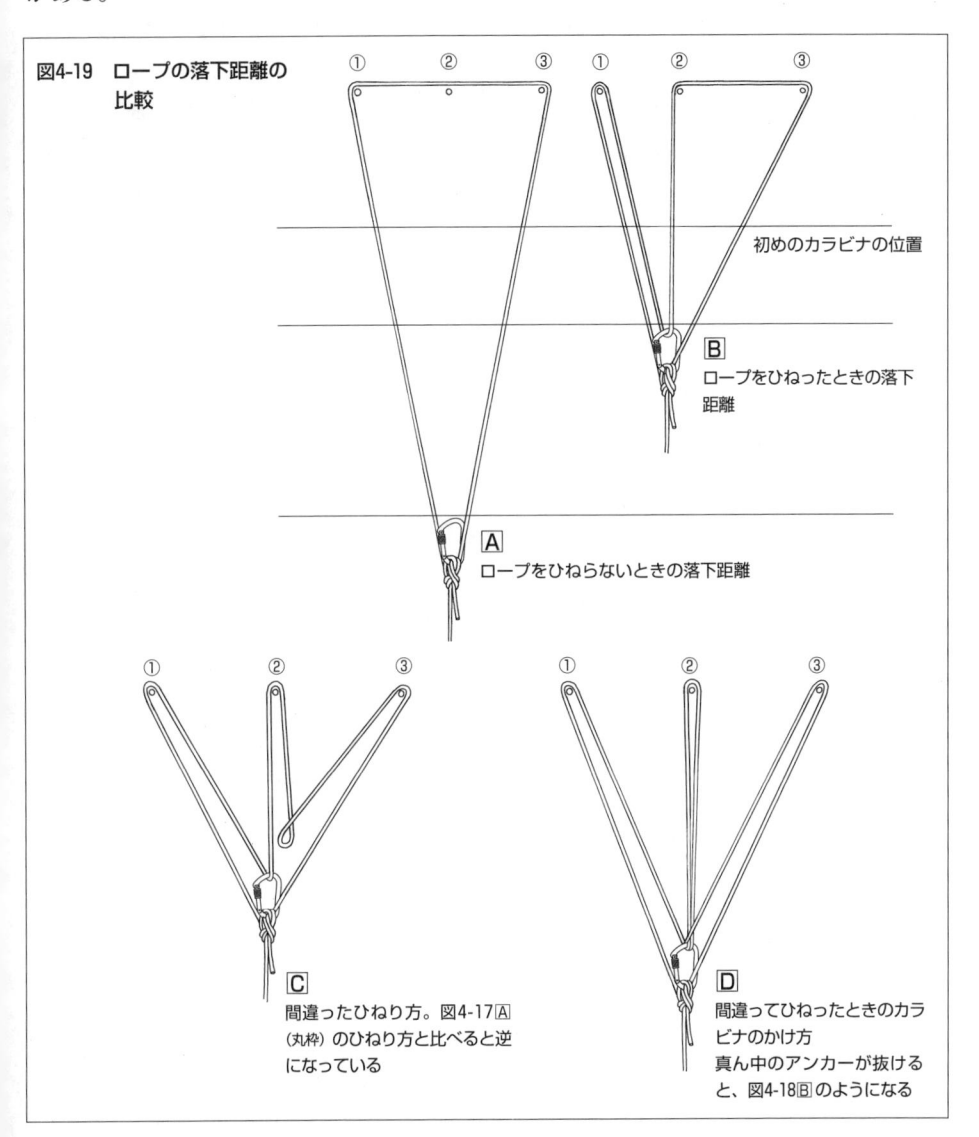

図4-19　ロープの落下距離の比較

初めのカラビナの位置

B ロープをひねったときの落下距離

A ロープをひねらないときの落下距離

C 間違ったひねり方。図4-17A（丸枠）のひねり方と比べると逆になっている

D 間違ってひねったときのカラビナのかけ方
真ん中のアンカーが抜けると、図4-18Bのようになる

5．ロープをひねったときと同じになるロープのかけ方

　ロープをひねるやり方で間違えやすい人は、ロープをカラビナにかけるだけでひねったときと同じように落下距離を短くするやり方を覚えよう。

　図4-20　カラビナにロープを上からかける。**図4-18**Ａと同じ形になる。

　図4-21　カラビナにロープを下から素直にかける。このようにかけるのが正しい。

　この２つの図の違いは、カラビナにかかっている真ん中の２本のロープである。

　図4-20はロープが揃って並んでいる。**図4-21**は上からと下からで、カラビナにかかっている。

　アンカーから取ってカラビナにかけるときに、２本目を下からかけるとアンカーが抜けたときにカラビナにロープが巻いて止まる。

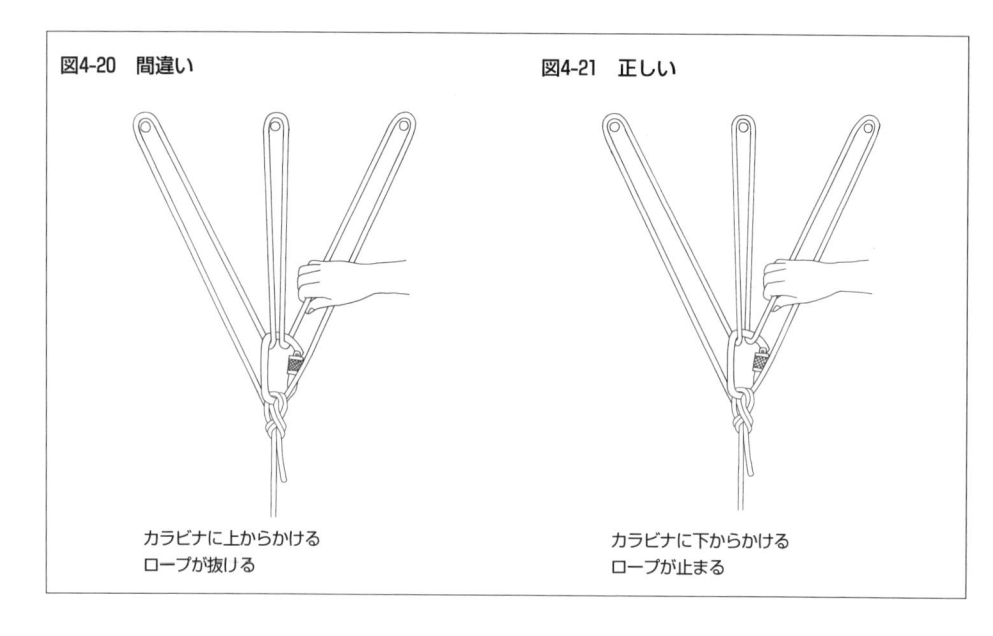

図4-20　間違い
カラビナに上からかける
ロープが抜ける

図4-21　正しい
カラビナに下からかける
ロープが止まる

第4章　アンカー　87

8. 立木への結び方

立木へのロープの結び方である。ロープを張るときなどに使える。
これは立木だけでなく、電柱など同じような形状のものに結ぶときに使用する。

1. ミッドシップマンズ・ハッチ (Midshipman's hrtch)

立木に結ぶとき、早く簡単に、しかもテンションがかかっても、解除するときはほどけやすいやり方で結ぶ。結び目がないので強度がでる。

図4-22　立木に結ぶときは、結び目を立木に付ける。緩んでいると、結び目が立木に締まっていくので、張った分のロープがたるむから注意する。末端を長く取る。

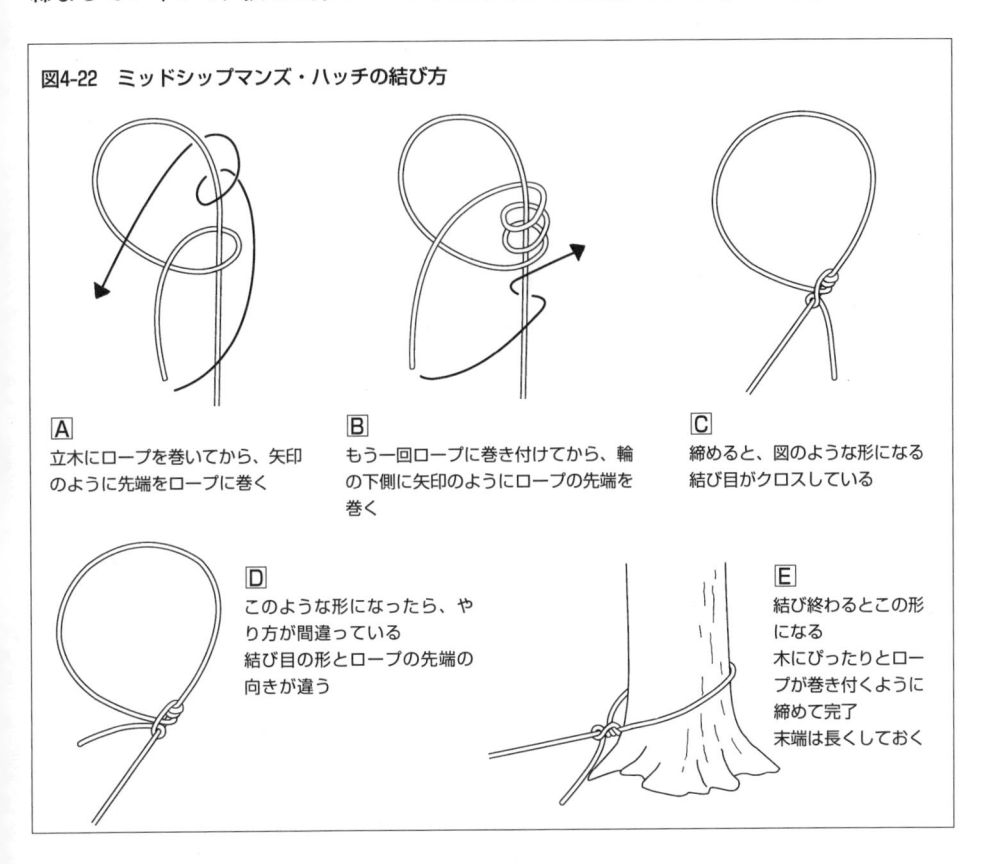

図4-22　ミッドシップマンズ・ハッチの結び方

A　立木にロープを巻いてから、矢印のように先端をロープに巻く

B　もう一回ロープに巻き付けてから、輪の下側に矢印のようにロープの先端を巻く

C　締めると、図のような形になる結び目がクロスしている

D　このような形になったら、やり方が間違っている
結び目の形とロープの先端の向きが違う

E　結び終わるとこの形になる
木にぴったりとロープが巻き付くように締めて完了
末端は長くしておく

2. ボーストリング (Bowstring)

図4-23 この結び方は、弓の弦を結ぶやり方なので、簡単にできて緩まない。立木にロープを二重に巻き付ける。私がよく使用する方法である。末端にオーバーハンド・ノットをつくるとより安心出来る。

[ワンポイント]

わかりやすい方法だが、いきなり使用せず、自分の中で100%理解してから本番で使う。どんな結び方でも理解してから使用すること。

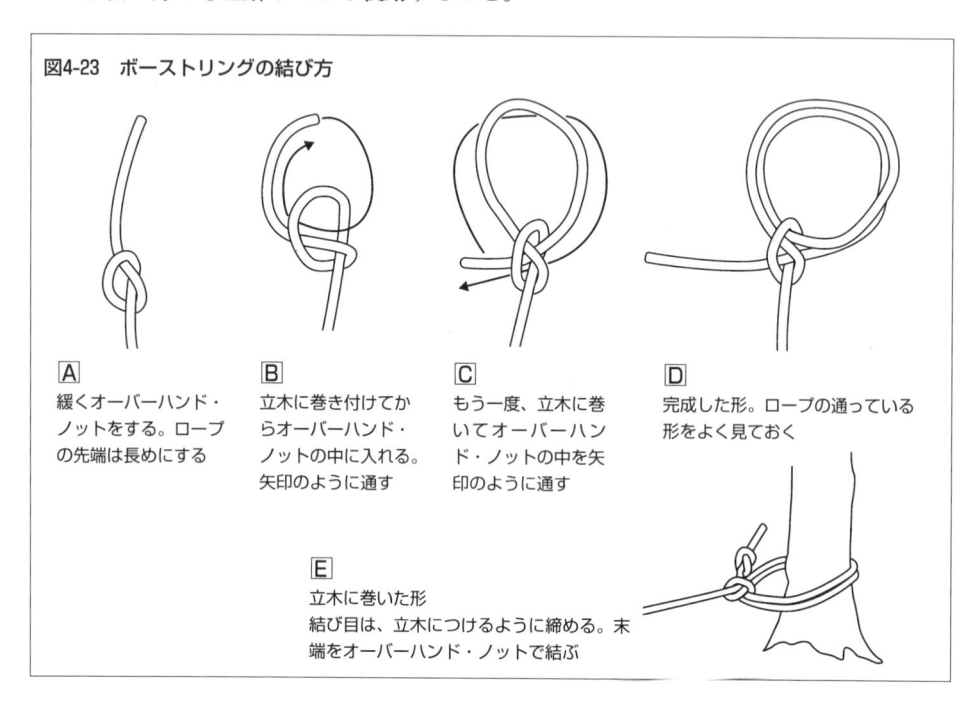

図4-23 ボーストリングの結び方

A
緩くオーバーハンド・ノットをする。ロープの先端は長めにする

B
立木に巻き付けてからオーバーハンド・ノットの中に入れる。矢印のように通す

C
もう一度、立木に巻いてオーバーハンド・ノットの中を矢印のように通す

D
完成した形。ロープの通っている形をよく見ておく

E
立木に巻いた形
結び目は、立木につけるように締める。末端をオーバーハンド・ノットで結ぶ

第5章　ハンマードリルとボルト

　ボルトを使ってアンカーをつくるときにも、いろいろな注意点がある。
　アンカーは、万が一強い衝撃を受けても抜けないように打たなければならない。アンカーが抜けるということは、事故に直結していることを認識しなければならない。
　ボルトは、1本打ちをしない。3本以上を打つようにする。きっちり打っておけば、力がかかったときに3本とも抜けることはまずないからである。
　ボルトでのアンカーは、どんなところでもつくることが出来るが、その打つ場所（岩や壁など）をよく見ること。どんなところでも、打てば強度が出ると考えるのは大きな間違いである。

1. ハンマードリルとボルト

アンカーをつくるとき、現在はハンマードリルを使うことも多い。ハンマードリル、ボルトを使用する場合の用具と方法を説明する。

1. ハンマードリル

ドリルには、振動ドリルとハンマードリル、ロータスハンマードリルがある。コードレスのドリルでは、ハンマードリルが一番良い。12V、24Vがある。それ以上の36Vもあるが、本体、バッテリーとも重い。工事などで、1日中ドリルを使用する場合などには良いが、行動的に使用する場合は、12V、または24Vが使いやすい。

バッテリー1個でどのくらい使用出来るかというと、ハンマードリルの12Vで、谷川岳一ノ倉沢でリングボルト52本打つことが出来た。これだけ打てれば充分使える。予備にバッテリーを1～2個持って行けばよい。

これからは、救助隊となればボルトは安全性の高い径10mmの大きさで打つべきである。ハンマードリルが使用不能になったり（故障はまずないが落として壊すことがある）、バッテリーが切れたり、なくしたり落としたりしたときは、手打ちをしなければならない。

ハンマードリルを使わなかった時代からある方法だが、現在の手打ちドリルハンドル（ジャンピング）は、ハンマードリルのキリ（SDSのキリ）を使用出来るようになっているので、別にキリを持って行く必要はない。ハンマーはあるので、あとは手打ち用のドリルハンドル（ジャンピング）を持っていけば、最悪のときに使用出来る。

2. ボルト

以前は、リングボルト、RCCボルトが主流であったが、現在は多様になってきていろいろな物がある。その中で代表的なものをあげると、グリップアンカー、エクスパンションボルト、ケミカルアンカー（ガラスカプセル）、注入式ケミカル（カートリッジとガンが必要）、エポキシ（カプセル）、エポキシ（A・Bの缶を混ぜて使用する）などがある。

用途によって使い分ける。例えば、登山道や事故を起こしやすい場所や悪場、鎖場や梯子段の設置などに、ケミカルアンカーやエポキシなどはとても良い。

ケミカルアンカーやエポキシは、温度による硬化時間が必要なので救助には向かない。

グリップアンカーも良いが、ボルトを落としてしまいやすい。救助ではエクスパンションボルトが使いやすい。径10mm、径12mmと太さも種類があり、長さもメーカーによってスチールボルトは60mm、90mm、100mm、ステンレスボルトは70mm、90mm、95mmなどがある。ただし、スチールボルトはウォールハンガーを付けて使用する。ボルトにセットするウォールハンガーは径8mm、径10mm、径12mmがある。

　日本に入っている物では、径10mm、径12mmのハンガーがある。

3. ボルトの種類

- 図5-1　エクスパンションボルト
- 図5-2　ウォールハンガー
- 図5-3　エクスパンションボルトとウォールハンガーをセットしたもの。ボルトとハンガーのセット
- 図5-4　ボルトの先がキリになって穴を開ける（チップ、ボルト、ナット）
- 図5-5　ジャンピング（これで手打ちで穴を開ける）
- 図5-6　グリップアンカーとたたき棒（工事での一般的アンカー）
- 図5-7　板スパナ　3〜4mmのロープを結んでおくと落とさない。

　キリの種類であるが、コンクリートキリは一般的にストレートキリとSDSキリがある。

　ストレートのキリはチャックというものでキリを固定させるが、SDSのキリは口を合わせて入れ、それを少し回すと固定されるワンタッチ式である。

図5-1　エクスパンションボルト

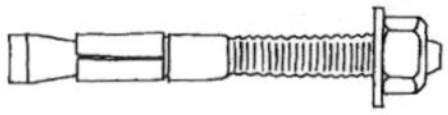

図5-2　ウォールハンガー

図5-3　エクスパンションボルトとウォールハンガーをセットしたもの

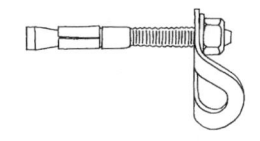

図5-4　ボルトの先がキリになって穴を開ける

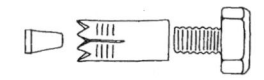

図5-5　ジャンピング

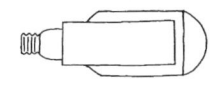

図5-6　グリップアンカーとたたき棒

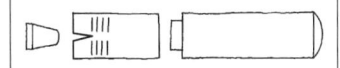

図5-7　板スパナ

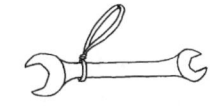

図5-8 Ⓐ　ストレート
　　　 Ⓑ　SDS
　日本のものでも、そのようなキリを使えるハンマードリルが多くある。
　コードレスのハンマードリルは、ほとんどといってもいいくらいにSDSのキリを使用している。
　図5-9　SDSのキリに合う手打ちのハンドル（ジャンピング）。先端にキリを付け、ハンドルを持ってハンマーで頭をたたいて穴を開ける。
　図5-10　キリの先端、2本、4本、3本
　キリの先は一般的に2本に割れているが、新しい物として3本、4本になっているものもある。従来のものより価格は少し高いが、岩に穴を開けても振れにくい。穴を開けるのも早い感じである。
　ミヤナガ製は特に早いし、振れにくい。

[注意]
キリを買うときは、自分のハンマードリルがどのようなものかをよく知ってから買うこと。
日本製のドリルでも、チャックがなく手で回してキリを入れ、締めてから回した箇所を押すと固定されるものもある。

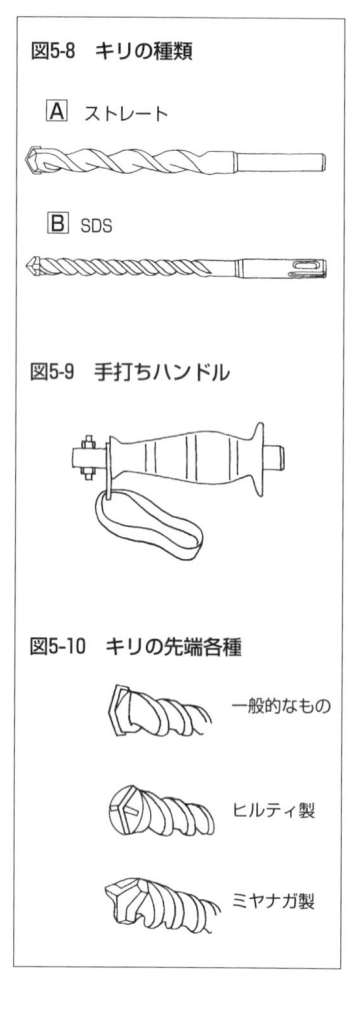

図5-8　キリの種類
Ⓐ　ストレート
Ⓑ　SDS

図5-9　手打ちハンドル

図5-10　キリの先端各種
一般的なもの
ヒルティ製
ミヤナガ製

4．ウォールハンガーのセットの仕方
　力のかかる方向を考えながら、セットをするときの形を見てみよう。
　図5-11　Ⓐ　ハンガーをまっすぐ立ててセットし、カラビナをかける。
　　　　 Ⓑ　ハンガーを斜めにしてセットしカラビナをかける。
ⒶとⒷ、どちらがよいか考えてみよう。
ハンガーにカラビナをセットして、力をかけるとウォールハンガーはどうなるか。Ⓐ

は、強い力がかかると矢印のように下にハンガーが動き、ずれてしまう。Bは初めから斜めにセットして、テンション（力）がかかってもアンカーが動くことはないので、Bの方が良い。

力は、ウォールハンガーがセットされたボルトを軸にかかるので、カラビナをかける位置は、ボルトの下にある方が動かない。

図5-11 ウォールハンガーのセットの仕方

A　　　　　B

矢印のように動き　　正しい
ハンガーがずれる

5．エクスパンションボルト

　エクスパンションボルトはメーカーによっては少し違うが、ボルトにゴムの輪とワッシャーナット（両面に面取りがしてある）が付いている。

　ナット、ワッシャーを取り、ハンガーを入れてから、ワッシャー、ナットを入れ、ナットをいっぱいまで締めておく。

図5-12 エクスパンションボルト

キリ

穴をあける位置

図5-12　セットした形と穴を開ける位置
　キリに穴を開ける位置まで、ビニールテープまたはマジックで印をしておく。穴を開けるときは短めより、長めにあけるのがよい。リングボルトやグリップなどは、長さ通りに穴を開けなければならないが、エクスパンションボルトはその点で融通がきく。

　リングボルトやRCCボルトの使い方は、『全図解クライミングテクニック』（2004年山と渓谷社）に書いてあるので参照願いたい。

6．ボルトの打ち方

　ボルトを打つときは、その場所が適しているか、打ったあと抜けないかを確認してから打つようにする。その打ち方は次のような順序で行なう。

　まず、ハンマーで岩をたたき、岩が浮いていないかをチェックする。岩が浮いていると音が軽く、しっかりしていると音が重い。音で判断し、岩が浮いていないしっかりした強度のある岩（壁）を探す。次の手順でボルトを打つ。

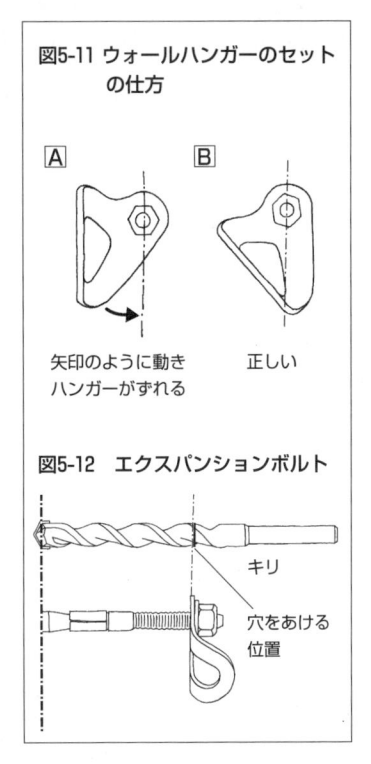

図5-13　出来るだけ、岩の平らな面にドリルのキリを直角にあてる。キリの印のところまで穴をあける。
図5-14　スポイトで穴の中の粉を出してきれいにする。
図5-15　ボルトとハンガーをセットして穴に入れる。
根元までは入らないので、ハンマーでボルトの頭をたたいて入れる。
図5-16　スパナーでよく締める。ハンガーの曲がりをよく見てやること。

[注意]
決して力まかせに締めなくてもよい。1回キュッと締まったらやめること。

[ワンポイント]
穴の中の粉を落とすときに、スポイトだけでなく、ドリルを回転させながら「引き」「入れ」を何回か繰り返すと、中の粉がある程度取れる。
穴を開けた後、ドリルを止めてから抜こうとすると抜けないときがある。そのときも回転させながら引き抜くと、楽に抜くことが出来る。

図5-13　ハンマードリルで穴をあける

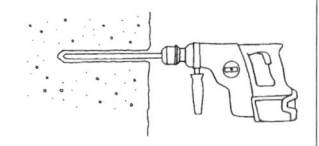

図5-14　スポイトで粉を出す

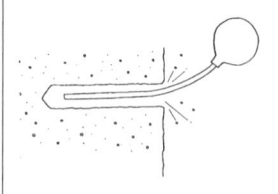

図5-15　ボルトとハンガーをセットして、ハンマーでたたく

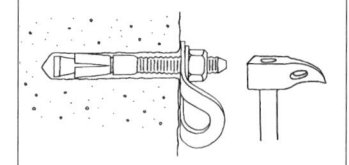

図5-16　スパナーでよく締める

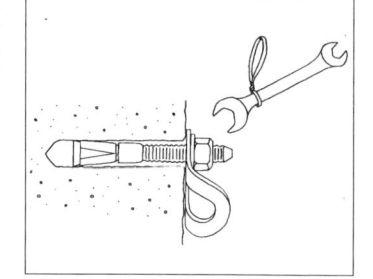

第 5 章　ハンマードリルとボルト　　95

7. 問題 ［ボルトの打ち方で悪い物はどれか］

　図5-17　穴の直径がボルトより大きい
　図5-18　穴が岩に対して直角ではない
　図5-19 Ⓐ　ナットを締めるのが途中までになっている。
　　　　 Ⓑ　ナットを締めて、ハンガーは岩から浮いている。
　図5-20　ナットを締めて、ハンガーも岩に付いている。

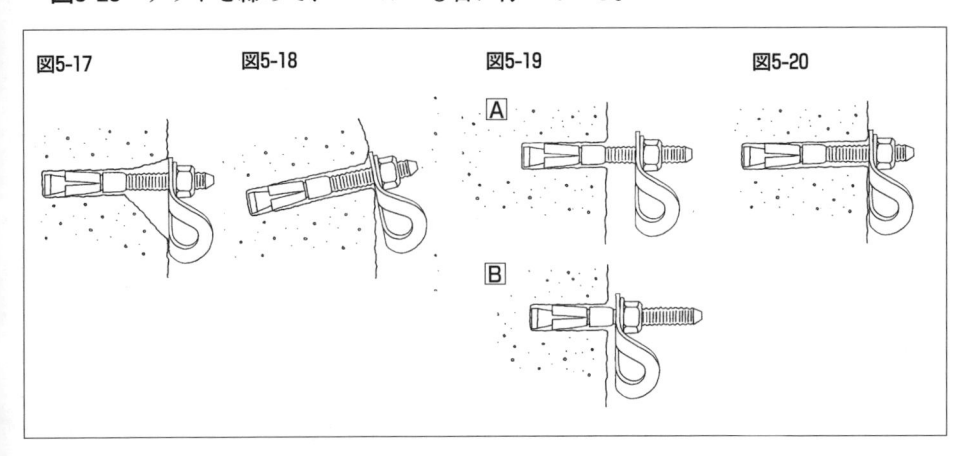

8. 解答

・説明
　図5-17　ボルトの周りに空洞があり、強度が著しく落ちる。
　図5-18　ボルトはしっかり入っているが、ボルトが入る角度が違うので、ハンガーが浮いている。このため、力が入ると「テコ」の応用でボルトが引っ張られ、強度が落ちる。
　図5-19　ナットをきちんと締めていないと、緩んできて抜ける危険がある。
　　　　　穴が浅すぎるため、ナットをいっぱいまで締めてもハンガーが浮いている。
　図5-20　穴もボルトの大きさに合っていて、きちんと締められる。ハンガーも岩にぴったりついていて、力を入れても動かない。

したがって、**図5-20**の形が正しい打ち方である。

2. ボルトの打つ位置を決めるとき

ボルトを打つ位置は重要だ。荷重がかかることを考えて、ボルトが抜けないような場所を選定する。また1本抜けたとき、他のボルトにどのように力がかかるかまで考えて、位置を決めなければならない。それをすばやく判断するために、どのように打てばよいかを知っておく必要がある。

1. 複数のボルトを打つときの位置

ボルトを打つときに、どのような位置に打つかで、安全性の大きさも変わってくる。

複数のアンカーがあるとき、ロープ、スリングの長さを同じにすると、アンカーにかかる力が同じになる。

3本のボルトを打ち、アンカーをつくったときを例に、どうするか説明しよう。

図5-21 Ⓐ　ボルトを横一直線上に打つ。そのとき、当然左右に比べて中央の長さが短くなる。そうすると、短い中央のボルトに大きな力がかかる。

Ⓑ　中央のボルトの位置を少し高くすると、3本のスリングが同じ長さになり、均等に力がかかる。

一般的に、**図5-21**Ⓑのようにして、長さを調節する。

ちなみに、チロリアンブリッジをするときの、アンカーをどのように打つのかを聞かれることがあるが、そのときはサイコロの5の目の位置で打つと答える。これが一番簡単だ。

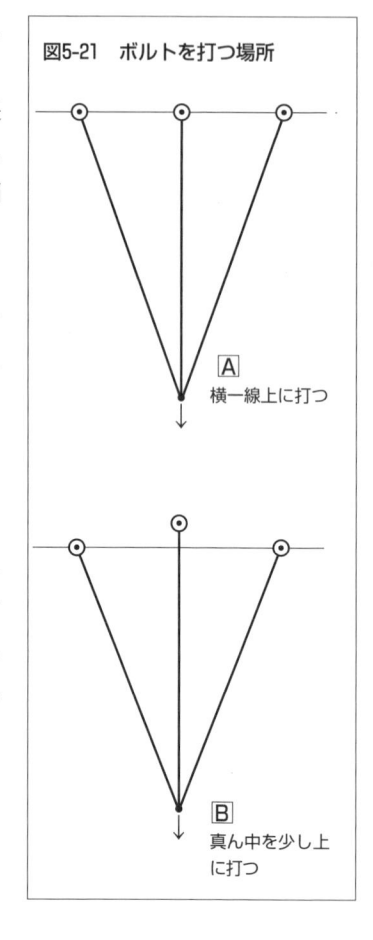

図5-21　ボルトを打つ場所

Ⓐ　横一線上に打つ

Ⓑ　真ん中を少し上に打つ

2. ボルトを打つ位置の注意

　ボルトには、ロープに荷重がかかったとき非常に強い力がかかる。出来るだけ平らな岩を選んでボルトを打つ。しかし、そのような場所がなく、スラブではないところに打つときは、岩角からなるべく離れた位置に打つ。

　図5-22　岩角から、10cmくらいだとボルトの穴を開けたときに、岩が欠ける可能性がある。

　図5-23　岩角から30cmくらい離れたところに穴をあけるのがよい。

　ビルの屋上などで、吊り環がないときはボルトを打ってアンカー（支点）をつくらなければならない。そのときは12mmのケミカルアンカーを打って懸垂下降をすることがある。

　ビルのカサギ（立ち上がり部分）がコンクリートで20cmもあれば充分である。急ぐときは、ケミカルでは遅いためエクスパンションボルトを打っている。

　昔はグリップアンカーを打っていたが、ボルトを落としたりするので、セットになったボルトが楽である。2～3本打てば安心だ。

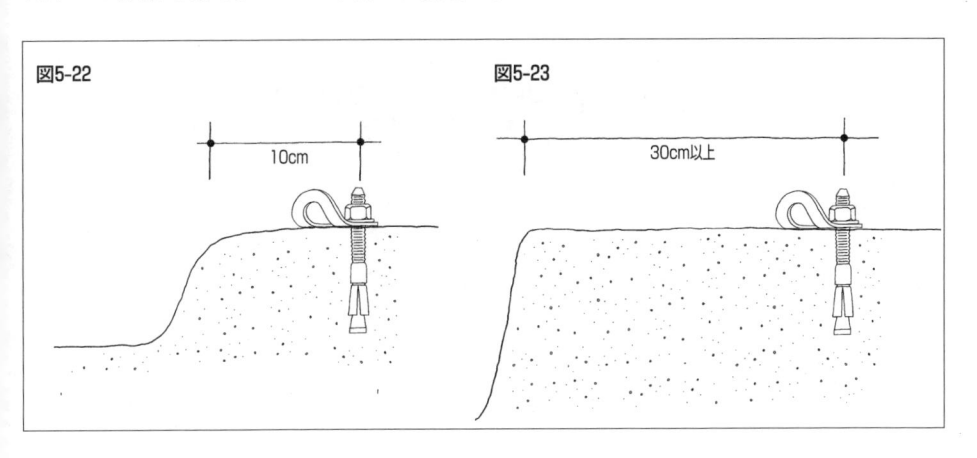

図5-22　10cm

図5-23　30cm以上

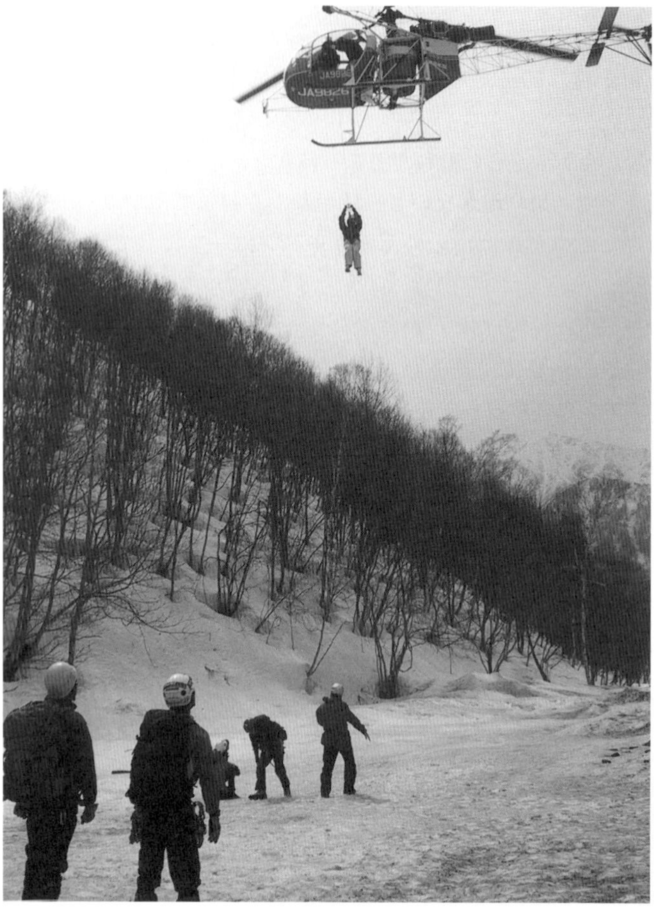
JA9826

第6章　ムンターヒッチ

　ムンターヒッチは、つくり方が何種類かある。簡単だが間違いやすいので注意したい。そのつくり方は、何回も練習して覚えておくとよい。

　ロワーダウンとは、救助者や荷物など荷重のあるものを、ロープを送り出して降ろすことをいう。ゆっくりと衝撃がかからないように降ろす。

　ムンターヒッチは、用具を使用せずカラビナだけで出来るのが長所である。

　ヨーロッパでは、救助のときにロープの固定などはムンターヒッチでやる。山岳ガイドは、出来るだけ用具を使用しないシンプルなやり方（技術）でやっている。

　確保もムンターヒッチでやっている。日本の山岳ガイドは、まだまだ用具を多く使ってやっている人が少なくない。ムンターヒッチも、いろいろな名前を持っている。

1. ムンターヒッチのつくり方いろいろ

　ムンターヒッチのつくり方は何種類もある。使う場所によってつくり方を変えることも出来る。
　どのやり方が良いとはいえないが、自分が一番わかりやすく、通常のムンターヒッチだけでは降ろせないときには、摩擦を大きくする方法でやる。それを、すぐ出来る動作を自分で探す。
　現場によって、状況は千差万別である。本で覚えたとおりしかできないと、救助活動は困難になってくる。頭で考えたようにいかないと、行動が止まってしまうことが多い。状況に合わせて、応用していかなければならない。しかし、それも基本をしっかりわかっていてやらないと、間違いをする確立が高い。

図6-1　アメリカなどでよく使われるやり方
　Ⓐ　ロープを交差する。
　Ⓑ　上にあげる。
　Ⓒ　輪と回してあるロープも一緒にかける。
　Ⓓ　カラビナを上に上げる。矢印の方向にロープを引きよく締める。

図6-2　私が使うやり方だが、重いものを降ろすときに試してみよう。簡単で早くつくれる。
　Ⓐ　ロープをひねってからカラビナにかける
　Ⓑ　ひねった輪の下側にあるロープを、前に持ってきてからカラビナにかける。矢印のロープを引く。

図6-3　ヨーロッパの技術書などに書かれているやり方
　Ⓐ　ロープを素直にカラビナにかける。その後ロープをひねる。
　Ⓑ　ひねった輪をロープにかける。
　Ⓒ　矢印のロープを引く。

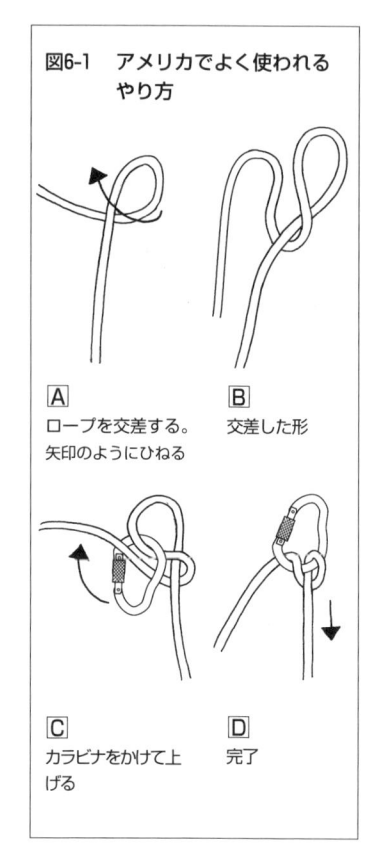

図6-1　アメリカでよく使われるやり方

Ⓐ ロープを交差する。矢印のようにひねる
Ⓑ 交差した形
Ⓒ カラビナをかけて上げる
Ⓓ 完了

第6章 ムンターヒッチ　101

［注意］
ロワーダウンするときなどは、理想的にはカラビナの開閉部に近いところからロープの送り出しをする。そのときは、カラビナが横向きにならないようにすることと、開閉部が開かないように気をつけること。

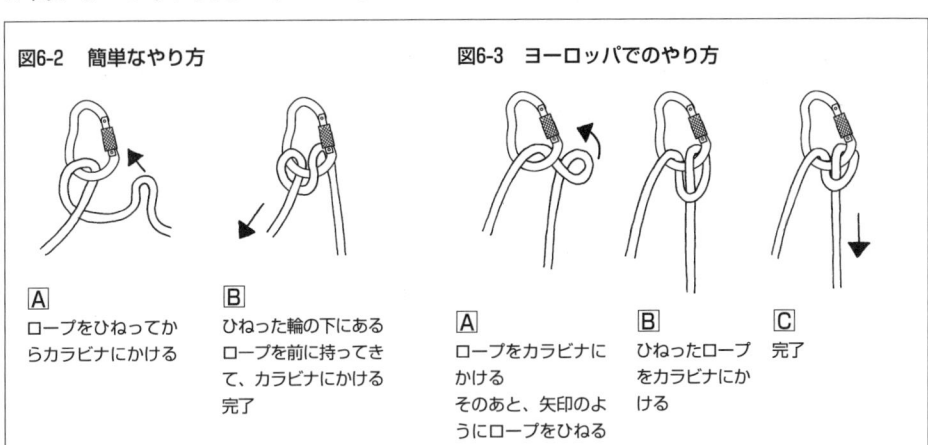

図6-2　簡単なやり方

Ⓐ ロープをひねってからカラビナにかける

Ⓑ ひねった輪の下にあるロープを前に持ってきて、カラビナにかける　完了

図6-3　ヨーロッパでのやり方

Ⓐ ロープをカラビナにかける　そのあと、矢印のようにロープをひねる

Ⓑ ひねったロープをカラビナにかける

Ⓒ 完了

2. ムンターヒッチでのロワーダウンと引き上げ
（HMS型安全環付カラビナを使用する）

　HMS型のカラビナを使ってムンターヒッチをつくり、ロワーダウンするときのムンターヒッチのつくり方を説明する。ムンターヒッチは素早くつくれるが、やり方を間違えると止められなくなるため危険だ。

　HMSとは洋ナシ型のカラビナで、カラビナに巻いたコブが返ったとき、邪魔にならないようにつくったものである。名称はいろいろ変わってきたが、現在はHMS型という。使い方は同じである。

　ムンターヒッチという言い方もいろいろ変わってきた。

　ハーフクローブヒッチ、半マスト結びは、どちらもクローブヒッチなので、これを変形したものに、ハーフや半を付けたものである。その他には、イタリアンヒッチと呼ぶ人もいる。これはイタリアの有名なプロガイドのベルトーネが使っていたので、そのような名前でいわれていたこともあるが、現在は、ムンターヒッチという。それはスイス

のプロガイドのムンターが考えたものであるというところからきている。

1. ムンターヒッチのつくり方とロワーダウン

図6-4 ロワーダウンで降ろす方のロープを引きながらひねってから、HMS型カラビナにかける。さらにロープをカラビナにかけてセットする。図6-2と同じである。

- **図6-5 セットしたムンターヒッチの形**
  これは摩擦が中くらいなので、空中でのロワーダウンは、2名以下の荷重がよい。
- **図6-6 間違ったやり方**
  送り出すロープの角度が上がると、摩擦が少なくなるので降ろすスピードが速くて止められなくなる。非常に危険だ。
- **図6-7 正しいやり方**
  降ろすロープと送り出すロープを、同じ向きにして降ろすと摩擦が大きくなる。

[注意]
摩擦が大きいといっても、あくまでカラビナに巻いただけなので、2名以上がぶらさがって荷重がかかると止めることが難しい。

2. 引き上げ

引き上げるときは、カラビナに巻いたロープがカラビナの上で返るから、うまくロープが動かすことが出来る。HMS型はそれが出来るので、それを使う。

図6-4 ムンターヒッチのつくり方

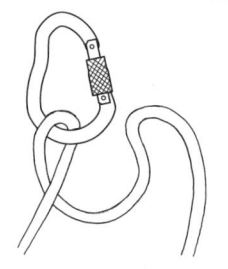

図6-5 ムンターヒッチの形

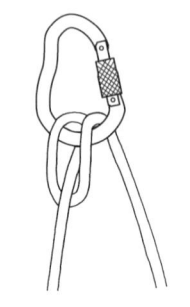

図6-6 間違ったやり方
送り出すロープを上に上げている

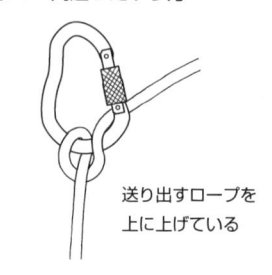

図6-7 正しいやり方
送り出すロープを下に下げている

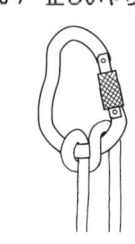

第6章　ムンターヒッチ　103

図6-8　間違ったやり方
A　変D型カラビナでは、ロープが返るときに角に引っかかってロープがうまく返らない。
B　ロープが返らない状態。

図6-9　正しいやり方
A　HMS型はロープを巻く部分が大きいので、ロープが楽に返ることが出来る。ムンターヒッチの形。この状態からロープを矢印の方向に引いていく。
B　ロープが返る途中。矢印のように引くと、ムンターヒッチの形が変わっていく。
C　ロープが返って、ムンターヒッチの逆の形になる。摩擦があるから、そのまま引いてもロープは上に上がらない。下のロープを持ち上げるとロープは上がってくる。

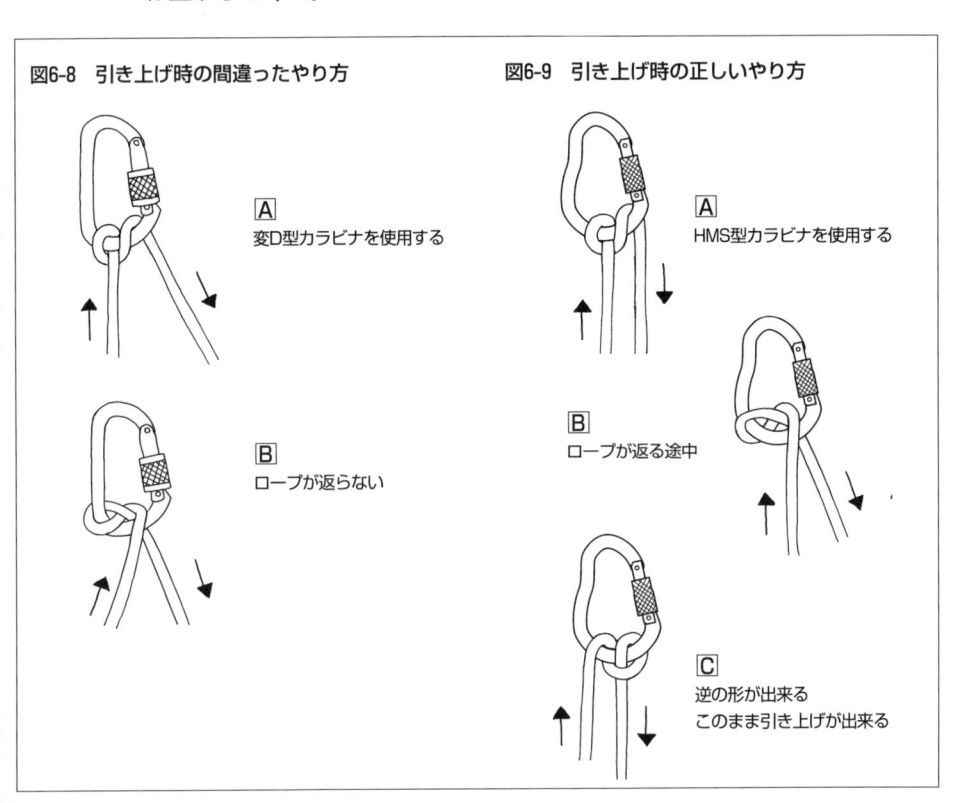

図6-8　引き上げ時の間違ったやり方
A　変D型カラビナを使用する
B　ロープが返らない

図6-9　引き上げ時の正しいやり方
A　HMS型カラビナを使用する
B　ロープが返る途中
C　逆の形が出来る
　　このまま引き上げが出来る

3. ムンターヒッチで重いものを降ろすとき

　重いものを降ろすときに、ロープが滑りすぎないようにするには、摩擦を大きくすることである。
　ムンターヒッチだけだと荷重は2名くらいだが、摩擦を大きくすると荷重を増やすことが出来る。それには、もう1回ロープを巻いてカラビナにかけるとよい。ダブルムンターヒッチというやり方で大きな摩擦がうまれる。

・ダブルムンターヒッチのつくり方
　　図6-10Ⓐ　HMS型の安全環付カラビナにロープを通す。外側から手前に通す。
　　　　　Ⓑ　通したロープを輪にする。もう1回輪をつくって二重にする。
　　　　　Ⓒ　二重の輪をカラビナにかける。ロープが図のような形になる。
　　　　　Ⓓ　よく締めると図のような形になる。

図6-10　ダブルムンターヒッチのつくり方

Ⓐ HMS型にロープを通す

Ⓑ 二重の輪をつくる

Ⓒ HMS型カラビナにセットする

Ⓓ よく締める

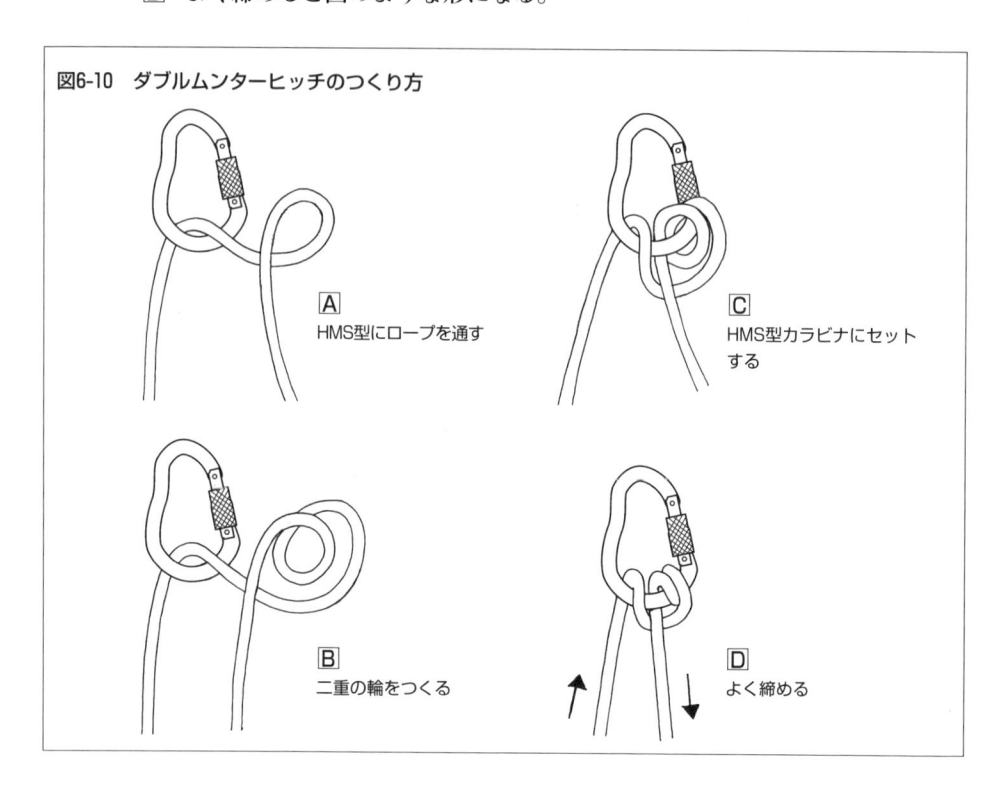

4. ムンターヒッチでの懸垂下降

このやり方はロワーダウンでも使用出来るが、空中での懸垂下降のときのほうがよいかもしれない。指にロープを巻き、ムンターヒッチをつくってカラビナにセットする。二重にロープを巻くので懸垂下降でも摩擦によりスピードが出すぎない。

・指でつくるムンターヒッチ　T式のやり方
　図6-11 Ⓐ　左手の中指と人差し指の間にロープを入れ、人差し指をロープの下に入れて回す。
　　　　 Ⓑ　このようになる。手前から前にロープを出す。
　　　　 Ⓒ　人差し指に巻いたロープを、指の先にカラビナをオープンさせてから入れる。
　　　　　　指の先にあてて押すと早くつくれる。
　　　　 Ⓓ　カラビナムンターヒッチ完了。

[ワンポイント]
Ⓐのときにロープを引き、Ⓒでロープを引っ張りセットする。そうすると、Ⓓの形になり、すぐ確保出来る。

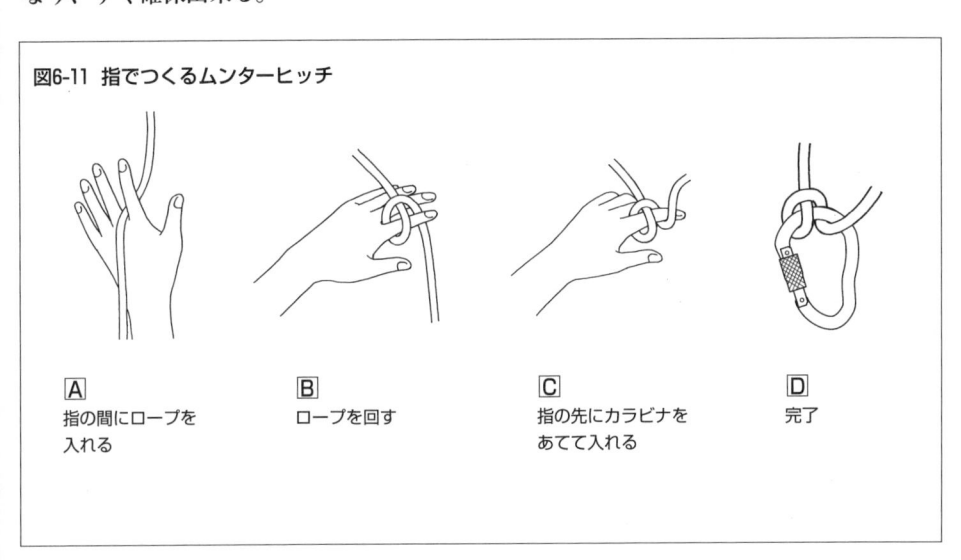

図6-11　指でつくるムンターヒッチ

Ⓐ 指の間にロープを入れる
Ⓑ ロープを回す
Ⓒ 指の先にカラビナをあてて入れる
Ⓓ 完了

・空中での懸垂下降のときのやり方

　図6-11 Ⓒのとき、人差し指にもう一度ロープを巻くと摩擦が大きくなる。

　図6-12 Ⓐ　カラビナをオープンにさせて、指に巻いたロープをカラビナにかける。

　　　　　Ⓑ　カラビナムンターヒッチの完了。
　　　　　　　カラビナに二重のロープが巻かれるので、摩擦力が大きくなる。下降にはとてもよい。

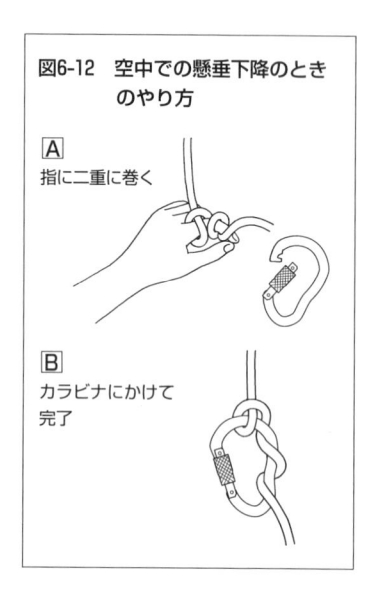

図6-12　空中での懸垂下降のときのやり方
Ⓐ 指に二重に巻く
Ⓑ カラビナにかけて完了

[ワンポイント]
急斜面ではないときは、ムンターヒッチで懸垂下降をしてもよい。

5. ムンターヒッチの固定

　ムンターヒッチでロワーダウンや引き上げなどをしているときに、途中でロープを止めて作業したい場合や休憩したいときに固定をする。そのときのやり方を説明する。

1. ミュール・ノットからオーバーハンド・ノットを結んで固定

　ムンターヒッチの下に、ミュール・ノットからオーバーハンド・ノットで結んで固定するやり方だ。これは、ヨーロッパの山岳ガイドが使用する固定の方法で、日本でも、山岳ガイドの検定で行なっている。

　カラビナしか無いときのロワーダウンのやり方である。

　安全環付カラビナに、ムンターヒッチをセットしてある。そのカラビナの下でミュール・ノットをしてからオーバーハンド・ノットを結ぶと固定できる。

　図6-13　正しい結び方

　Ⓐ　安全環付カラビナにムンターヒッチをつくる。

第6章 ムンターヒッチ

図6-13 正しい結び方

- A 安全環付カラビナにムンターヒッチをつくる
- B 左側のロープをひねって輪をつくり、矢印のようにそこへロープを通す
- C ミュール・ノットが出来た。矢印のように上向きに引くと止まる
- D 矢印のようにロープを通してオーバーハンド・ノットをつくる
- E よく締めて完了

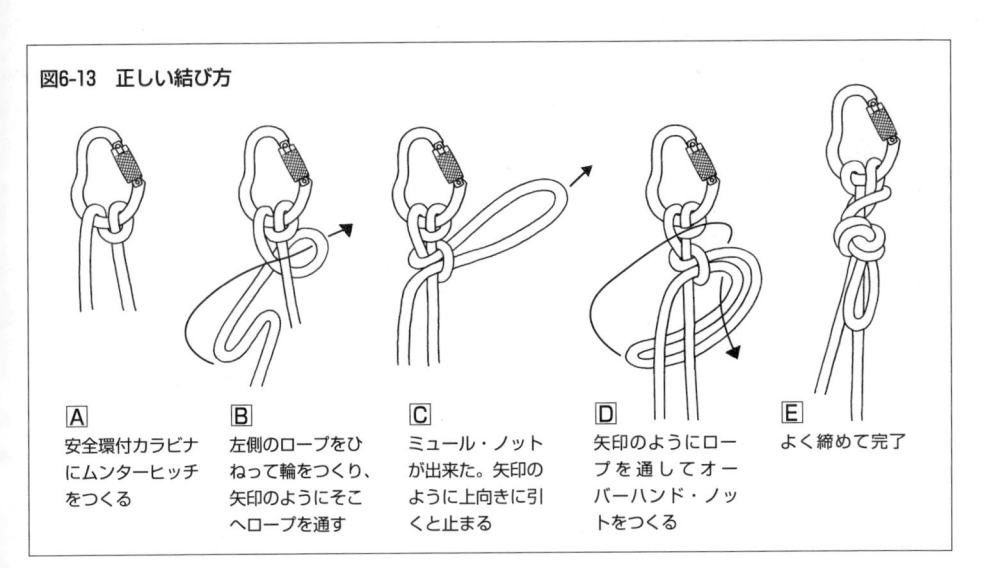

B 固定するにはその下にミュール・ノットをつくる。
送り出す側のロープをひねって輪にし、その中にロープを入れる。

C これでミュール・ノットが出来上がる。輪に通したロープを、上向きに引くと止まる。さらに、安全を考えオーバーハンド・ノットを結ぶ。

D さらに輪に通したロープを回して、その中に入れて締めると、オーバーハンド・ノットの出来上がり。

E よく締めて完了。

これで、固定されているため、テンションをかけても止まっていられる。結び目がほどけることはない。

図6-14 間違った結び方

ミュール・ノットを結ぶときに、間違って結ぶとテンションがかかったときに、ほどけてしまうことがある。結び方の違いをよく見て間違わないようにしよう。

A ムンターヒッチを結ぶ。

B ロープを引き、そのままロープを入れてよく締める。ここで、間違いがある。もう一度、正しい結び方のCと見比べてみよう。正しい結び方は、ひねった輪の中にロープを入れているが、間違った結び方は、ひねらずにそのままの輪にロープを通している。出来上がりは同じように見えるが、間違った結び方は強い力

がかかるとほどけるので注意する。
　ミュール・ノットの結び方が間違っているので、ロープが締まらず止められない。
　ミュール・ノットの下にオーバーハンド・ノットをすると多少はよいが、強い力が加わるとほどける可能性があるので注意する。

[ワンポイント]
図6-13で、正しいやり方はロープをひねってあり、間違ったやり方はひねっていない。ミュール・ノットを結ぶときは、必ずロープをひねることを確実に覚える。慌てるとひねるのを忘れてしまう可能性があるが、何回もやって頭と体で覚え込もう。

2. T式中通しからオーバーハンド・ノットで固定

　ミュール・ノットは多くの人が間違うので、私の考えた方法がこの中通しをするやり方である。

・結び方
　図6-15 A　ムンターヒッチをつくる。
　　　　　 B　送り出す方のロープを引く方のロープに巻き、上に引くと中通しの結びが出来る。上によく引いて締める。これで手を離しても大丈夫である。
　　　　　 C　念のためオーバーハンド・ノットをしておく。
　　　　　 D　よく締めておく。
　解除するときは、オーバーハンド・ノットをほどいてから、中通しの輪を出来るだけ小さくしてから一気にロープを引くこと。

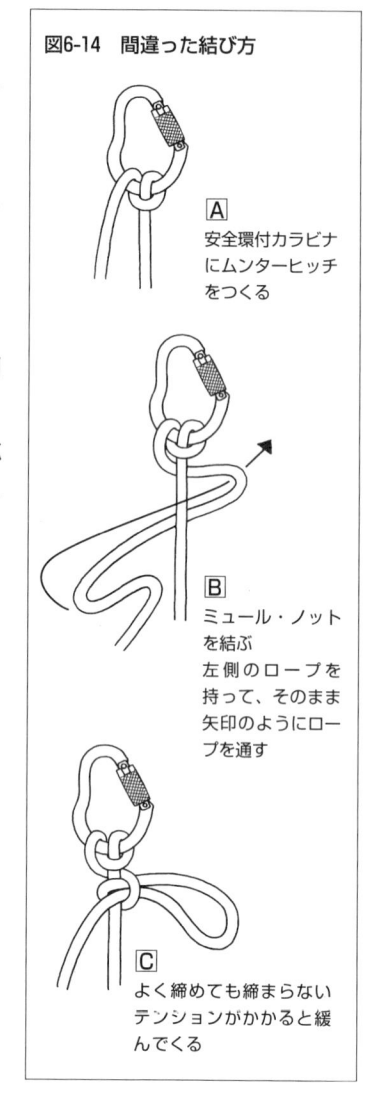

図6-14　間違った結び方

A 安全環付カラビナにムンターヒッチをつくる

B ミュール・ノットを結ぶ左側のロープを持って、そのまま矢印のようにロープを通す

C よく締めても締まらないテンションがかかると緩んでくる

第6章　ムンターヒッチ　109

[ワンポイント]
結んでいるときにロープが滑ると思ったら、ムンターヒッチの所を片手で握ると止まる。握力がない人なら、ロープを常に引っ張ったままでやるとよい。
自分でこれなら止められると、納得がいくまで練習するとよい。

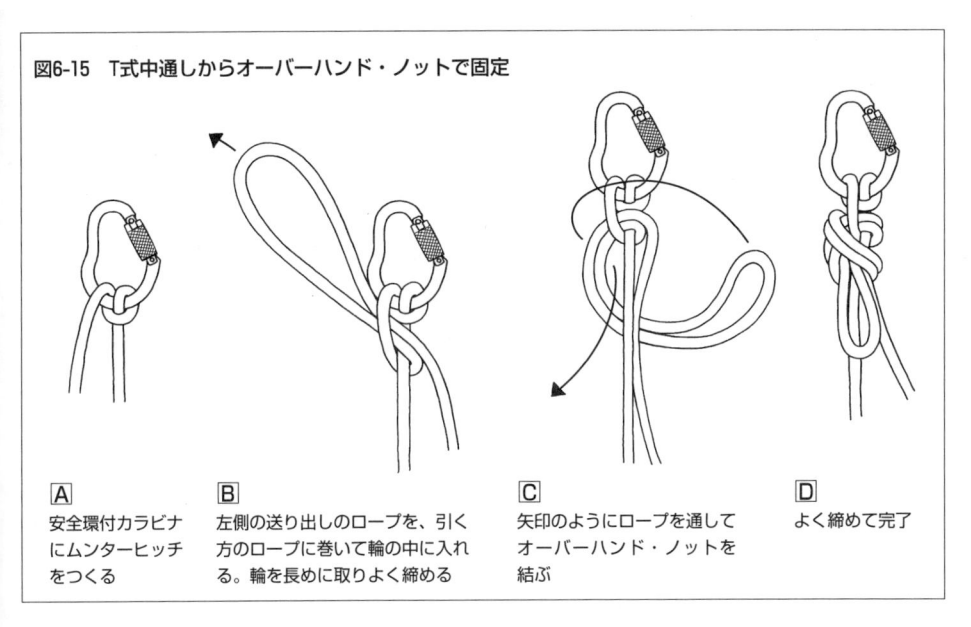

図6-15　T式中通しからオーバーハンド・ノットで固定

Ⓐ 安全環付カラビナにムンターヒッチをつくる

Ⓑ 左側の送り出しのロープを、引く方のロープに巻いて輪の中に入れる。輪を長めに取りよく締める

Ⓒ 矢印のようにロープを通してオーバーハンド・ノットを結ぶ

Ⓓ よく締めて完了

3．T式本固定

これは本固定なので、テンションがかかるとほどけなくなることがある。次にほどかなくてもよいときなどに使用する。
ムンターヒッチをしていて、なんらかの理由で緊急に下降をしなければならないときなどに、この本固定をして懸垂下降する。
やり方は簡単である。

図6-16Ⓐ　ムンターヒッチをする。
　　　　Ⓑ　ロープをひねって輪をつくる。
　　　　Ⓒ　カラビナの開閉部を開けてかける。
　　　　Ⓓ　よく締めて本固定が出来る。

図6-16　T式本固定のやり方

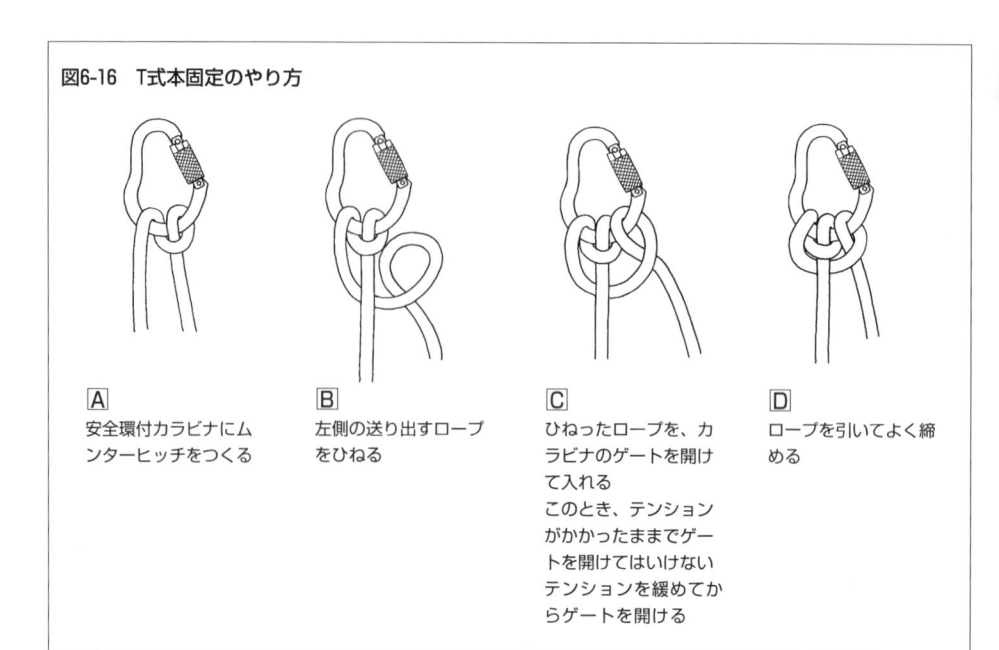

A
安全環付カラビナにムンターヒッチをつくる

B
左側の送り出すロープをひねる

C
ひねったロープを、カラビナのゲートを開けて入れる
このとき、テンションがかかったままでゲートを開けてはいけない
テンションを緩めてからゲートを開ける

D
ロープを引いてよく締める

[注意]
テンションがかかっているときに、安全環付カラビナを開かないこと。このように使用するときは、テンションが少し抜けているかを確かめてからやること。

第7章　エイト環

　エイト環は下降器で、今や必需品である。とても使いやすいが、使い方によっては途中でロープが締まって動かなくなったりすることもあるので注意したい。
　しかし、使い方によっては非常に便利なものである。
　その歴史はとても古い。ドイツなどでは、はるか昔から使用していた。日本でも30年ほど前からあったが、普及はせず、ファモーやヒラリ環が主力であった。
　今はエイト環が一般的に使用されだし、形も多様になってきた。
　懸垂下降時やロワーダウンのときの速さの調節が非常にやりやすいので利用技術を身につけたい。

1. エイト環の種類

エイト環は下降器であるが、型も様々なものがつくられてきている。エイト環には、必ず安全環付カラビナを付けておく。エイト環とカラビナで一体だと覚えておく。

図7-1　エイト環の種類

[A] 一般的な大きさの型のエイト環である。初期の型である。下の小さい穴で確保器にも出来る。使用可能ロープの径8mm～13mm。

[B] ロープをかける方の穴が四角張っているので、ロープが上がってブロックをしにくくする。使用可能ロープの径8mm～13mm、耐荷重30KN。

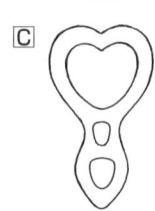

[C] ボディは赤色のハート型で、横からみると反っている。長い距離を下降するとき、ロープのキンクが少ない。反っているので、太いロープを使用するときは表面にセットする。細いロープを使用するときはその裏面を使用する。8.2mmのロープ2本で50mを空中懸垂下降するときは、スピードが速くなるので注意する。使用可能ロープの径8.2mm～12mm、耐荷重25KN。

[D] 大きな穴が、ひねったようにやや横向きになっているので、ハーネスのループにセットしたときに下降し易い。また、アゴがあるのでロープがブロックしない。ハーネスのD環付だと、エイト環が縦向きになって空中懸垂下降などはしやすい。
使用可能なロープの径9mm～12mm、耐荷重25KN。

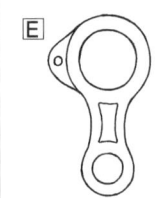

[E] エイト環を落とさないために、細い3mmぐらいのロープを通せる穴がついている。このロープをハーネスに結んでおけば、落とし防止になる。使用可能ロープの径9mm～12mm、耐荷重30KN。

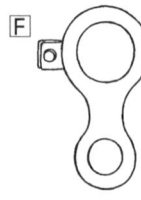

[F] 懸垂下降したあと、エイト環が熱くなってさわれないときに、横に付いている持ち手を摑んでロープをずらすことが出来る。使用可能なロープの径8mm～12mm、耐荷重25KN。

[G] 一般的なエイト環より一回り大きく、手袋をはめても使いやすくなっている。穴は3つあり、リンギングプレートになる。使用可能なロープの径8mm～12mm、耐荷重32KN。

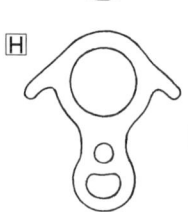

[H] 大きめのエイト環に爪が付いている。爪付エイト環という。ロープがブロックしにくい。レスキュー用である。穴は3つあり、リンギングプレートになる。使用可能なロープの径12.7mm、耐荷重40KN。

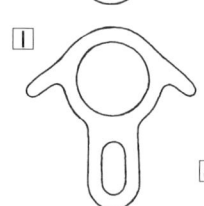

[I] 爪付エイト環で、ひとまわり大きいサイズのもの。穴は2つで、真ん中の穴はない。下の小判型の穴に、太いテープスリングを通してハーネスにつけられるようになっている。材質がアルミニウムだと耐荷重36KNで、スチールだと200KNの強度がある。使用可能なロープの径8mm～12mm。

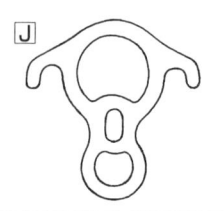

[J] これも大きめの爪付エイト環である。爪が大きく先端が曲がっていて、ロープが滑ってもはずれないようになっており安心である。空中でT式固定をやると簡単に仮固定が出来、解除することも楽だ。材質は、アルミニウムとスチールがありレスキュー用である。使用可能なロープの径9mm～16mm。

2. エイト環の基本的な使い方

エイト環は下降器である。主に懸垂下降のときに使用する。使い方は簡単だが、正しい使い方を覚えてほしい。懸垂下降での事故は多い。まして救助に使用するときは、日頃から練習して体で覚えておくことも必要だ。

1. 手の使い方

懸垂下降では、ロープに対して右懸垂下降と左懸垂下降がある。これは右利きか左利きかの利き手によって、ロープの巻き方が逆になる。

　図7-2　左利き　降りる方のロープが左側になる。
　　　　　右利き　降りる方のロープが右側になる。

図7-2　エイト環のセットのやり方
左利き　　右利き

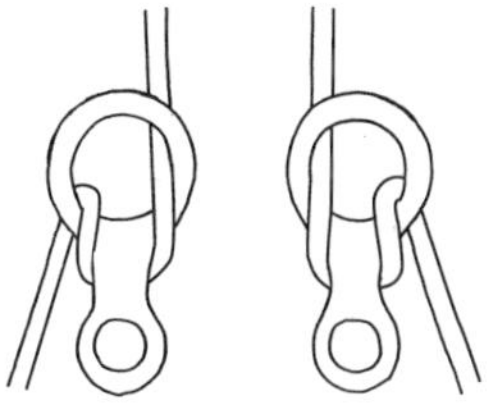

下降器を使うときは、利き手が下降器の下側でロープを握り、摩擦を大きくする。一般的に右利きだと下降器の下に利き手の右手、上に左手でロープを握る。

図7-3　懸垂下降時の手と体の形

図7-3　懸垂下降時の手と体の形

うまくなると、利き手に関係なくどちらでも簡単に出来るようになる。だが、ここ一番という危険度が高いと感じるときは、やりやすく慣れている方法でやるのが一番安全だ。

ちなみに、下降器を使わない肩がらみ懸垂下降ではこれと全く逆で、利き手が上、反対の手が下のロープを握る。

このロープを握る手の位置を理解してから、懸垂下降の練習をすること。これは懸垂下降の基本である。

2. エイト環のロープの通し方

エイト環にロープを通すときのやり方も2種類ある。エイト環の大きい輪にロープを

上から入れるのと、下から入れるやり方である。
　図7-4　裏掛け　上からロープをセットする形
　　　　表掛け　下からロープをセットする形
　一般的には、ロープは下から入れる。それはロープを入れるときにエイト環を落とさないのと、エイト環の前にロープが流れると、服などを巻き込む可能性があるので、下からロープを入れるのである。

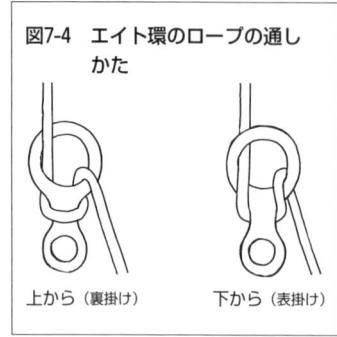

　沢登りをする人の中で、ロープを上から入れるのは、初めての懸垂下降のときにロープがブッシュや岩角に当たり、ブロックしてしまう可能性があるからである。

　懸垂下降のときにロープを持ち、体を外側にもたれてから下降のスタートに入る。うまい人ならば、何も問題ない。救助するときは、慣れているやり方をやるのがよい。間違えると二重事故につながる。

図7-4　エイト環のロープの通しかた

上から（裏掛け）　　下から（表掛け）

3. 途中固定（一時停止）T式固定のやり方

　空中で一時停止をするときに、私がよくやる簡単な方法を説明する。
　図7-5　エイト環の大きな輪に人差し指と中指を入れてからギュッと握る。それで充分止まることが出来る。これをT式固定という。ちょっと止まって体勢を整え直したりロープを伸ばすなど、短時間の停止時に有効である。
　このときは、エイト環にロープを下からかけておくと、手の平の中にそれが収まり押さえられる。

図7-5　T式一時停止

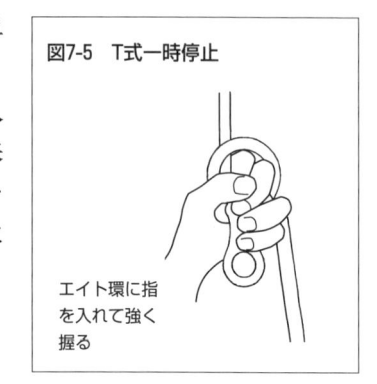

エイト環に指を入れて強く握る

4. エイト環でのブロック

　図7-6　エイト環で下降していて、下からロープをかけているときに、ロープが大きい輪の上側に上がって締まることがある。そうするとロープが動かなくなる。これを、ブロックするという。私は一度だけ見たことがあるが、岩場から3mほど懸垂下降し

たところでブロックしてしまった。このようになると、自分の体重がかかっているので身動き出来なくる。これは下降器と懸垂下降のことがよくわからずにするからだ。

図7-6　エイト環でのブロック

[ワンポイント]
懸垂下降がうまく出来るようになったときに、上側からかけるのが良いか下側からかけるのが良いか、どちらが有利か考えてみよう。メーカーでも今は意見が分かれている。ブロックしてしまう人は、まだ救助はできないし、やってはいけない。

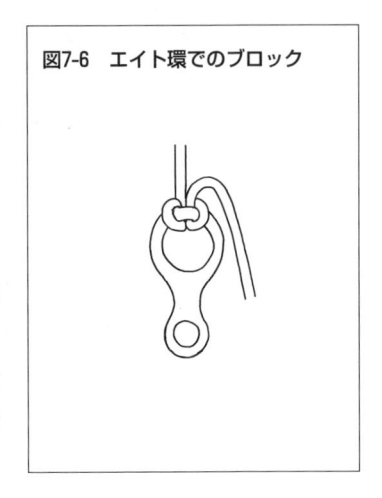

5. エイト環での振り子トラバースのときのやり方

　懸垂下降の下の方向で、例えば下が川の場合、ガレ、ゴーロなどは真下に降りるが、下が急な流れなどで降りられないなど悪い箇所では、壁から離れた所へ降りる。その場合は次のようにする。

図7-7　下降してきて、壁から離れた所へ着地する場合は、まず壁を足で思い切り蹴る。

図7-8　壁から一番遠く離れたところで（空中で）右手を体の前に出し、ロープを離さないようにする。親指と人差し指の間で摩擦を出来るだけ少なくして出す。ロープは離さないこと。

図7-9　地面に少し落ちるようにして着地する。このやり方をする場合は、エイト環は表掛けでロープをかけるのがよい。

図7-10　図7-9のときの、手の動きを大きく描いたもの。手の持ち方の向きをよく見る。足で壁を蹴るときはこのように持つ。

図7-11　右手を出来るだけ前に出して、摩擦を小さ

図7-7　壁から離れたところに着地する場合、まず壁を蹴ってジャンプする

くするやり方である。ロープは離さない。
図7-9のときの手の持ち方である。

[ワンポイント]
懸垂下降で早さの調節をするには、エイト環の表掛けにセットした方がやりやすい。

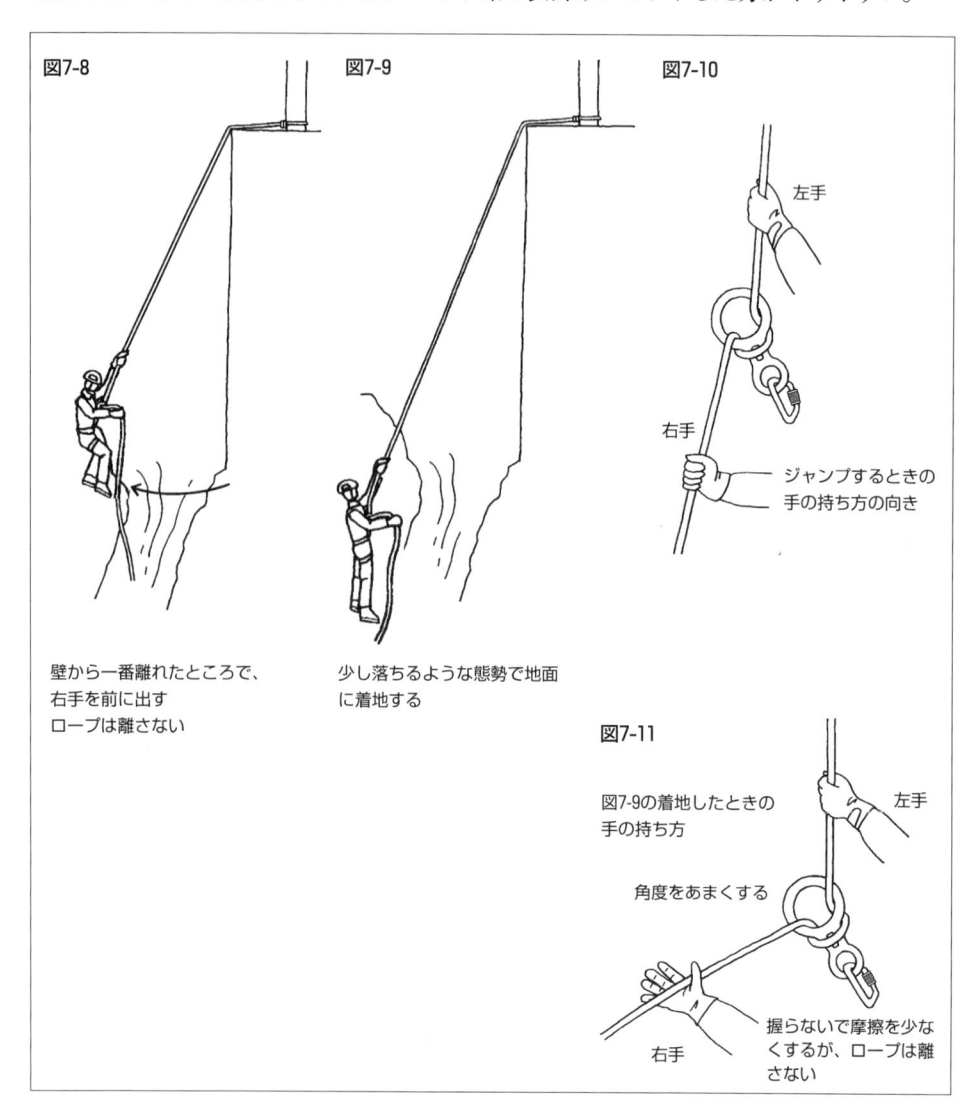

図7-8
壁から一番離れたところで、
右手を前に出す
ロープは離さない

図7-9
少し落ちるような態勢で地面
に着地する

図7-10
左手
右手
ジャンプするときの
手の持ち方の向き

図7-11
図7-9の着地したときの
手の持ち方
左手
角度をあまくする
右手
握らないで摩擦を少な
くするが、ロープは離
さない

3. 懸垂下降で一番安全なやり方

　エイト環で懸垂下降するときの、一番安全なやり方を説明する。懸垂下降で、エイト環がロープを滑り出し止まらなくて落下する事故を防ぐことが出来る。

1. バックアップをとる

　懸垂下降で一番安全なのは、バックアップを取ることである。一般的には、エイト環の下にバックアップを取ると、テンションがかかって巻き付け結びが動きやすい。
　レスキューハーネスのD環にいろいろ付けると邪魔になるので、D環をとっている後ろ側の、D環の付け根にセルフビレースリングをセットする。自己ビレーを取って、D環にカラビナをかけても邪魔にならない。D環にセットすると、D環にカラビナをかけるときに邪魔になるので、あくまでもD環の付け根にセットする。

・セットのやり方
　図7-12　エイト環にロープをセットして、D環の付け根にセットしたセルフビレイスリングをエイト環の下側の輪に通し、安全環付きカラビナにかけてD環にセットする。ハーネスのD環に安全環付カラビナをかけ、ロープに巻き付け結びをして、安全環付カラビナをD環にセットする。左手はエイト環の上を軽く掴み、右手は巻き付け結びを握って懸垂下降する。
　右手の巻き付け結びを離すと自動的に止まる。
　巻き付け結びを握って引くと下降出来る。
　両手で巻き付け結びを掴んで懸垂下降してもよい。

図7-12　セットのやり方

2. 狭いビルの隙間に下降するとき

　われわれが、ビルとビルの狭い隙間を懸垂下降するときの目安がある。極度に太った人は別だが、一般的には壁と壁の間に一斗缶が入るぐらいの空間があると、どうやら懸垂下降が出来る。

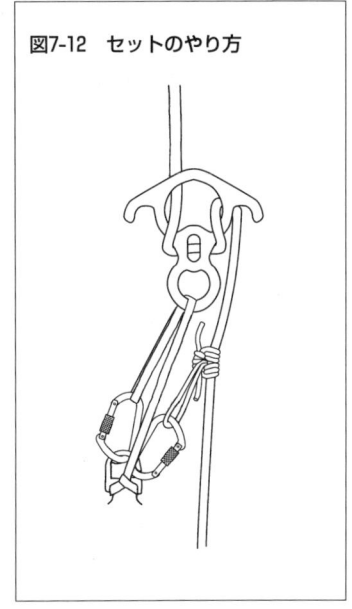

ビル間の狭い隙間に子供が入ってしまったとき、下降して救助する場合の方法を説明する。

　図7-12の形だと、狭すぎるとき腕を体の前に持ってくることが出来ない。そのときは、図7-13ようにセットする。

　左手は巻き付け結びを掴み、右手はエイト環のロープを掴んで下降する。テンションがかかると少し動きにくくなるが、安全である。

　巻き付け結びで安全を確保するわけだが、早く懸垂下降するときは逆に邪魔だ。

　レスキューのときは、ケースバイケースでやる。

　一番初めに下降する人は、安全を確認して下降するにはよいかもしれないが、二番手からはエイト環をセットしたらバックアップを取らなくても、先に下に下降した人が地面に着いているロープを持っていれば、そのロープを引くと止められる。

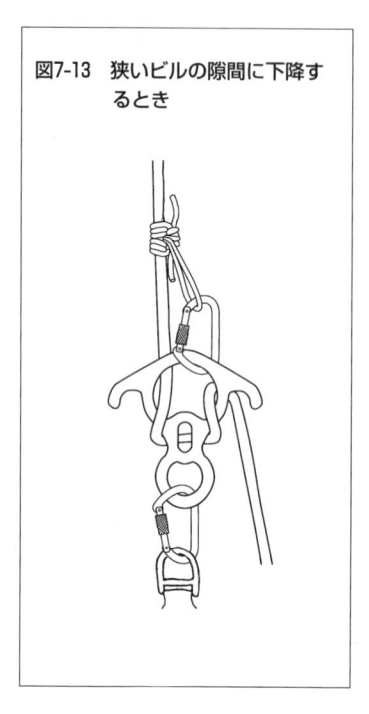

図7-13　狭いビルの隙間に下降するとき

3．一番安全な懸垂下降の降り方（脈づり）

　釣りの脈づりと同じで、ロープに伝わってくる感覚でロープを引く。少し早いなあと思ったときは、下降の人はとても早く感じる。

　初めに下降した人が下でロープを持って調節して降ろす。怪我人を両手で調節して降ろすことが出来る。

　これは、10mくらいの高さでバックアップをとってから、下の人がロープを引くだけで滑らせたり止めたりするやり方である。一度は練習をしておくと役に立つ。丸1日これだけを練習すると、完璧に出来るようになる。重い者ならどうすればよいかも考えられる。ぜひ、やってみよう。

4. 懸垂下降中の途中停止（横向きエイト環の使い方）

　エイト環を横向きにして、ロープをかけて固定する。このやり方は古くからあり、ヨーロッパの技術書に紹介されているものだ。

　手を離しても止まり、またそのまま下降も出来る。はじめは 2～3 m の低いところでやって、完全に身についてから高いところで使う。間違ってエイト環が滑り出したら、止まらないので危険だ。なんでも体で覚えてから実践で使うことが必要である。

1. セットのやり方

　まず、エイト環の大きな輪に安全環付カラビナをかけ、ハーネスにセットする。これが横向きエイト環である。通常とはカラビナのかけ方が違う。

横向きエイト環
図7-14　Ⓐ　大きい輪にかけたカラビナはハーネスにセットする。
　　　　Ⓑ　ロープをひねる。上からのロープを外側に向かってひねる。
　　　　Ⓒ　エイト環の大きな輪にロープをひねったまま入れる。そのままロープの輪をエイト環の小さい輪にかける。
　　　　Ⓓ　エイト環の小さい輪にカラビナをかける。そのカラビナを手で持ち、上に上げると止まる。体重をかけても止まっていられる。

［ワンポイント］
小さい輪にカラビナをつけるのは、上下にエイト環を動かしやすいよう持ちやすくするためである。そして、スタンスやテラスに立ったときに手を離しても、エイト環からロープがはずれにくいという理由もある。外国ではカラビナをかけないでやっているが、かけた方がよい。

・**懸垂下降をする** (図7-14Ⓔ)
　懸垂下降をするには、エイト環の下側のロープをしっかり持ち、小さい輪にかけたカラビナを持ってゆっくりと下げてエイト環の下のロープを緩めていくと下降出来る。
　あくまでも、下のロープは離さない。一般のエイト環懸垂下降と同じ下降のやり方である。カラビナを下に下げると下降出来る。

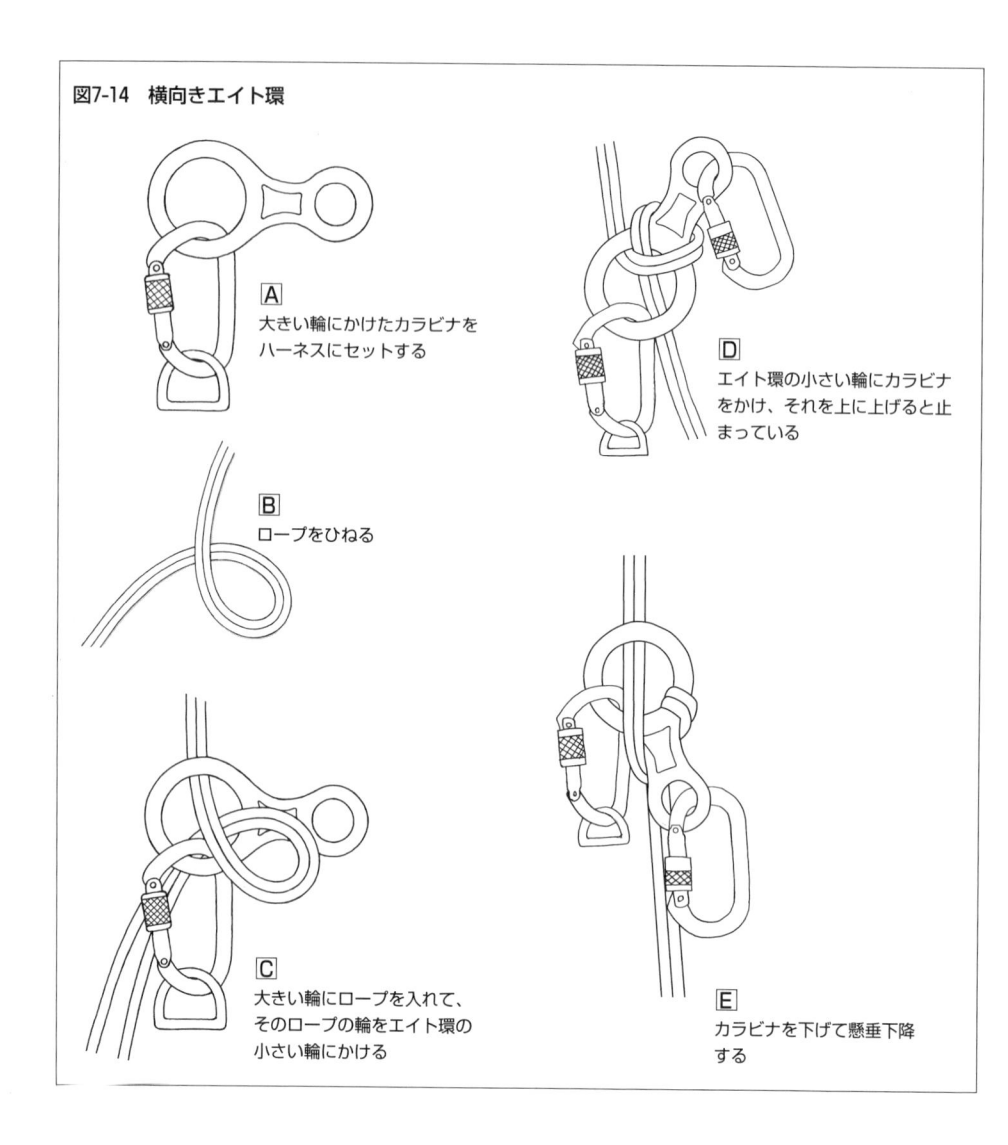

図7-14　横向きエイト環

A　大きい輪にかけたカラビナを
ハーネスにセットする

B　ロープをひねる

C　大きい輪にロープを入れて、
そのロープの輪をエイト環の
小さい輪にかける

D　エイト環の小さい輪にカラビナ
をかけ、それを上に上げると止
まっている

E　カラビナを下げて懸垂下降
する

[注意]

エイト環の下のロープは、手を離さないで握っておく。**離すと危険**。何かの拍子にエイト環に触れるとすぐに下降してしまう。そのときにエイト環の下側のロープを持っていないと、落ちるといったほうがよいスピードで下降するので注意して使う。下の手を離して下降してしまうと止められない。

[ワンポイント]
横向きエイト環のやり方は、**懸垂下降に慣れている人のみ使用する方法**である。下降中は、エイト環の下側のロープを引いていることと、エイト環をゆっくり上から下に降ろして少しずつ下降していく。止めるときは、エイト環の小さい輪を上に上げて、カラビナでエイト環の上のロープにかける方法もある。

2. エイト環を選ぶ

この横向きエイト環に使うものは、出来るだけ輪の大きいものを使う。また、爪付エイト環は止まらないときがあるので、低い所で充分練習してから使う。

レスキューエイト環は、大きい輪が角張っているものと丸いものがある。角張っているものはロープがうまく噛まないので、丸いものを使う。

このように、道具は同じでも形の違うものがあるので、使い方によって形状などもよく考えて選ぶ必要がある。

5. エイト環での固定

エイト環での途中停止、固定、本固定などがある。まずは、一般的に使用されるやり方を紹介する。

懸垂下降で大事なことは、途中停止や固定を思ったところで出来ること。人を背負って、滑らないで下降できるのが基本である。レスキューではとくに大事なことだ。

1. 一般的なやり方

シングルロープでもダブルロープでも、やり方は同じだが少し注意する点がある。

この方法は、足が着く場所での懸垂下降に使用する。空中では、ロープが滑りすぎて止まらないことがあるので注意する。**図7-15**AからFまでのやり方がある。

図7-15 A シングルロープをエイト環にセットして、下側のロープをエイト環の後ろを通って右から左に通す。エイト環にロープをひっかけて停止する。このやり方は、足が着くときでないと出来ない。そして9mmの柔らかいロープだと、滑り出して止まらない場合があるので注意する。

B ダブルロープにするとよく止まるが、空中ではこのような止まり方が出来ないのと、もし止まっても固定を取るときに滑ってしまう。登山の世界ではこのように書かれている本がまだある。

C 下降する前に、エイト環にセットした安全環付カラビナに、ロープをかけて下降する。カラビナの抵抗があるので、少しは楽に下降出来る。

D 人差し指と中指をエイト環の大きな輪に入れて、手のひらで握ると止まり、ロープを右から左側にエイト環をかけると固定出来る。これなら空中でも可能だ。

E 別のカラビナにロープをかけ、ロープを右から左にかけて固定をする方法。

F ダブルロープでも同じやり方だが、エイト環の上のダブルロープの間に入れるだけで停止する。両手を離しても良いが、そのときは念のためオーバーハンド・ノットで結ぶとよい。T式ダブル・エイトという。

図7-15 一般的なやり方
（エイト環での固定の形）

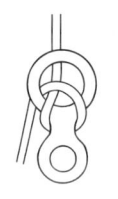

A シングルロープのセットのやり方
B ダブルロープのセットのやり方 
C エイト環にカラビナをセットした形 
D ロープをエイト環の後ろへ回してかける形 
E もう1枚カラビナを使った形 シングルロープのやり方
F ダブルロープのやり方 T式ダブル・エイト

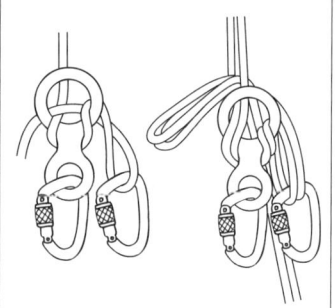

2. T式イージーブロック

　私の考えた方法だ。簡単で安全な固定のやり方である。ロープは9mmの太さを使う。

　図7-16[A]　シングルロープで、エイト環の大きな輪に指を2本入れて握ると停止する。握力のない人は少しきついが、そのままロープを曲げてエイト環の小さい輪に入れる。

　　　　　[B]　カラビナをかけて下のロープを引く。

　　　　　[C]　エイト環にカラビナが当たって、緩まない固定が出来る。

　　　　　[D]　その固定をはずすときは、T式の指を入れてしっかりとエイト環を握り、カラビナを持ってロープを強く引くと、ロープが緩んですぐに下降が出来る。

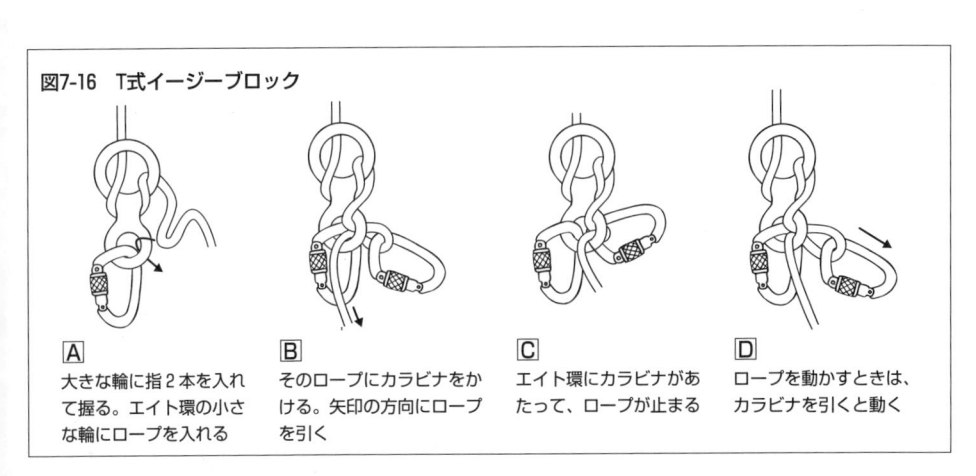

図7-16　T式イージーブロック

[A] 大きな輪に指2本を入れて握る。エイト環の小さな輪にロープを入れる

[B] そのロープにカラビナをかける。矢印の方向にロープを引く

[C] エイト環にカラビナがあたって、ロープが止まる

[D] ロープを動かすときは、カラビナを引くと動く

6. 懸垂下降時のロープの末端の結び方

　山での懸垂下降中の事故は多くある。そのうち、ロープからエイト環が抜けてしまい、そのまま転落する事故も多い。ロープの末端に結び目をつくっておくことで、安全性が高くなる。

　力がかかっても、ほどけないように結んでおく。

　図7-17[A]　ダブルロープの場合は、オーバーハンド・ノットまたはエイト・ノットで末端を結ぶ。ロープの1本に安全環付カラビナをかけておく。ロープの結

び目が、エイト環をすっぽ抜けるのを防ぐためである。空中の場合は、勢いがつくと結び目があっても止まらない場合があるので、カラビナをかけておけば抜けることはない。

　Ⓑ　シングルロープの場合は、シングルオーバーハンド・ノット、ダブルフィッシャーマンズ・ノットの片側の結び、トリプルフィッシャーマンズ・ノットの片側の結びなどで末端を結ぶ。

カラビナは、FROG（カエル）というカラビナを使うとよい。ハーネスの足のループにFROGのカラビナをかけて、ロープにもFROGをかける。

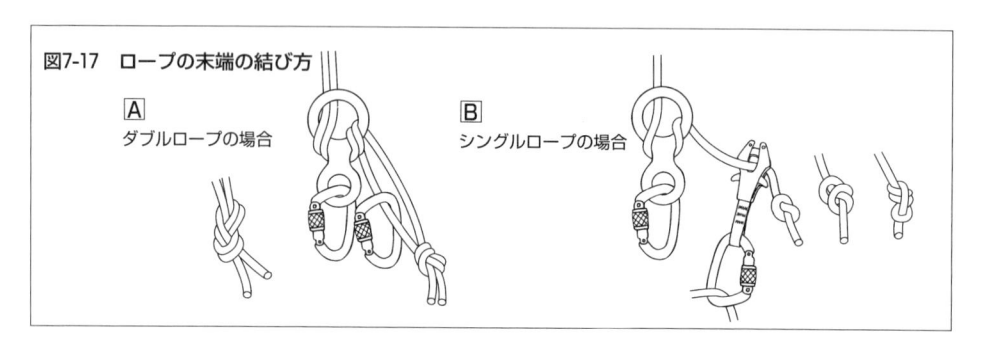

図7-17　ロープの末端の結び方
Ⓐ　ダブルロープの場合
Ⓑ　シングルロープの場合

7. エイト環での簡単な一時固定・固定・本固定（T式）

　エイト環で懸垂下降していて、途中で止まる必要があるときに、簡単に出来る方法がある。私が考えたT式のやり方である。
　ロープにエイト環をセットするやり方は昔からある方法だ。多くの人がこのやり方で懸垂下降している。これは表掛けという。全く逆にロープをエイト環にかける裏掛けの方法もある。一時固定は表掛けでないとよくない。
　表掛けにしたときの簡単なT式固定のやり方を説明する。

[注意]
懸垂下降するときは、革手袋を必ずはめること。

1. T式一時固定

　　図7-18Ⓐ　ロープをエイト環にセットした形（表掛け）。

　　　　　Ⓑ　エイト環に、人差し指と中指の2本を入れ、指5本全部でエイト環をロープごとギュッと強く握る。

　まず、右手でロープを下に引くと止まる。そうしたら左手の指2本をエイト環の中に入れる。

　手の小さい人は指3本を入れてもよい。指を入れたら、手のひらでエイト環とロープをしっかり強く握る。

　エイト環の中に指を入れると、もぎ取られる危険があるので良くないという人がいるが、懸垂下降中に指を入れるのではない。いったんロープを止めてからなので、そのようなことはない。

　頭の中で考えてみると、そのような考えになるかもしれないが、経験があればすぐにわかる。

　まずは、低いところで練習してみよう。

　チムニーやビル間の狭い場所など、人がやっと通れるくらいのところで、止まったり下降したりするときに有効である。握った手の力をすこし緩めて、ロープの下で握った右手をすべらせて下降する。

　空中ではなく、安定した場所で使える。

図7-18　T式一時固定

Ⓐ ロープをエイト環にセット

Ⓑ エイト環に指を入れる

2. T式固定

　さらに、摩擦を大きくして固定するには、握っている手の上からエイト環にロープをかける。ロープをかけてから指を抜く。これは、爪付エイト環を使う。

　　図7-19Ⓐ　握ったエイト環に、右手で下側のロープをかける。下から上にかける。エイト環の爪にかける。

　　　　　Ⓑ　足にロープを巻き付ける。膝の後ろから足の内側にロープを巻き込む。

　　　　　Ⓒ　エイト環を握っていた指を離す。

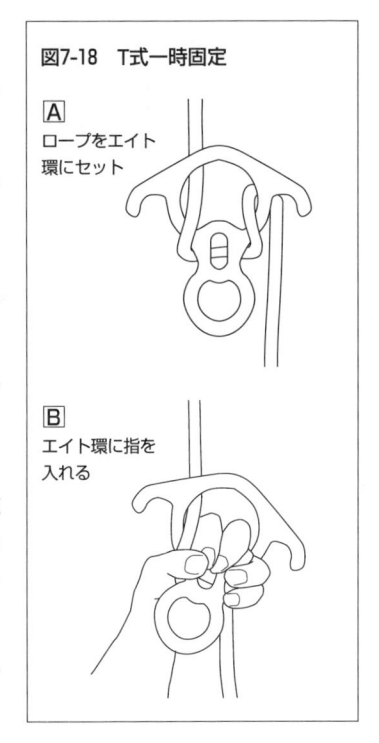

この形になれば、両手を離しても止まっている。指を抜く前に足にロープを巻く。足に巻くのはロープの滑りを防ぐためである。念には念を入れて安全性を高めているのだ。
　低い空中で、何回も練習することが大事である。きちんと出来れば、両手を離して人を抱えてもロープが緩むことはない。

図7-19　T式固定

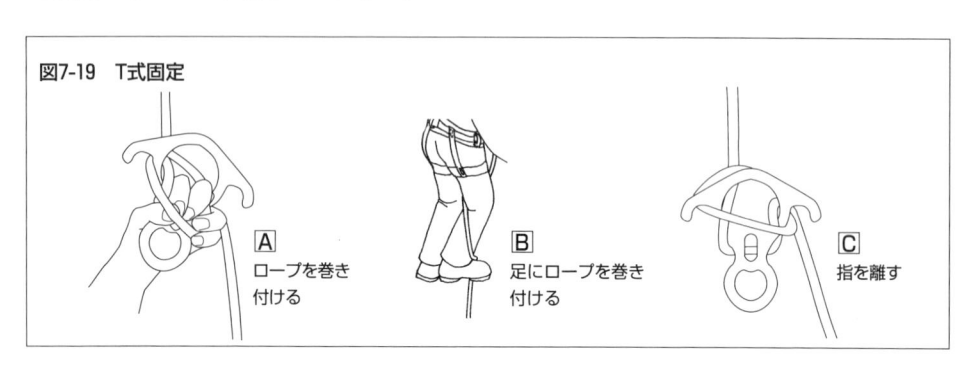

Ａ　ロープを巻き付ける
Ｂ　足にロープを巻き付ける
Ｃ　指を離す

3．T式本固定

　固定の形から本固定にする。
　足から巻いてあるロープをはずし、エイト環の安全環付カラビナ（ハーネスにかけているカラビナ）の中に通して、下から上にエイト環にかける。
　図7-20　Ａ　ロープをカラビナに通してからエイト環にかける。
　　　　　Ｂ　本固定の形。
　このような形になれば、ロープが滑ることはない。足はロープをかけなくてもよい。両手で人を抱えても大丈夫だ。

図7-20　T式本固定

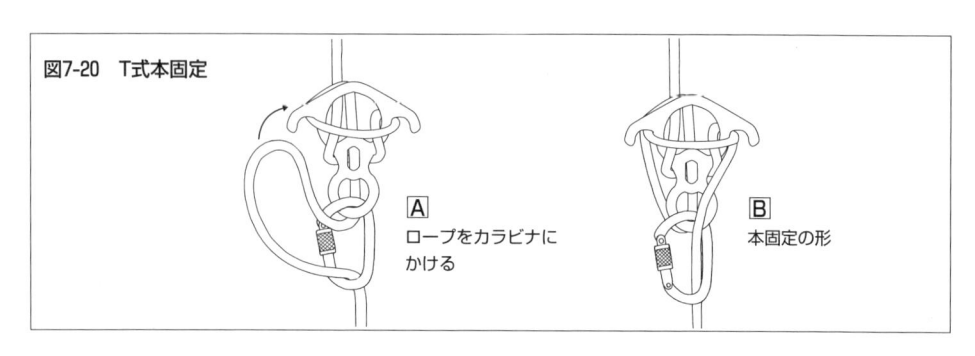

Ａ　ロープをカラビナにかける
Ｂ　本固定の形

8. ロワーダウン（エイト環を使う方法）

エイト環を使用して、ロワーダウンするやり方を説明しよう。

まず、安全環付カラビナにロープをセットしたエイト環をかける。このとき、間違ったやり方と正しいやり方があるので、比べてみよう。

1. 間違ったやり方

図7-21 安全環付カラビナにロープをセットしたエイト環をセットする。

矢印のようにロープを動かしてロワーダウンする。しかし、このままでは止めるときに摩擦力が小さいので、急な斜面を降ろすことが出来ない。

2. 正しいやり方

図7-22 セットの仕方は図7-21と同じだが、矢印のようにロープを操作するとき、上に上げて動かすことにより摩擦力が大きくなる。これは、懸垂下降と同じである。ただ、急斜面でロープを上に上げてまた降ろすのは、非常にやりにくい。

そこで、私が考え、T式と名づけた次のような方法でするとやりやすい。

3. T式ワンロープ

図7-23 図7-22で、上に上げたロープを安全環付カラビナにかける。そのとき、ロープはエイト環の外側から内側に通してかける。

自分の前で操作ができ、自己ビレイにもたれて出来る。ロープは送り出しするやり方である。空中で

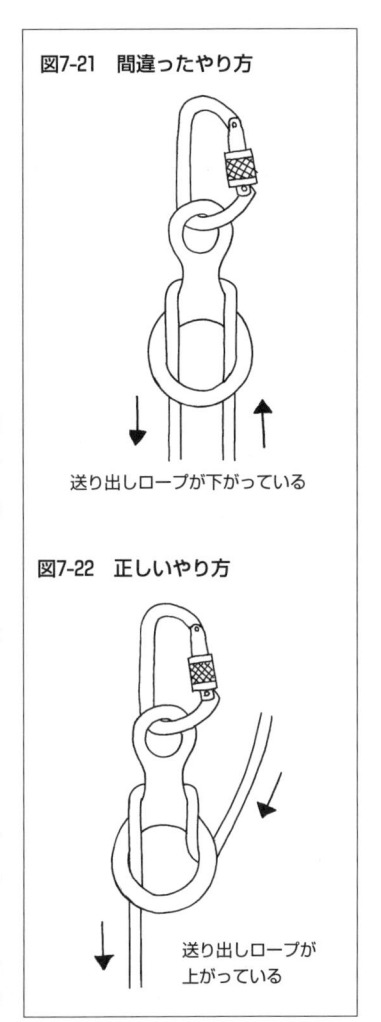

図7-21　間違ったやり方

送り出しロープが下がっている

図7-22　正しいやり方

送り出しロープが上がっている

3人くらいは楽々と降ろすことが出来る。
　カラビナにかけたロープを矢印の方向に動かすと摩擦力が増す。

4．T式ツウロープ

　図7-24　T式ワンロープとは、ロープのかけ方が違う。かける前に、一度前に持ってきてから安全環付カラビナにかける。ワンロープよりさらに大きな摩擦力ができる。空中でも5～6人くらいは大丈夫だ。ロープ操作は、あくまでも送り出しでやること。
　カラビナにかけたロープを矢印の方向に動かすと摩擦力が増す。

[注意]
大勢がぶら下がるなら、ロープは10~12mm以上の径のものを使用する。アンカーも複数取る。

[ワンポイント]
ロープを出すときは送り出しをする。爪付エイト環の強度は40KNある。

図7-23　T式ワンロープ
カラビナにかけることで摩擦を大きくし、さらに自分の前でロープ操作が出来る

図7-24　T式ツウロープ
T式ワンロープより摩擦が増す

　テンションがかかってからエイト環のカラビナにロープを入れると、開閉部を開けることになるので危険である。テンションを入れる前にロープをセットすること。セットして引き上げると、エイト環が横に向くので注意する。
　あくまでもロワーダウンして、ロープをたるまさないようにしてセットすること。片手でも十分降ろすことが出来る。
　もし、テンションをかけてしまったら、別のカラビナにロープをかけて戻せばよい。そのときは、エイト環よりも上にカラビナをセットする。
　ロワーダウンのときは送り出しを忘れないようにする。

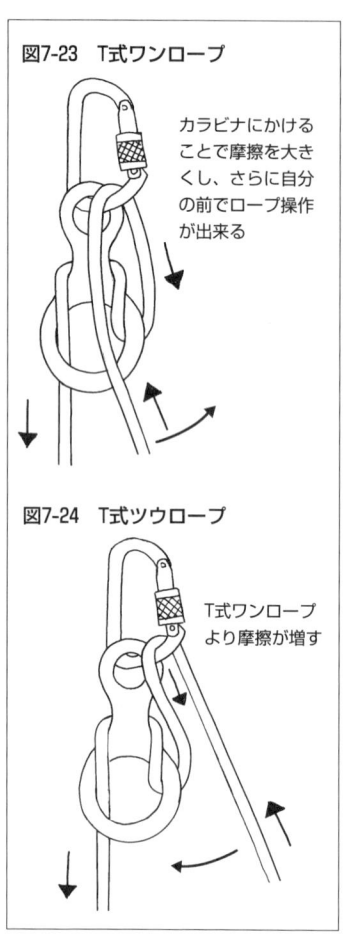

9. エイト環での結び目の通過

　エイト環での結び目の通過だが、エイト環以外のどの用具を使ってもやり方は同じである。方法は大きく分けると3つある。
　古くから使われているやり方、私が考えて使っている「T式」というやり方、そしてエイト環2個を使うやり方である。
　それぞれのやり方を比較してみるとよい。
　ロワーダウンをするとき、距離が1本のロープでは足らないときに、ロープをダブルフィッシャーマンズ・ノットで結んで繋ぐ。ロープを伸ばすには、この結び目がエイト環を通過していかなくてはならない。この結び目の通過をどのようにするか。下手にすると結び目がカラビナに引っかかり、にっちもさっちもいかなくなる。安全なやり方を説明する。

1. 古くから使われているやり方

　登高器で固定して、自己確保してからエイト環からロープをはずし、結び目を通過させるやり方である。登高器と補助ロープを使う。

　図7-25Ⓐ　エイト環でロワーダウンをして、結び目がエイト環近くまできたら、そのまま止めて登高器に補助ロープをつけ、ムンターヒッチの固定をして登高器を前に出し利かせる。
　　　　　登高器で、ロープの固定が出来ていることになる。
　　　Ⓑ　エイト環から結び目を通過させると、ロープを引いてもロープがたるんでしまう。
　　　　　このとき、メインロープにテンションをかけて張るには、ムンターヒッチの下の固定をほどいてロープを出す。
　　　Ⓒ　ムンターヒッチのロープからメインロープにテンションがかわるので、登高器を回収してロワーダウンを続ける。

2. T式のやり方（T式½結び目の通過）

　古いやり方は、ムンターヒッチの固定をほどくと、いきなりメインロープにテンショ

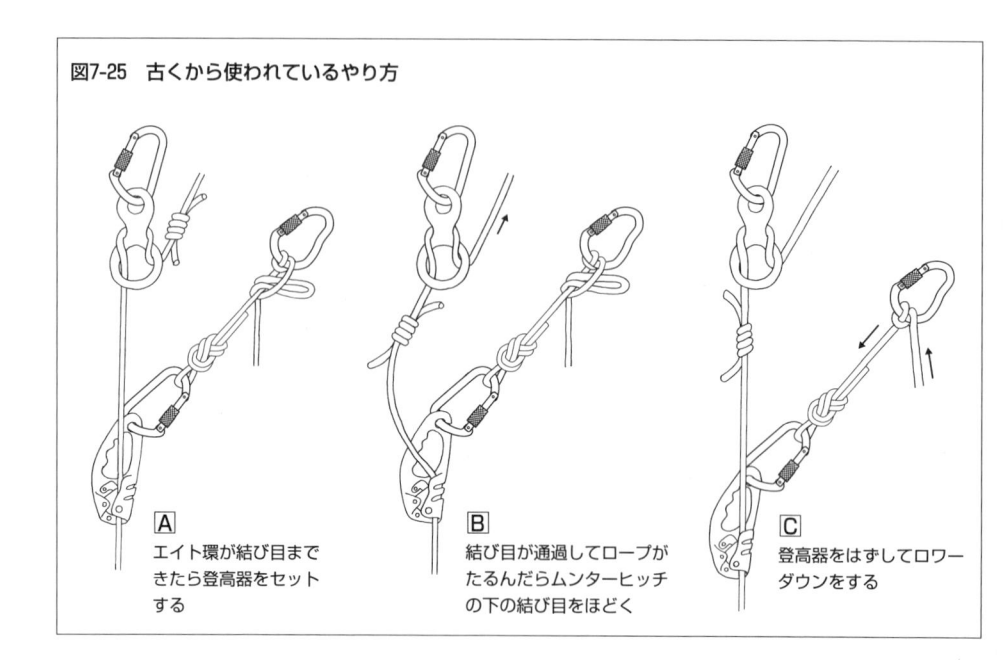

図7-25 古くから使われているやり方

|A| エイト環が結び目まできたら登高器をセットする

|B| 結び目が通過してロープがたるんだらムンターヒッチの下の結び目をほどく

|C| 登高器をはずしてロワーダウンをする

ンがかかるので、メインロープのたるみ分がいきなり落ちてしまう。ムンターヒッチは、うまい下手があるので、下手なやり方だと止まらない可能性がある。

　そこで、テンションがメインロープにかからないやり方を考えた。アンカーにスリングをかけて、テンションがメインロープにかからないようにする方法である。スリングを使う。

　図7-26 |A| アンカーの安全環付カラビナと、エイト環の安全環付カラビナを上向きにして、スリングを二重にしてから伸ばしてかけ、ロワーダウンする。エイト環のところに結び目がきたら、アンカーに安全環付カラビナをかけてマリナー・ノットで固定し、巻き付け結びをエイト環の下のメインロープに巻いて、下に下げて張る。これでロープが固定出来る。

　　　|B| エイト環をはずして、結び目を通過させたらアンカーにかかっているスリングを引くと二重になる。スリングが短くなるので、メインロープのたるみがなくなる。

　　　|C| ゆっくりマリナー・ノットを緩める。もしすべらせてもメインロープが張っているので、テンションがかかってもロープの伸び分だけで止まる。

第7章　エイト環　131

図7-26　T式のやり方（T式 1/2 結び目の通過）

A
スリングを二重にして、安全環付カラビナにかけて1本だけ引く。α1がα2の長さになる
アンカーにカラビナをかけマリナー・ノットで固定し、その反対側に安全環付カラビナをもう1つかけてスリングでメインロープに巻き付け結びをする
こちらに荷重がかかる

B
エイト環をはずして結び目を通過させ、スリングをひっぱり二重にしてエイト環のカラビナにかける。エイト環が上に上がり、メインロープのたるみがなくなる

C
マリナー・ノットをほどく。テンションがメインロープに移る。テンションがかかってもロープの伸びだけで止まる
矢印の方向にロープが動く。ロワーダウンが出来る

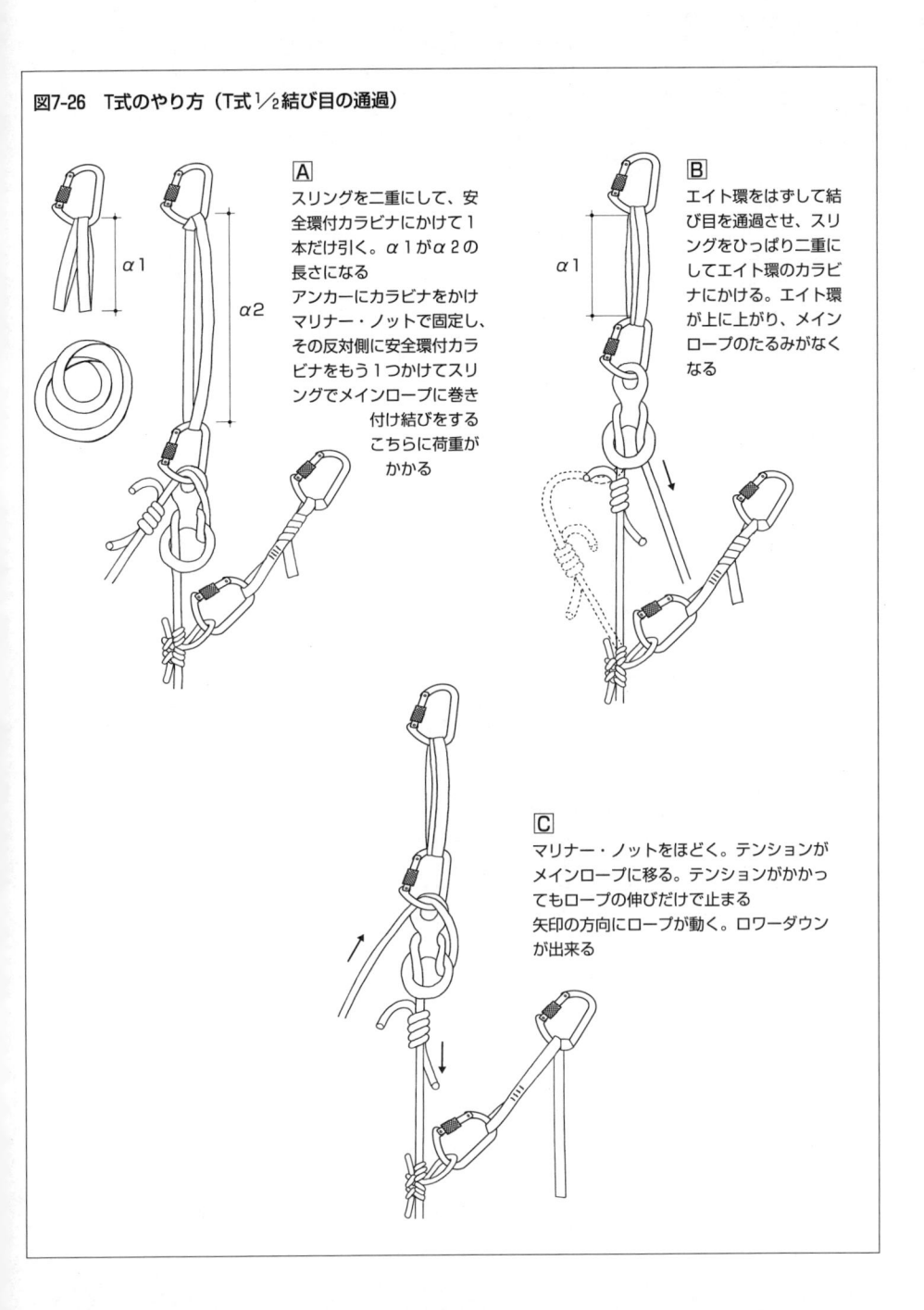

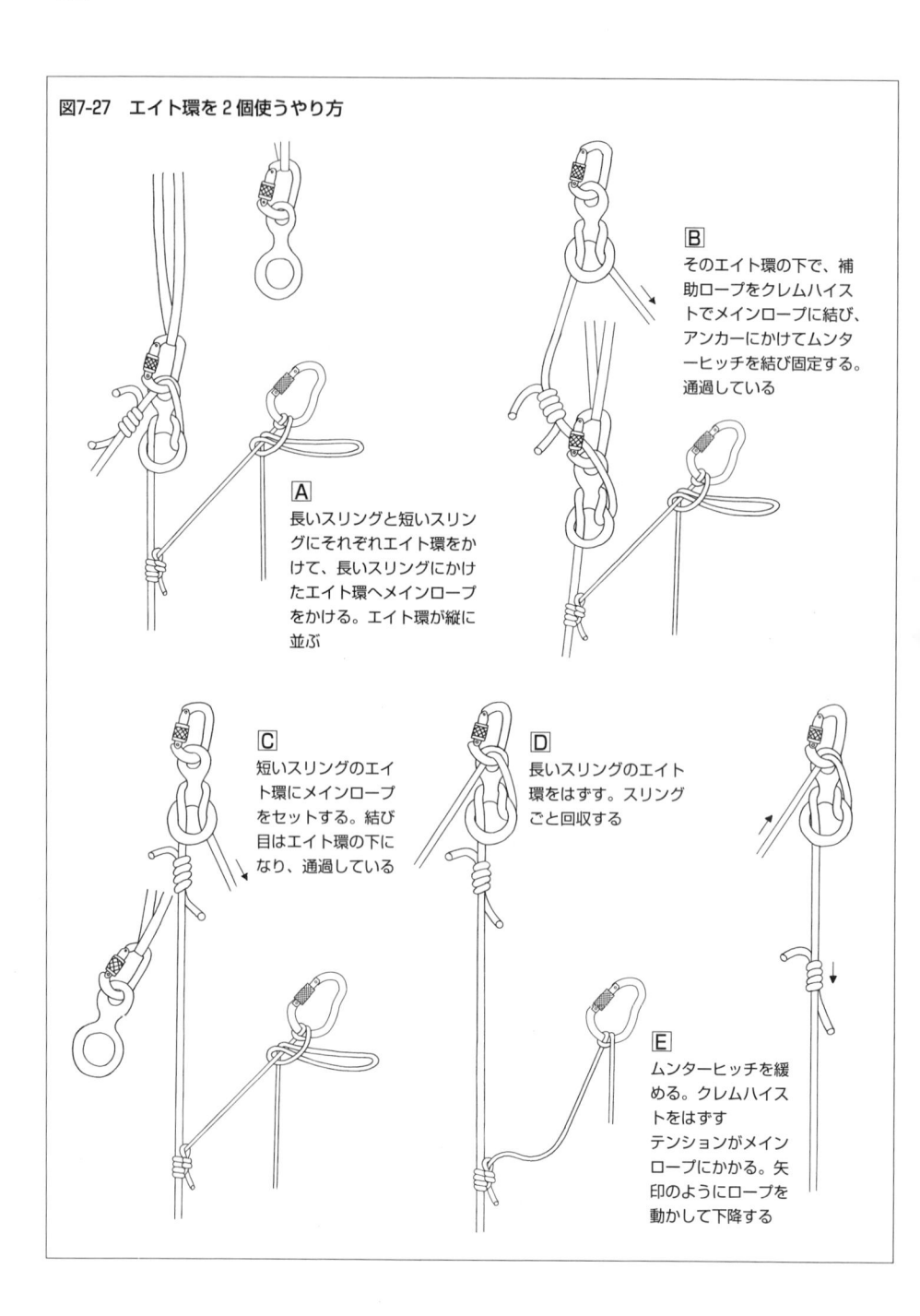

図7-27 エイト環を2個使うやり方

A 長いスリングと短いスリングにそれぞれエイト環をかけて、長いスリングにかけたエイト環へメインロープをかける。エイト環が縦に並ぶ

B そのエイト環の下で、補助ロープをクレムハイストでメインロープに結び、アンカーにかけてムンターヒッチを結び固定する。通過している

C 短いスリングのエイト環にメインロープをセットする。結び目はエイト環の下になり、通過している

D 長いスリングのエイト環をはずす。スリングごと回収する

E ムンターヒッチを緩める。クレムハイストをはずす テンションがメインロープにかかる。矢印のようにロープを動かして下降する

3. エイト環を2個使うやり方

　エイト環を2個使用して、結び目を通過する。長いスリングと短いスリングを1本ずつと、補助ロープを使う。

　図7-27Ⓐ　それぞれ、スリングにカラビナをつけたエイト環をかける。

　　　　Ⓑ　アンカーにセットすると2個のエイト環が縦に並ぶ。長い方のスリングのエイト環にロープをセットする。ロワーダウンをして結び目がエイト環のところにきたら、アンカーにカラビナをかけて、補助ロープでムンターヒッチとクレムハイストで結び固定する。

　　　　Ⓒ　エイト環からロープをはずさずに、結び目の上のロープを持って上にあるエイト環にかける。このとき、結び目はエイト環の下側になるので、通過した状態になる。

　　　　Ⓓ　その後、長いスリングのエイト環からロープからはずし、ロープを引いて張る。

　　　　Ⓔ　クレムハイストをはずし、ムンターヒッチを緩めてメインロープにテンションを入れる。ムンターヒッチを回収する。ロワーダウンを継続する。

4. ロープの巻き付け結び (クレムハイスト)

　固定で使用する。ロープの巻き付け結び、クレムハイストのやり方である。よくみて、その方法を覚えよう。

ダブルロープの場合の結び方 (図7-28)

　補助ロープを使うが、メインロープと同じ太さでもよい。メインロープの末端を使用してもよい。

　補助ロープの真ん中を折り曲げて輪にして、オーバーハンド・ノットで結び、メインロープにつける。上から下へメインロープに巻き付ける。4回以上巻いてからオーバーハンド・ノットの輪に入れて引く。メインロープに、よく締まるようきつく巻くことがポイントである。

シングルロープの場合 (図7-29)

　シングルロープは、末端をオーバーハンド・ノットで結び目をつくり、メインロープ

に巻きつける。メインロープに、上から下へ4～5回巻いたら輪にロープを通して引く。メインロープには、きれいに巻き付けよく締める。同じ太さのロープでも利く。

ダブルロープとシングルロープでの固定の形 (図7-30)

固定をしたときの、ダブルロープとシングルロープの形を比較した。
図をみて形を覚えよう。

[注意]
ムンターヒッチとの中通しのやり方の途中であるが、その後オーバーハンド・ノットにして固定をする。

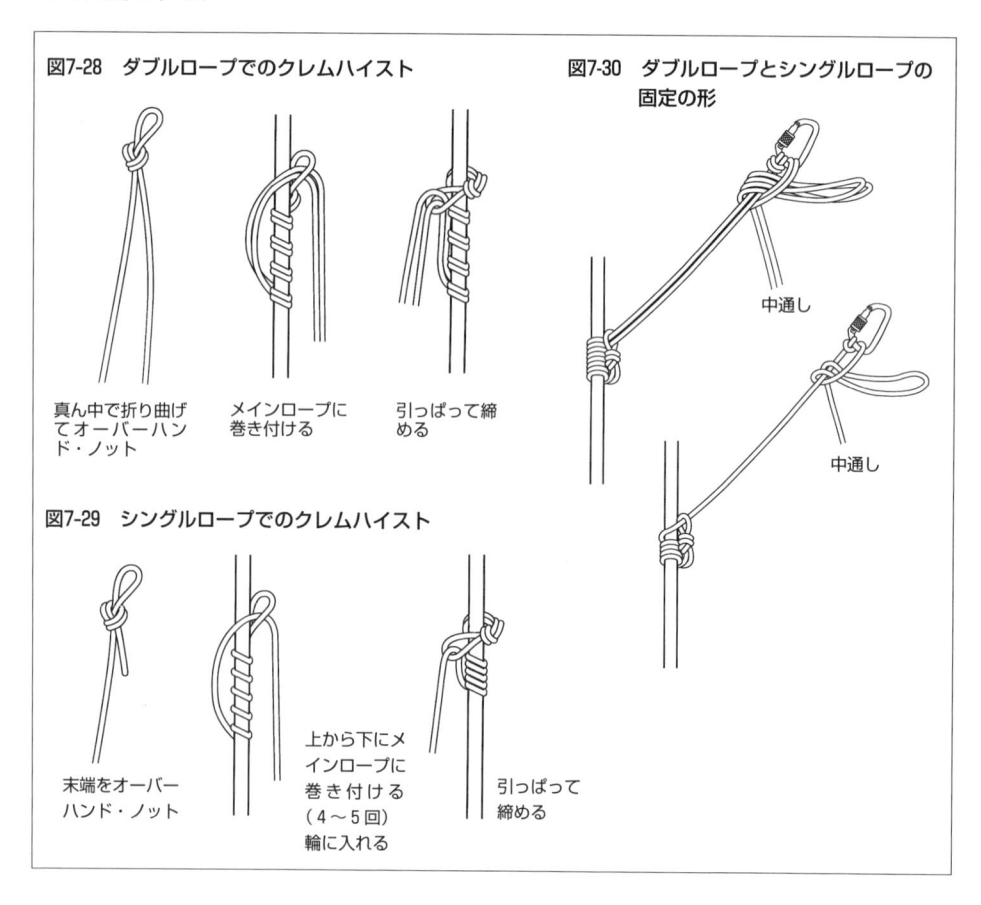

図7-28 ダブルロープでのクレムハイスト

真ん中で折り曲げてオーバーハンド・ノット
メインロープに巻き付ける
引っぱって締める

図7-29 シングルロープでのクレムハイスト

末端をオーバーハンド・ノット
上から下にメインロープに巻き付ける（4～5回）輪に入れる
引っぱって締める

図7-30 ダブルロープとシングルロープの固定の形

中通し
中通し

第8章　引き上げシステム

　ロープでの救助で多く使われる技術が、引き上げシステムである。
　ロープを切り返して、引く力を分散させることにより、楽に人や物を引き上げることが出来る。救助者の人数、救助する場所等々により、素早くどのようにやるかを決める。やり方を覚えることで、楽に、早く、安全に救助出来る。
　ヨーロッパの山岳ガイドは、クライアントを引き上げるのに3：1、5：1、7：1で引き上げる。これが山岳ガイド方式である。
　オートブロックシステムは、引き上げ時に巻き付け結び（マッシャー）でロープを止めることが出来るシステムである。ヨーロッパで使われる技術である。
　ヨーロッパでは、巻き付け結びにマッシャーを使用するので、日本ではマッシャーのことをオートブロックと紹介している本もある。しかし、これは間違いである。
　マッシャーとブリッジプルージックは、テンションがかかってもロープを引くと緩み、手を離すとメインロープに食い込み止まる。

1. 引き上げシステムの形

　人や物をロープで引き上げるとき、ロープを引っ張って引き上げるには重さの限界がある。引き上げる力を少なくし、より重いものを上げるには力を分散するロープにやり方の形がある。それを引き上げシステムという。

1. 引き上げシステムでの引き上げ方

　ビルの屋上などでの使用方法からやり方を説明しよう。
- 図8-1　1：1。ロープを1本にして引き上げる形。「ごんぼう」ともいう。
- 図8-2　屋上の角や岩角などでは、ロープの摩擦による消耗を防ぐために布やゴムなどを敷いて、直接ロープが角に当たらないようにする。
前もって、エッジコーナーをつくっておくのもよい（図8-12参照）。
エッジコーナーのつくり方は、後で説明する。
- 図8-3　1：1のロープにバックアップを取る形。オートブロックシステム。
- 図8-4　3：1。アンカーからのロープに、巻き付け結びをしてロープをセットする。ロープがZ型になる。
- 図8-5　3：1。引き上げる人、あるいは物の所でロープを折り返す。
切り返しがいらない。長いロープなら出来るし、引き上げが早い。

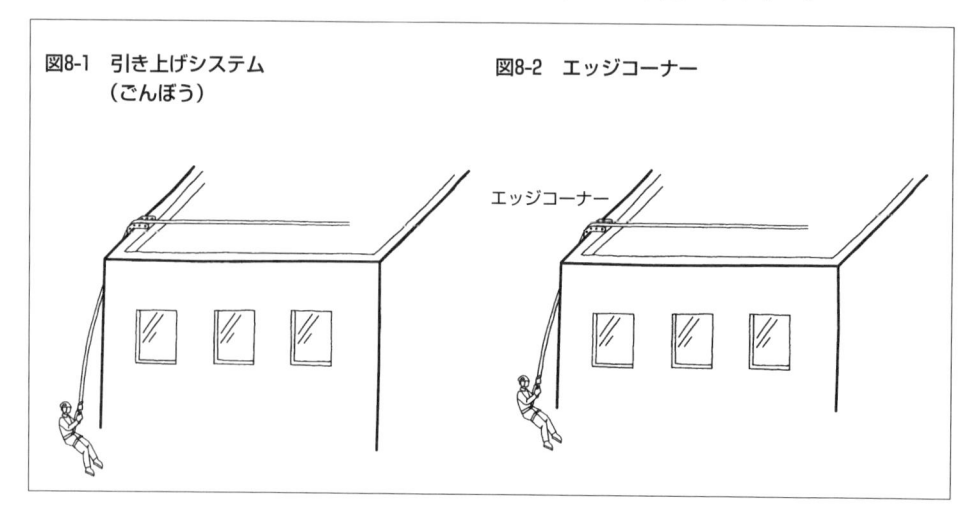

図8-1　引き上げシステム
　　　　（ごんぼう）

図8-2　エッジコーナー

第8章　引き上げシステム　137

図8-6　3：1。引き上げる物とアンカーの間で巻き付け結びをしてロープを折り返す。これは、a の距離が短いので、ロープを引いて a がなくなったら、また巻き付け結びを戻してからロープを引くという切り返しをしなければならない。Ⓐ からⒷ へ、またⒷ からⒶ を繰り返す。

図8-7　2：1。ロープがV型になる。広い角度は、引き込みのときに楽である。引き込みとは、例えば斜面から登山道へ、あるいはビルの壁面から屋上へ引き上げるときのことをいう。

図8-8　2：1　狭いV型の形。角度の狭い方が引き上げるときは力を使わない。

図8-9　2：1×3：1。ビルとビルの間など狭い場所での引き上げは、まず2：1で引き上げ、それで引き上げられなければ屋上で3：1にして引き上げる。6：1になる。

図8-10　4：1。ロープは逆W型になる。登山道など、長くロープを引ける場所や人数が多いときに使える。メインロープと別にロープを使用する。

図8-11　9：1。3：1にもう一つ3：1をつくるやり方で、一番早く簡単で迷わない。張り込みや、チロリアンブリッジなどで使用出来る。自動車で引くぐらいは張れる。よく使用するやり方である。

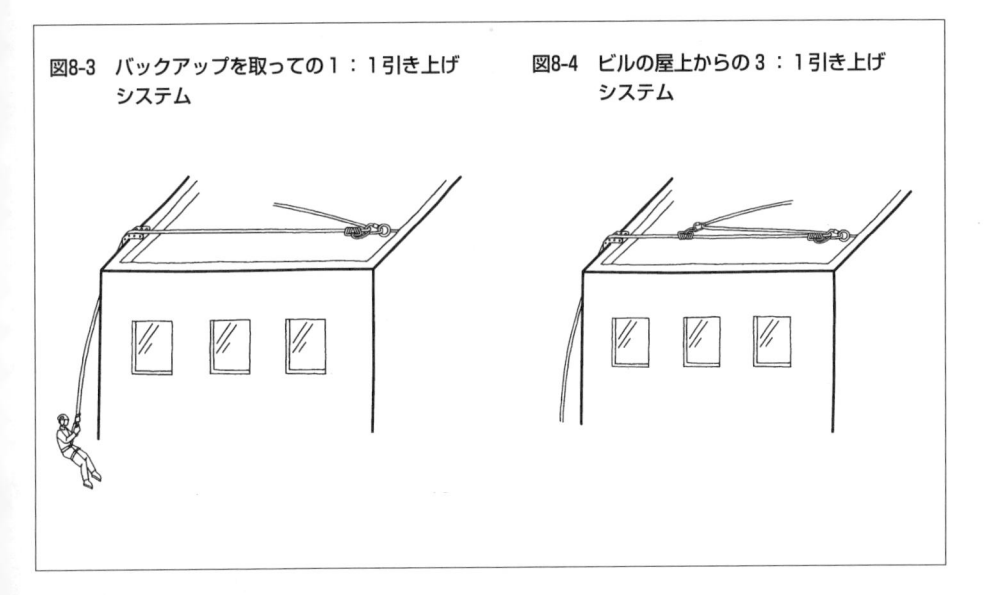

図8-3　バックアップを取っての1：1引き上げシステム

図8-4　ビルの屋上からの3：1引き上げシステム

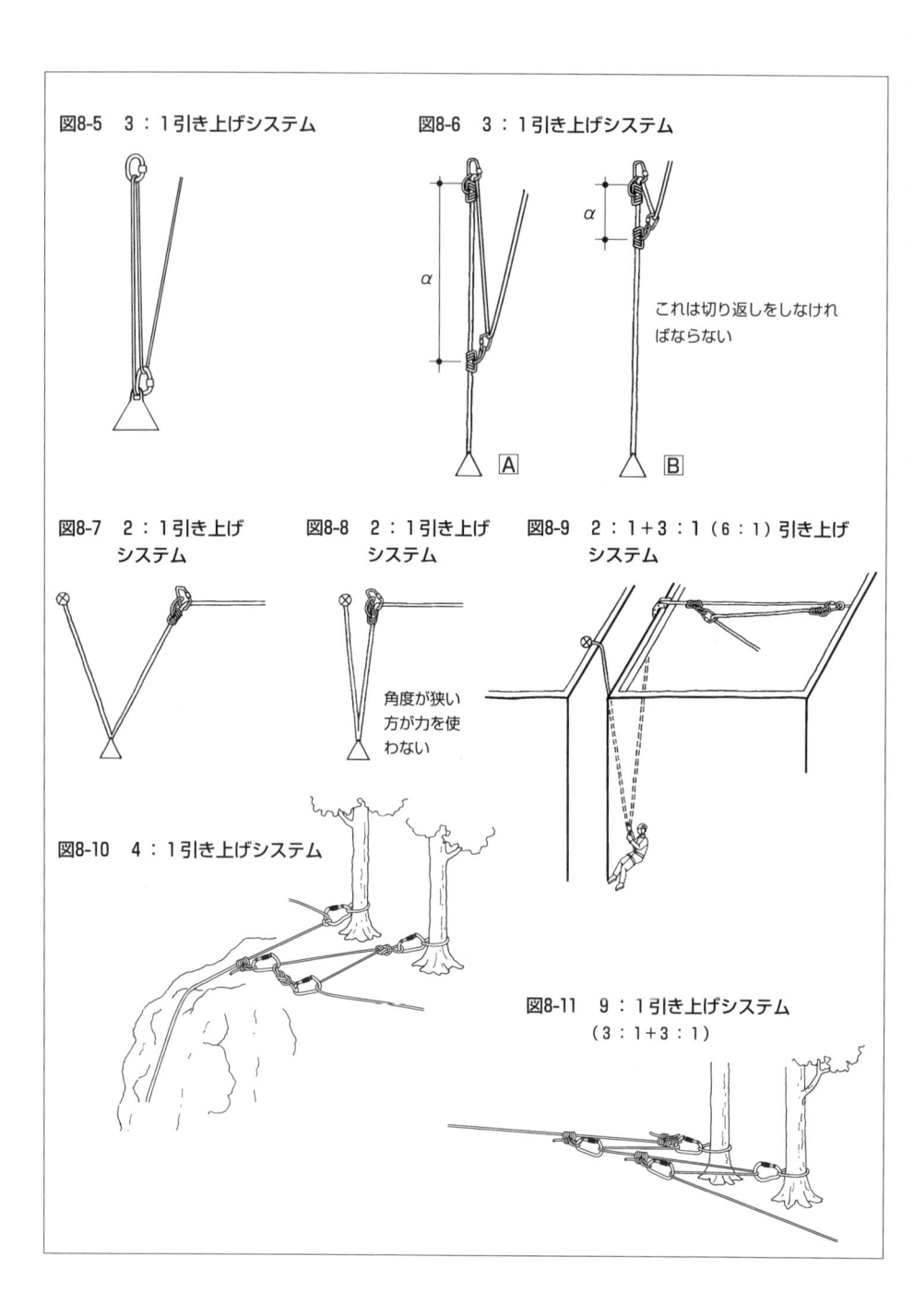

図8-5　3：1引き上げシステム　　　図8-6　3：1引き上げシステム

これは切り返しをしなければならない

A　　　B

図8-7　2：1引き上げシステム　　図8-8　2：1引き上げシステム　　図8-9　2：1+3：1（6：1）引き上げシステム

角度が狭い方が力を使わない

図8-10　4：1引き上げシステム

図8-11　9：1引き上げシステム
　　　　（3：1+3：1）

図8-12　エッジコーナーのつくり方

図8-1、図8-2の中の、角にあてている道具をエッジコーナーという。

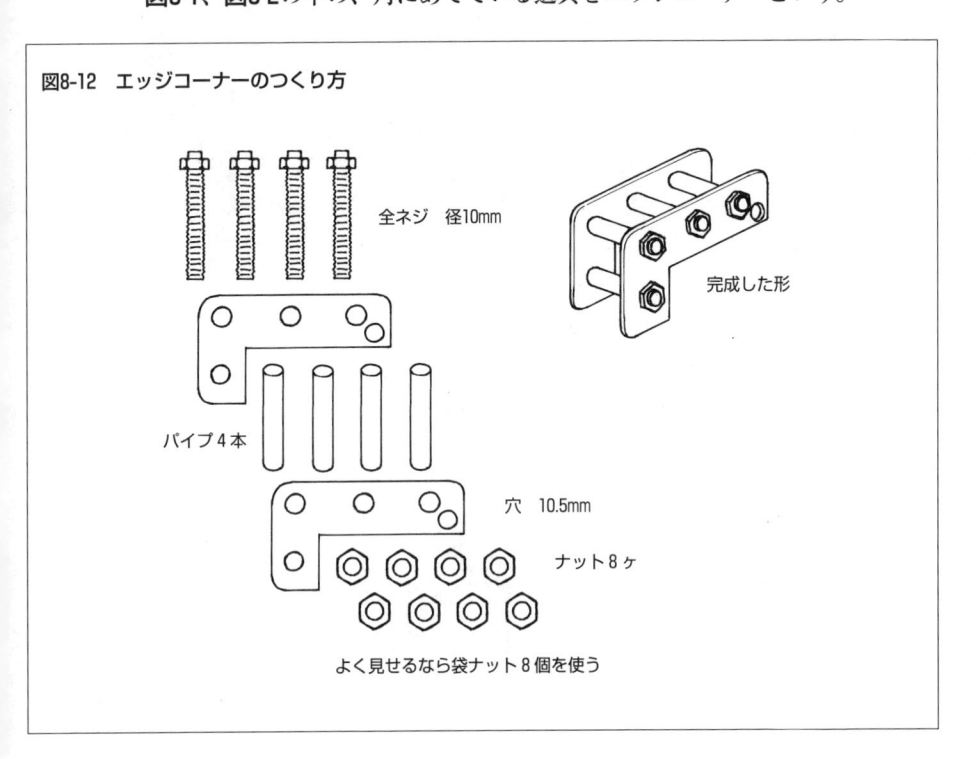

```
図8-12　エッジコーナーのつくり方
```

全ネジ　径10mm
完成した形
パイプ4本
穴　10.5mm
ナット8ヶ
よく見せるなら袋ナット8個を使う

ビルの角などに当てて、ロープの摩擦を防ぐ用具である。
図の材料を組み立てて出来上がり。落とさないように穴にロープを付ける。

2. 引き上げシステムの形

引き上げシステムの形をそれぞれ図にした。ロープの形、アンカー、プーリーの使うところなどを覚えておこう。

主にチームレスキューで使うもの、山岳ガイドが使うもの、張り込みチームレスキューで使うものなど、それぞれの方法がある。

図8-13　引き上げシステムの形

図8-13 引き上げシステムの形

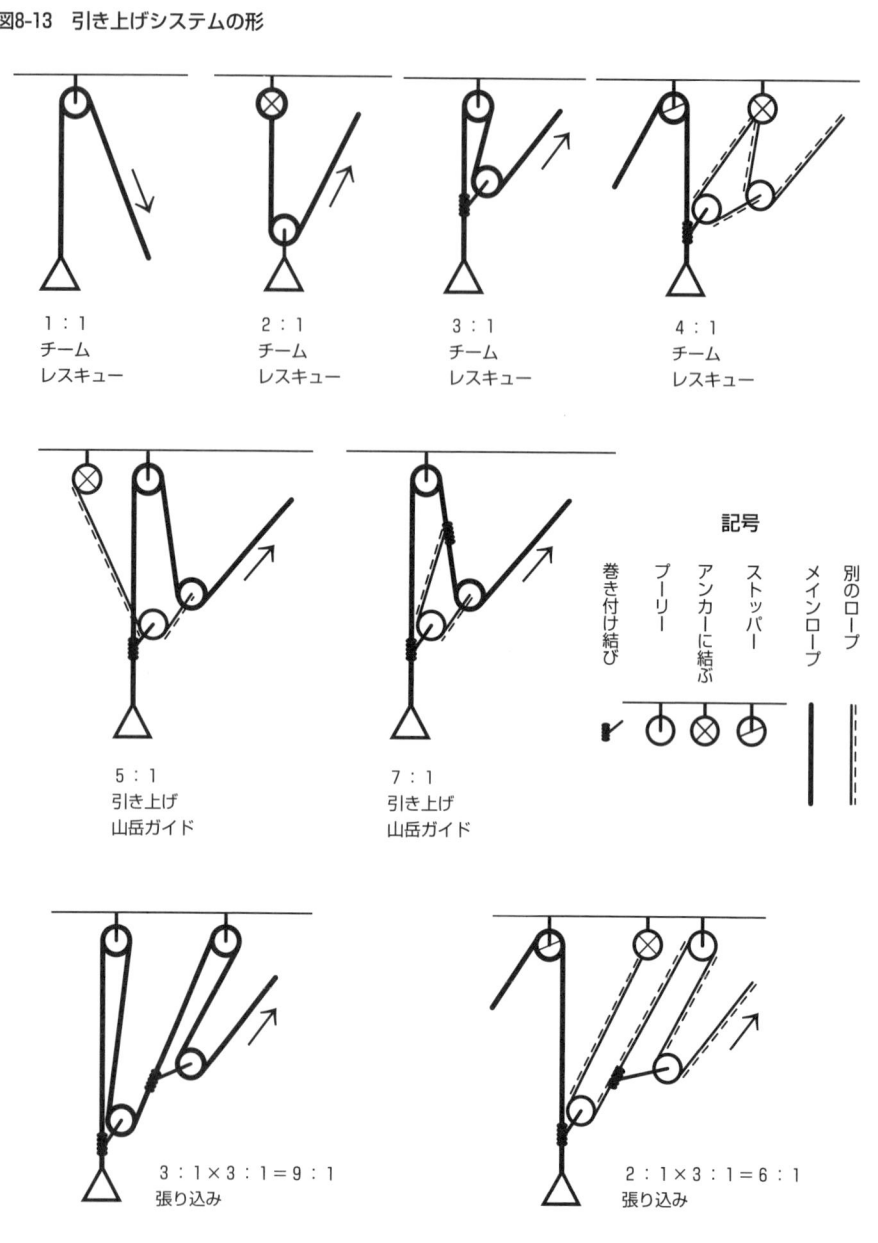

1:1
チーム
レスキュー

2:1
チーム
レスキュー

3:1
チーム
レスキュー

4:1
チーム
レスキュー

5:1
引き上げ
山岳ガイド

7:1
引き上げ
山岳ガイド

記号

巻き付け結び
プーリー
アンカーに結ぶ
ストッパー
メインロープ
別のロープ

3:1×3:1=9:1
張り込み

2:1×3:1=6:1
張り込み

2. ガイドが使う一人で引き上げる方法

　チームレスキューには向かないが、山岳ガイドが1対1でお客を引き上げるときのシステム。一人で、要救助者を引き上げるときに使えるシステムで、出来るだけ引く力を少なくするシステムをつくる。メインロープとは別にロープを使用する。

　図8-14　5：1　　図8-15　7：1　　図8-16　9：1
　上にあげて、下から引く。アンカー（支点）を上に取り、ロープを下へ引くようにすると楽である。その形は次のように行なう。
　図8-17　1：1　オートブロックシステム。
　図8-18　2：1　オートブロックシステムにバックアップを取る。
　図8-19　3：1　オートブロックシステム。
　　　　　5：1　オートブロックシステム。

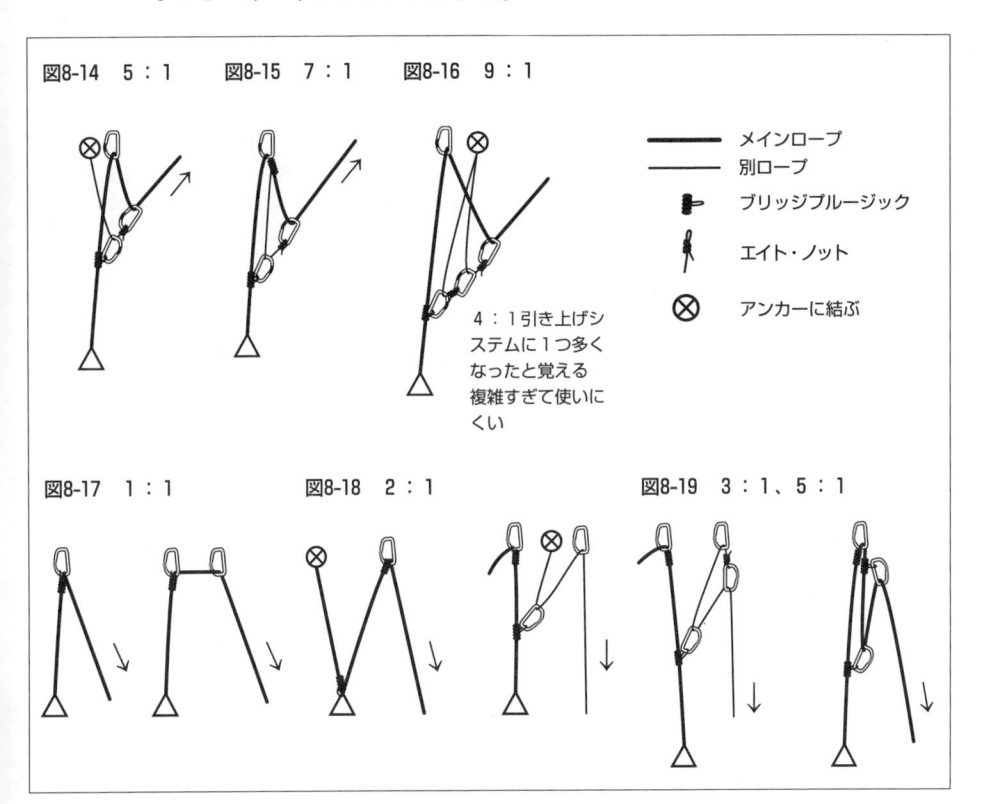

3.オートブロックシステム

　レスキューは安全性が第一である。引き上げのとき、巻き付け結びをしてロープを止めるようにしている。アメリカなどは、ロープを引くときはアンカーのところからロープにプルージック（巻き付け結び）を使用するので、そこにプルージックを動かす人が、もう1名必要になる。ヨーロッパでは、プルージックを動かす1名をなくし、ロープを引くと動き、手を離すと自動的にロープが止まるよう、巻き付け結びをセットしている。これが、ヨーロッパ式のオートブロックシステムである。

1.約束事

　このオートブロックシステムには約束事がある。
　①安全環付カラビナは変D型、D型や新変D型を使用する。カラビナに角のあるものを使う。
　②安全環付カラビナにロープをかけ、そこに巻き付け結びをする。ブリッジプルージックがよい。

2.やり方

　安全環付カラビナをアンカーにセットし、ロープをかける。荷重がかかっている側のロープに巻き付け結びをする。この巻き付け結びはブリッジプルージックがよい。
　図8-20のよう形になり、矢印の方向にロープを引くと止まる。これは巻き付け結びが締まって止まるのである。図8-21のように、逆にロープを矢印のように引くと、結び目が安全環付カラビナに当たって止まる。ゆっくりとロープを戻すとまた図8-20の形になり、巻き付け結びで止まる。つまり、図8-21のように引いて、ロープを動かして引き上げ、止めるときは、ゆっくりとロープを戻せば、図8-20のよう

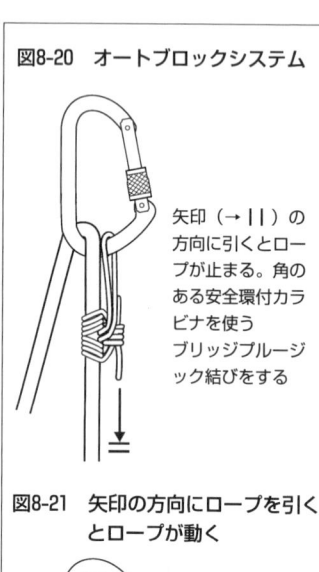

図8-20　オートブロックシステム

矢印（→||）の方向に引くとロープが止まる。角のある安全環付カラビナを使う
ブリッジプルージック結びをする

図8-21　矢印の方向にロープを引くとロープが動く

巻き付け結びがカラビナにあたるので、ゆっくりロープを戻すと止まる

な形になりロープが止まる。これをオートブロックシステムという。

[ワンポイント]
ヨーロッパの山岳ガイドなどで、一般的に使用されている技術であるが、引き上げの基本になっている巻き付け結びは、マッシャーが使われている。
だが、講習会などでやると、10名中4～5名はロープの止まらない人がいる。また、何度も引き上げて止めることを繰り返していると、止まらないときがある。だから、私の講習会では、**ブリッジプルージックを使って**、オートブロックシステムをしている。このブリッジプルージックは、結び方も間違えないで出来るし、何回繰り返しても緩まないので、止まらないということがない。

3. もし、D型カラビナがなかったらどうなるか

　オートブロックシステムの約束事では、角のあるD環系のカラビナを使うことになっているが、もし、HMS型やO型などの角のないカラビナならどうなるか考えてみよう。
　図8-22のように矢印の方向に引くと、巻き付け結びがカラビナに当たっていればよいが、HMS型やO型だと巻き付け結びがカラビナの中に入って、図8-23のように巻き付け結びが通過してしまう。このようになったとき、あなたはどのようなイメージを持つだろう。考えてみよう。
　図8-20と図8-23を見比べて、ロープと結び目の位置を確認しよう。
　安全環付カラビナを結び目が通過したときは、ロープを引くことが出来なくなる。巻き付け結びが締まって止まる。ロープを緩めるとカラビナに巻き付け結びが逆に当たりロープは流れてしまって、引き上げることすら出来なくなる。これは最悪の事態だ。

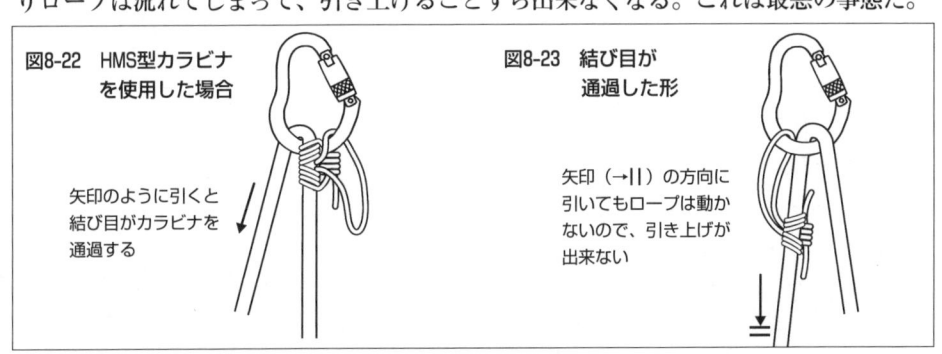

図8-22　HMS型カラビナを使用した場合

矢印のように引くと結び目がカラビナを通過する

図8-23　結び目が通過した形

矢印（→||）の方向に引いてもロープは動かないので、引き上げが出来ない

4. 対処方法

どうすれば、このような事態を避けられるか。現場では、必要なカラビナがない場合も起きる。だから、巻き結びが返らないようにブロックすればよい。やり方はいくつもある。

(1) 器具を使用する

オートブロックシステムの場合、「パンケーキ」というプラスチックの円型の小さな板を持っていれば対処出来る。これはアイデアのアイテムである。

図8-24がその形である。薄くて小さく図8-25のようにハーネスのギヤラックにかけられるよう穴が開いている。

使い方は図8-26のようにする。HMS型かO型の安全環付カラビナしかなくても、カラビナと巻き付け結びの間のロープにセットすれば、ストッパーになってロープが返ることがない。

下部の切れているところから、ロープを中に通せばよい。プーリーと巻き付け結びの間でもよい。

このような器具がないときは、私はバンセンをコイルにして使用していたが、それよりもこの器具はとてもよい。

(2) 確保器を使用する

クライミングでは、誰でも持っている用具に確保器がある。それに使用する安全環付カラビナはHMS型が多いので、それでもやれるオートブロックシステムのやり方を説明しよう。

図8-27 確保器にロープを入れて、安全環付カラビナにセットしてその下部に巻き付け結びをする。

それを、確保器と同じカラビナにかける。その下に、もう一つ巻き付け結びをしてカラビナをかけ、ロープをセットする。ロープを引くと3：1になる。

図8-24 パンケーキ
（プルージック逆転防止器具＝シンギングロック社製）

図8-25 ハーネスのギヤラックにかけたパンケーキ

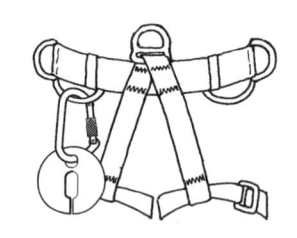

図8-26 パンケーキを使ったブロックシステム

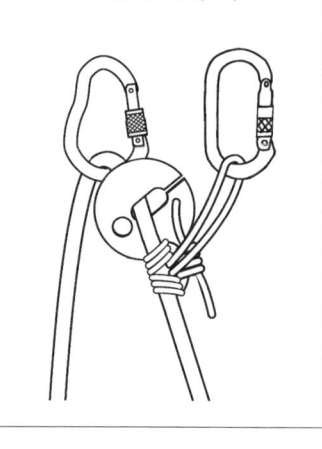

ロープがZ型になるので、Z-RIGという。
(3) カラビナ使用する
　図8-28　カラビナが余分にあるときは、巻き結びの上に2〜3枚重ねてロープをかけてから、巻き付け結びを安全環付カラビナにかける。

　図8-29　カラビナが少ないときは、1枚を巻き付け結びの上にセットする。ロープ2本共一緒に横向きにしてカラビナをかける。

図8-27　確保器を使用する

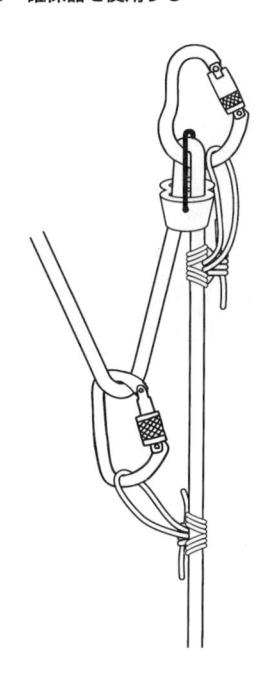

図8-28　カラビナ2〜3枚使用する

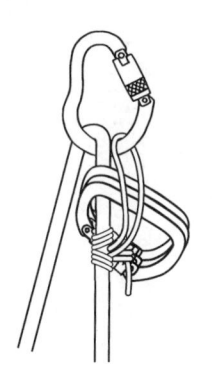

図8-29　カラビナ1枚でのやり方

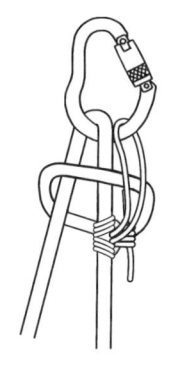

ロープは2本共にかける

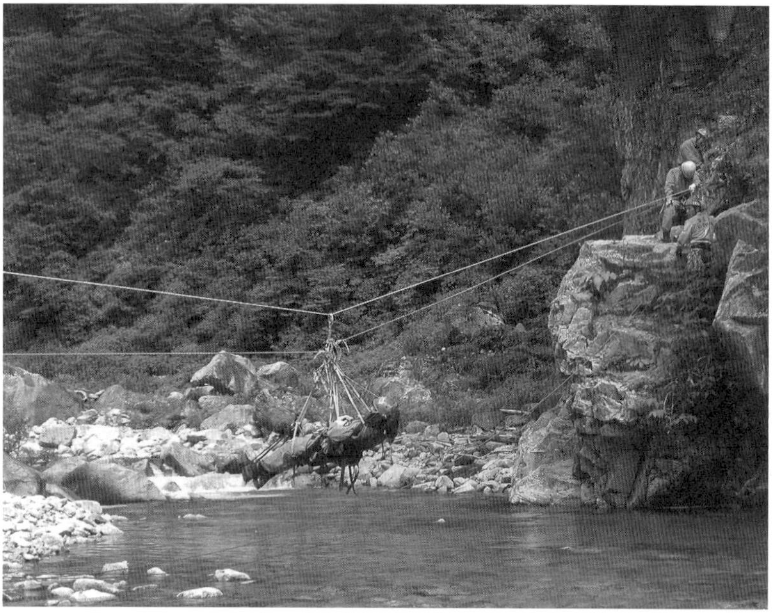

第9章　プーリー

　プーリー（滑車）は、少ない力で要救助者を引き上げられるなど、救助の人数が少ないときに有効である。

　プーリーは、人間がつくったもので一番優れたものだとさえ私は考える。大きなものを、小さな力で動かすことが出来る。帆船では、大きな帆を上げることが出来る。このようなプーリーを、昔の人は木でつくり使用していた。

　物理的にいうと、プーリーを使用して2：1にするときに動滑車を使用すれば、重さは2：1になるがロープを引く長さは2倍になる。仕事率は2：1でやっても1：1でやっても同じである。ただ、小さな力で動かせるが、ロープは長く引く。人数がいるなら、1：1（ごんぼう）で引くのが一番早い。これにこしたことはないが、場所によってはプーリーを使うと楽になるのは正しい。たとえば3：1のときに、プーリーが1個しかないときは、一番はじめに力がかかる箇所にセットする。プーリーも使い方である。

1. プーリーの種類

プーリーは滑車のことである。これを使用すると、ロープを引くのが非常に楽になる。大きさに数種類ある。

街の中では、大型や中型などのプーリーを使用することが出来るが、山の中や僻地など、長時間歩いて捜索し救助活動をしなければならない場合は出来るだけ軽量で、小さく使いやすいものがよい。早い行動が出来、安全に動けるように考えると小型が理想である。だが、大型プーリーを使用してから小型プーリーを使うと、こんなに重いのかとガッカリしてしまう。やはり、大型の方が楽にロープを引くことが出来るのだ。

私の講習会では、プーリーの効用を実感するために、初めはカラビナだけを使用して引き上げをし、疲れてきたらプーリーを使うと、なんと楽かと実感する。物がないときとあるときと、力を使う差を小型のプーリーでも充分に体験出来る。

1．プーリーの種類と強度

プーリーは、種類によって強度も異なる。
プーリーの強度の書き方を図にしてみよう。

・強度

図9-1　プーリーの強度。真ん中が単位。左右に同じ力が振り分けられる。

図9-2　ダブルプーリーである。リブ付きとリブなしがある。リブとは、カラビナをかける部分のこと。

図9-3 A　ストッパー付きでもストッパーを付けないときは、強度は、図9-1と同じである。

B　ストッパーを付けるとストッパーだけの強度になり、左右各5KNとなる。

・種類

図9-4　チロリアンブリッジなどで、ロープの上に載せて使う。プーリーが2個ついているもの。単発のプーリーをカラビナで連結して使うと

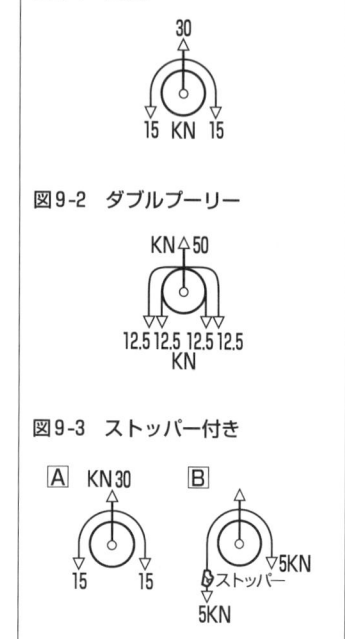

図9-1　強度

図9-2　ダブルプーリー

図9-3　ストッパー付き

いうやり方もある。

　図9-5　小型のプーリーは2種類ある。カラビナをかける部分が、A=開いているものと、B=閉じているものがある。

　Aは、小型の物で車型。

　Bは、中型、大型のプーリーによくある形であるが、最近は小型のプーリーにも出てきた。

　図9-6　小型プーリーの使い方
　　A　O型安全環付カラビナを使用する。
　　B　O型、新D型、変D型など、カラビナの形を選ばない。

　図9-7 Aの小型プーリーに、新D型カラビナを付けてみる。

　Dの角の部分で、プーリーが動かなくなり、非常に危険である。

　カラビナが横に向いて、強度が出ない。

　危険な要素があるのに、なぜこのようなプーリーをつくるのかというと登高器とセットするためである。

　プーリーでも、アメリカのものはカラビナの形に関係なく使用出来る。だいたい、カラビナにかける部分が閉じている。ただ、大きくて重い。ヨーロッパのものは、山岳に使われていたことで、小さくて軽いが開いているものもある。

・**安全環付きカラビナをセットする**

　図9-8　ロープにカラビナをかけて、それにプーリーをセットする。この形を見てみよう。
　　ロープを横に張り、安全環付カラビナをかけ、これにプーリーセットするとプーリーは横側を向き、まっすぐに引くことが出来ない。そのために、もう1枚の安全

プーリーの種類

図9-4　2個付きプーリー

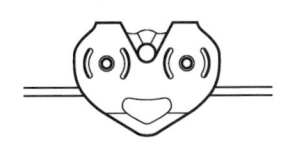

図9-5　小型プーリー
A　　　B

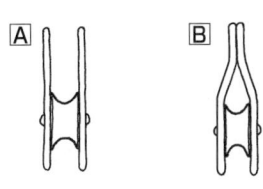

図9-6　小型プーリーの使い方
A　　　B

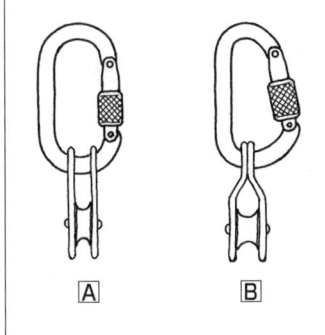

図9-7　この使い方は危険

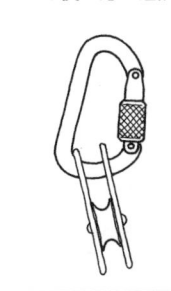

環付カラビナをつけて、捨てカラビナにしなければならない。

図9-9 カラビナを2枚かけた形。1枚は捨てカラビナになる。

プーリーがたて向きになって、ロープはまっすぐに動くことが出来る。カラビナを2枚使用することで、ロープを引くときに遊びが出来る（プーリーがゆれる）ため、力が逃げるのでロープをまっすぐに引ける。

この他に、カラビナで変わった形のものを紹介する。プーリーの角度が90°変えられるX型カラビナである。

・X型安全環付きカラビナをセットする

図9-10 A X型の安全環付カラビナ。以前は、スポーツ店にも置いてあったが、その当時は使い方がわからなくて、売れなかった。

B 図を見ればわかるように、カラビナで、力が逃げるのでロープをまっすぐに引くことが出来る。

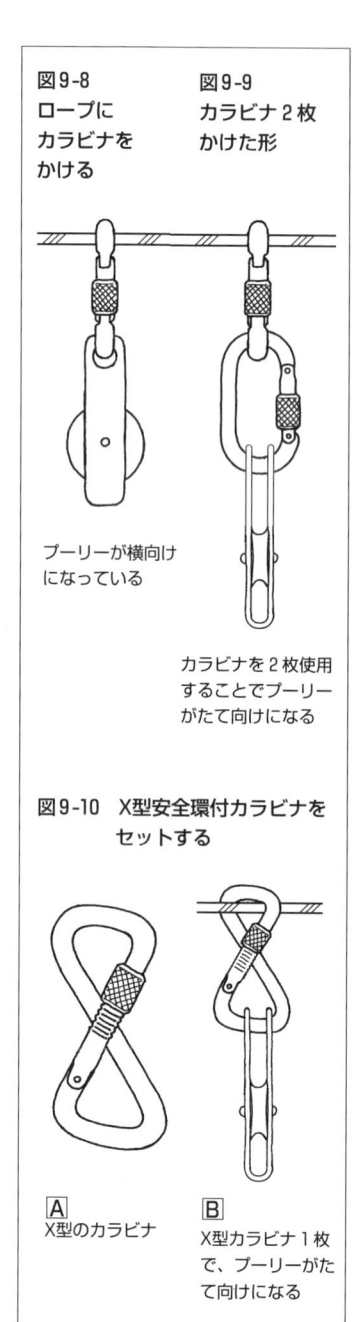

図9-8 ロープにカラビナをかける

図9-9 カラビナ2枚かけた形

プーリーが横向けになっている

カラビナを2枚使用することでプーリーがたて向けになる

図9-10 X型安全環付カラビナをセットする

A X型のカラビナ

B X型カラビナ1枚で、プーリーがたて向けになる

2. プーリーとカラビナの相性に注意する

　プーリーとカラビナの相性が悪いものを使うと、ロープが動かなくなってしまうことがある。
　プーリーは、カラビナにかける部分が開いているものはO型カラビナを使用する。
　図9-11 Ⓐ　O型カラビナを使うと、角がないので引っかからない。
　　　　　Ⓑ　D型カラビナを使用したとき、角に引っかかり動かなくなる。
　　　　　　　O型以外を使うと角に引っかかり、カラビナが割れる危険性がある。
　プーリーのカラビナにかける部分が閉じているものは、カラビナの型を選ばない。
　プーリーでも、アメリカのものはカラビナの形に関係なく使用出来る。だいたい、カラビナにかける部分が閉じている。ただ、大きくて重い。ヨーロッパのものは、山岳に使われていたことで、小さくて軽いが開いているものもある。
　図9-12 Ⓐ　O型にかけた形
　　　　　Ⓑ　D型にかけた形。カラビナが傾いてもプーリーは角に引っかからない。

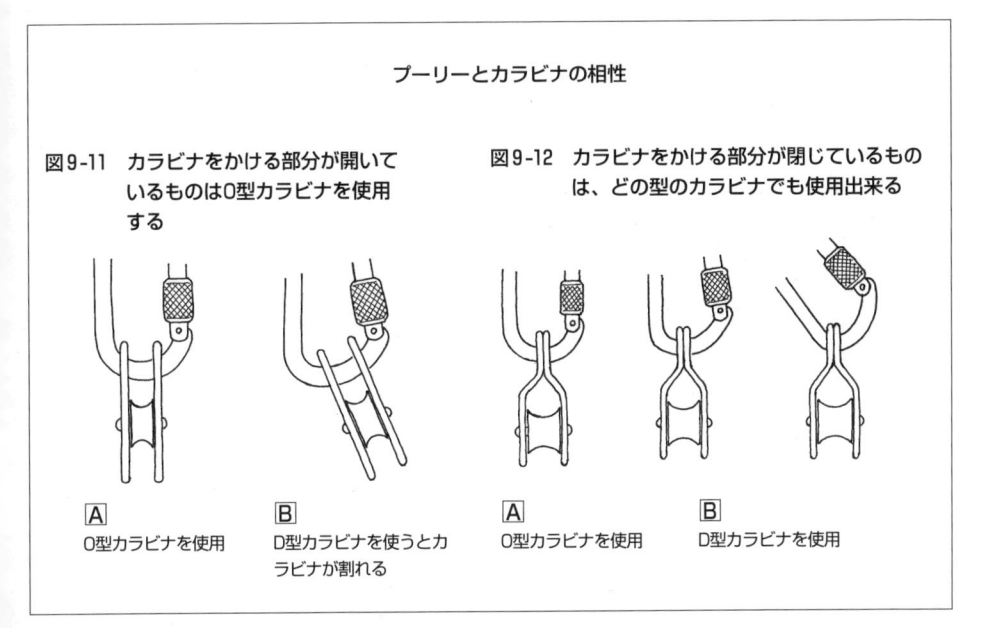

プーリーとカラビナの相性

図9-11　カラビナをかける部分が開いているものはO型カラビナを使用する

Ⓐ O型カラビナを使用

Ⓑ D型カラビナを使うとカラビナが割れる

図9-12　カラビナをかける部分が閉じているものは、どの型のカラビナでも使用出来る

Ⓐ O型カラビナを使用

Ⓑ D型カラビナを使用

2. プーリーの使い方

プーリー（滑車）で重いものを引き上げるとき、ずっとロープを引き続けるのは大変だ。引いたロープが戻らないようにしておくために、登高器（アッセンダー）をつけてストッパーの役割をする。

1. プーリーと登高器を使用したときのやり方

プーリーと登高器を使用したときに、プーリーの前につけるか後ろにつけるかは、そのプーリーによってやり方が違う。

自分の持っている道具がどういうものかを、よく理解してやるようにする。プーリーとカラビナも相性があるのでそれも注意する。

（1）登高器をロープにセットしてブロックした形

　図9-13 Ａ　登高器（グリップなし）をロープにかける。

　　　　Ｂ　登高器（グリップ付）をロープにかける。

（2）プーリーと登高器をセットした形

　図9-14 Ａ　登高器をセットした側のロープを引くと止まる。反対側のロープを引くとロープが動く。

　　　　Ｂ　たてから見たプーリーと登高器をセットした形。

　　　　　　登高器から出ているロープが止まり、その反対側のロープが滑る（動く）。

（3）プーリーの型によりロープの操作が逆になる

だが、プーリーの型によってはカラビナの中でプーリーと別のカラビナをセットするものがある。そうすると、登高器から出るロープは滑り、反対側

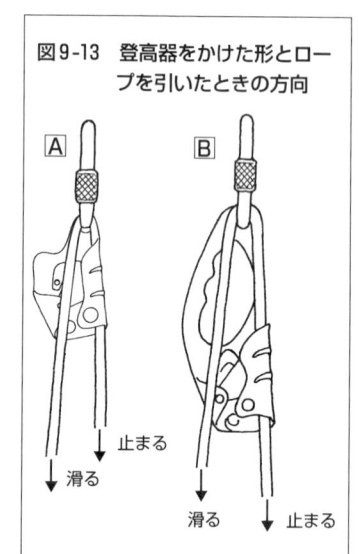

図9-13　登高器をかけた形とロープを引いたときの方向

図9-14　プーリーを使用して登高器をセットする

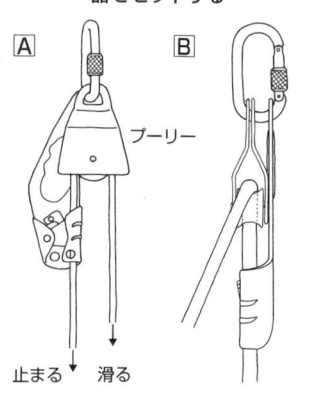

プーリーの後ろに登高器をセットする

のロープが止まる。

　図9-15 Ⓐ　プーリーの型が違うと、このようにセットするものがある。

　　　　　Ⓑ　たてから見た形。

　図9-14Ⓐと**図9-15**Ⓐの矢印の動きと登高器の位置をもう一度くらべてみよう。登高器をプーリーの前につけるか後ろにつけるかの大きな違いがある。

　また、自分でセットして、ロープを動かして確認するとよい。

図9-15　プーリーの型が違う登高器をセット

Ⓐ

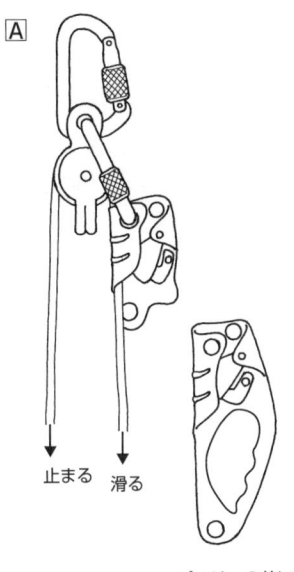

止まる　　滑る

プーリーの前に登高器をセットする

Ⓑ　たてから見る

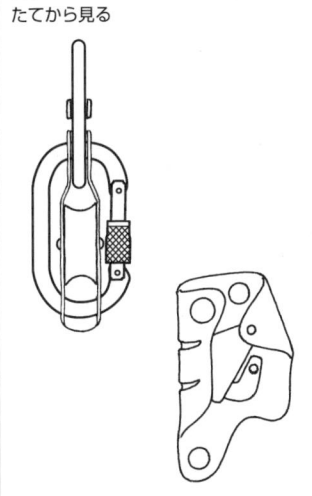

2. ロープを横に張ってのプーリーの使い方

　ロープを横引きにしてプーリーを使用するとき、プーリーを2個使用すると楽である。

　ロープに2個セットしたプーリーをカラビナでつなぎ、ぶら下がるためのカラビナとスリングをセットして使う。はじめから2個繋がっているプーリーもあるので、それを使用してもよい。

　2個使うことで、安定感と引く力の軽減ができる。

（1）セットの仕方

　ロープにプーリーを2個セットする。

　小型のプーリーはカラビナをかける穴が1つなので、1枚のカラビナを横向きにして2つのプーリーにかける。その同じ穴にカラビナを1枚ずつかけてスリングをそれぞれにセットする。スリングは2本使用する。安全を考えて、念には念を入れて2本を使う。

　図9-16　横向きにセットしたロープにプーリーをセットしてカラビナで繋ぎ、別のカラビナにスリングをかけ、そのスリングにぶら下がる。または荷物をかけて運ぶ。

図9-17 プーリーを2個使っての移動のセットの仕方

中型、大型のプーリーは穴が3つ以上ある。

下部にカラビナをかける穴と、プーリーとプーリーを繋ぐ穴、および左右に引いたりする穴がある。

2個のプーリーを繋ぐためのカラビナ、ぶら下がるためのカラビナ、左右にプーリーを引くカラビナをそれぞれかける。

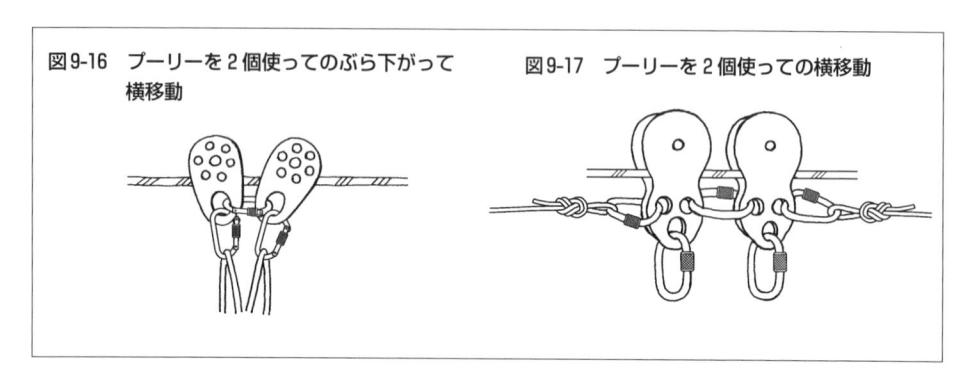

図9-16 プーリーを2個使ってのぶら下がって横移動

図9-17 プーリーを2個使っての横移動

第10章 ロープの移動

　ロープをセットして、降ろしたときに目的の位置へ移動する場合には、ロープを適切な場所へ降ろし変えなければならない。そのとき、せっかく固定したアンカーをはずしてセットし直していると時間がかかり、また危険でもある。
　アンカーを固定したまま、降ろしたロープの位置をずらすやり方である。
　私は、講習会以外にも高所作業をしている。チロリアンブリッジ、張り込み、振り子トラバース、下降、登高など、あらゆる技術を使用している。このロープの移動も、作業場所の移動などで使うやり方だ。
　高層ビルなどで日頃からやっており、救助のときと全く同じやり方をしているので、間違うことなく、より早く安全に出来るのである。
　技術は、毎日の訓練と練習の繰り返しで身につければ、本番ですぐ役に立つのである。

1. 岩場やビルでのロープの移動（ロープ１本の場合）

　このやり方は、岩場などで立木にロープを結び懸垂下降するときや、もっとロープを中央に持ってきたいときなど、ロープを動かすときに使用するやり方である。
　岩場とビルの屋上は同じようなところがあるので、ビルの屋上でイメージしてやってみよう。
　まず初めに、ロープをビルの端でセットして作業していたものを、中央から懸垂下降することになった場合、ロープを真ん中へ移動する。
　方法は、**アンカー（支点）にセットしてあるロープをはずさないでロープを移動**する。
　アンカーに結んであるロープをいちいちほどいていると時間がかかってしまうので、そのときはメインロープに別のロープで巻き付け結びをする。そのロープのアンカーに調節できる。道具をつけ、すぐにロープを降ろしたいところに移動出来る。

図10-1　ロープがセットされている状態。右端のアンカーにセットして垂らしてある。

図10-2　ロープを真ん中へ垂らすように移動した状態。図10-1の形に、Bのアンカーをセットしてロープを移動する。
　　　A　アンカー　　B　アンカー
　　　C　メインロープ
　　　D　別のロープ
　　　E　巻き付け結び
　　　F　点線は上から垂らしたときのメインロープ
　　　G　体重をかけたときのメインロープ

図10-1　右のアンカーにセットしてロープを降ろす

[注意]
メインロープの点線はロープを垂らしたときの角度で、体重を入れると実線の方向になる。巻き付け結びが支点になることを忘れずに懸垂下降する。

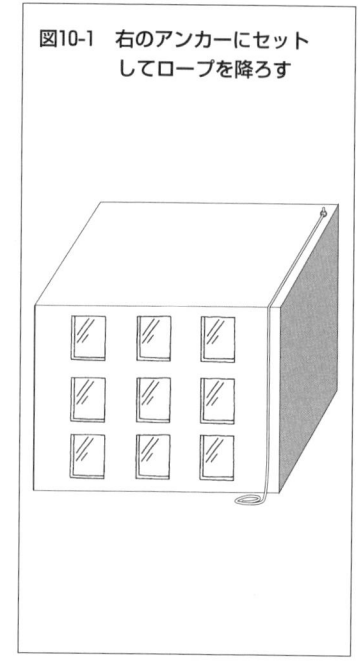

第10章　ロープの移動　157

[ワンポイント]
直角（角）の所から約1m以内に巻き付け結びをする。エイト環をセットするので、その分をみて角の内側にセットする。

図10-2の形にするためにどのようにするか、**それぞれのセットのやり方**を説明する。
図10-3　**アンカーに結ぶ**（図10-2Ⓐ）。
　　Ⓐ　吊り環の場合。吊り環にエイト・ノットにセットした安全環付カラビナをかける。
　　Ⓑ　立木の場合。立木にロープを2回巻き安全環付カラビナをエイト・ノットにかけて、ロープをセットする。

図10-2　真ん中へ垂らすようにセットした形

Ⓐ　アンカー
Ⓑ　アンカー
Ⓒ　メインロープ
Ⓓ　別のロープ
Ⓔ　巻き付け結び
Ⓕ　上から垂らしたときのメインロープ
Ⓖ　体重をかけたときのメインロープ

図10-3　アンカーにセットするやり方

Ⓐ　吊り環にかける
Ⓑ　立木にかける

図10-4　吊り環の断面図

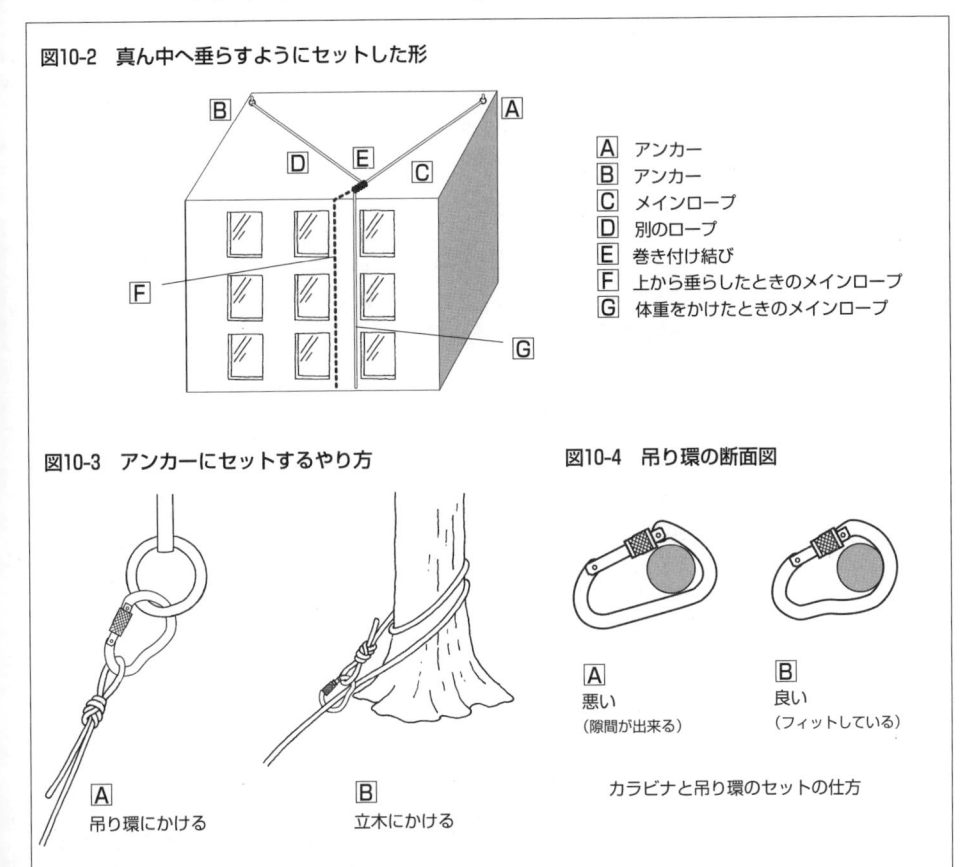

Ⓐ　悪い
（隙間が出来る）
Ⓑ　良い
（フィットしている）

カラビナと吊り環のセットの仕方

図10-4 吊り環の断面図　カラビナと吊り環のセットの仕方
　　Ⓐ　悪いやり方。カラビナと吊り環に隙間があいている。
　　Ⓑ　良いやり方。カラビナと吊り環がフィットしている。

[注意]
吊り環に安全環付カラビナをかけるとき、吊り環とカラビナがうまくマッチしているかを確かめること。隙間の出来ない形のカラビナを使用する。

・巻き付け結びのやり方
　図10-5　バルトタン（図10-2Ⓔ）。
　図10-2Ⓓの別のロープを巻き付ける。
　　Ⓐ　メインロープに別のロープを5～6回巻く。
　　Ⓑ　ひねって輪をつくる。
　　Ⓒ　その輪の中の後にまわす。
　　Ⓓ　先端を通す（ボーライン・ノットの裏づくりのやり方）。
　　Ⓔ　先端を引きよく締める。
　図10-6　ボロネ結び（図10-2Ⓔ）。もう一つの巻き付け結びのやり方も説明しよう。
　　Ⓐ　メインロープに別のロープを5～6回巻く
　　Ⓑ　先端を上から2個目の巻きに通して先端をオーバーハンド・ノットで結ぶ。
　　Ⓒ　全体をよく締める。移動が出来る。
　図10-7　図10-2Ⓑのアンカーにセットするやり方である。カラビナを使用してのガルダーヒッチにする。移動出来るストッパーである。
　　Ⓐ　2枚の同じカラビナにロープをかける。
　　Ⓑ　上のカラビナのみにロープをかける。
　　Ⓒ　ロープを締めて、上に上げる。
　　Ⓓ　完了。矢印の方向に引くと滑り、反対方向に引くと止まる。

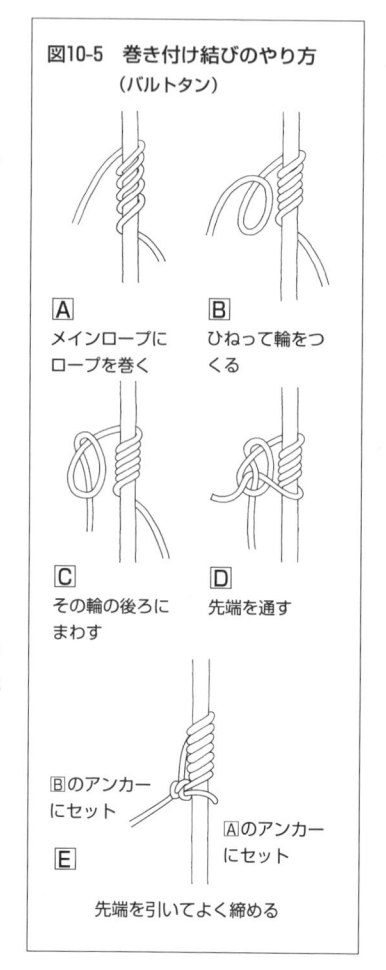

図10-5　巻き付け結びのやり方
（バルトタン）

Ⓐ メインロープにロープを巻く
Ⓑ ひねって輪をつくる
Ⓒ その輪の後ろにまわす
Ⓓ 先端を通す
Ⓑのアンカーにセット
Ⓐのアンカーにセット
Ⓔ 先端を引いてよく締める

第10章　ロープの移動　159

　カラビナの上に乗っているロープが止まる。カラビナとカラビナから出ているロープを引くと、楽に引くことが出来て調節が出来るやり方である。

[ワンポイント]
O型、HMS型のカラビナは使用しない。
D型など、角があるカラビナを使う。
安全環付カラビナを使用すると、安全環の部分が当たって良くない。
カラビナにかけたスリングを締めつけないこと。
スリングは、あくまでもカラビナにかけるだけ。

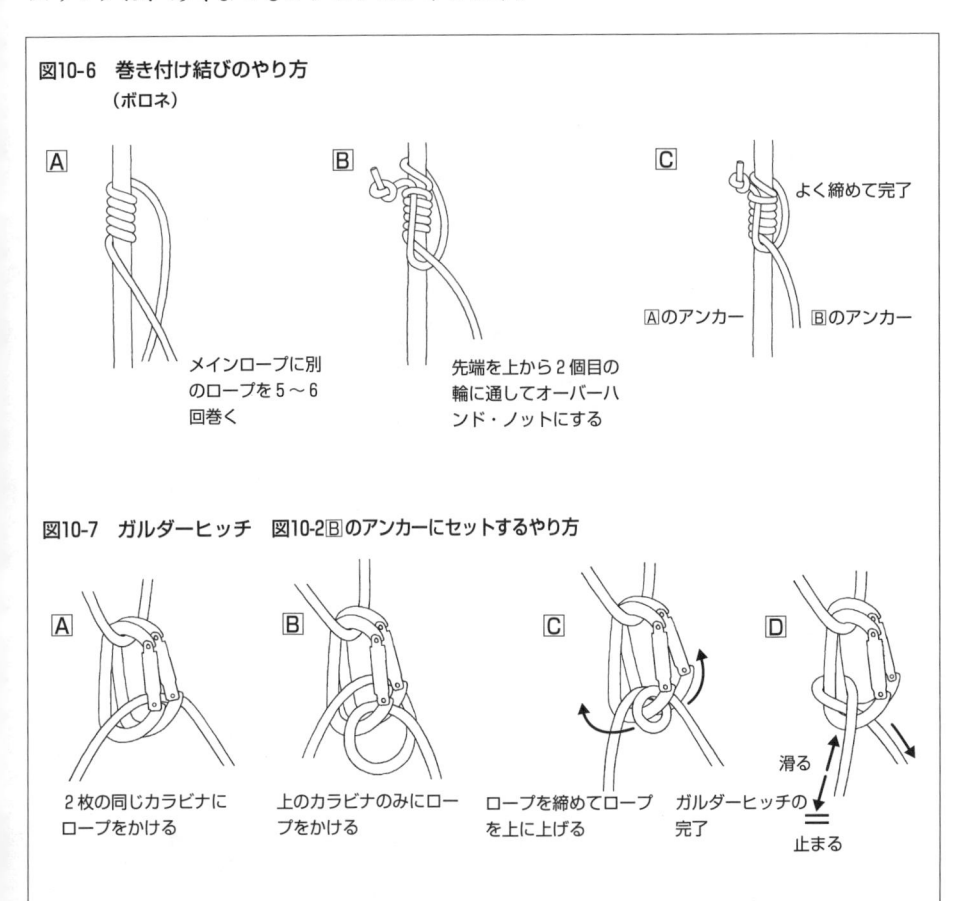

図10-6　巻き付け結びのやり方
　　　　（ボロネ）

A　メインロープに別のロープを5〜6回巻く

B　先端を上から2個目の輪に通してオーバーハンド・ノットにする

C　よく締めて完了
　Aのアンカー　Bのアンカー

図10-7　ガルダーヒッチ　図10-2Bのアンカーにセットするやり方

A　2枚の同じカラビナにロープをかける

B　上のカラビナのみにロープをかける

C　ロープを締めてロープを上に上げる

D　ガルダーヒッチの完了
　　滑る
　　止まる

図10-8　ロープストッパーを使う。スライドという器具がある。図10-2 Bのアンカーに使う。ロープの調節をするのに非常にやりやすい。径9mmロープを使用する。

図10-9　全体の移動をよく見る。真ん中だけでなく必要なところへ移動出来る。イメージしてやってみよう。

[ワンポイント]
図10-2の E をスリングで巻き付け結びをしてもよい。
応用を考えることも必要である。

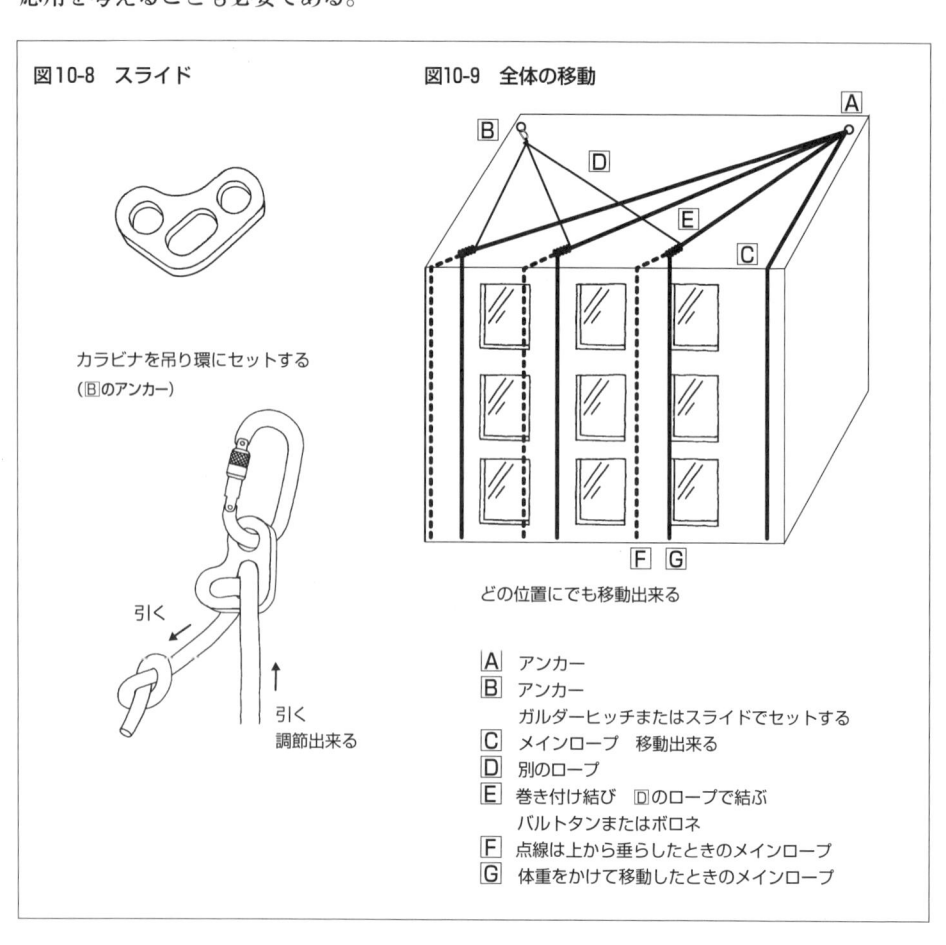

図10-8　スライド

カラビナを吊り環にセットする
（Bのアンカー）

引く

引く
調節出来る

図10-9　全体の移動

どの位置にでも移動出来る

A　アンカー
B　アンカー
　　ガルダーヒッチまたはスライドでセットする
C　メインロープ　移動出来る
D　別のロープ
E　巻き付け結び　Dのロープで結ぶ
　　バルトタンまたはボロネ
F　点線は上から垂らしたときのメインロープ
G　体重をかけて移動したときのメインロープ

2. 岩場やビルでのロープの移動（ロープ2本の場合・T式カラビナ巻き）

ロープを2本垂らしてセットしてから、移動しなければならないときは、そのロープ2本をどのように移動するか。もっとも簡単にやる方法を、ビルの屋上でやる場合を例に説明しよう。これは、高所作業などでするやり方である。カラビナは、HMS型のアールの大きいほうがよい。私が考えたやり方で、T式カラビナ巻きという。

図10-10　ビル左右に吊り環があり、ロープを固定して左右の屋上から垂らす。懸垂下降のアンカーを移動することなく、すぐにロープを移動出来て、下降を始められるやり方である。

図10-10の点線の丸の中をよく見てみよう。安全環付カラビナをロープ2本にかけて開閉部を開け、2本ロープをかけて安全環付カラビナを閉める。ロープをかけてすぐに移動出来るので早い。**図10-9Ｅ**の巻き付け結びのところをT式カラビナ巻きで行なう。

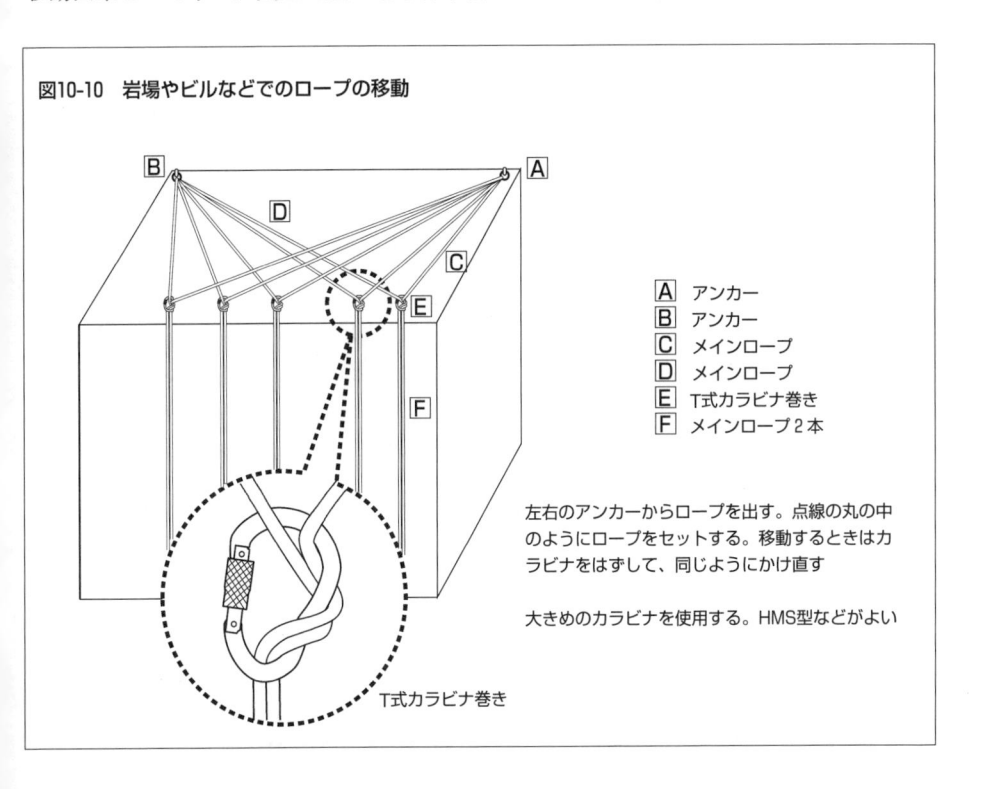

図10-10　岩場やビルなどでのロープの移動

Ａ　アンカー
Ｂ　アンカー
Ｃ　メインロープ
Ｄ　メインロープ
Ｅ　T式カラビナ巻き
Ｆ　メインロープ2本

左右のアンカーからロープを出す。点線の丸の中のようにロープをセットする。移動するときはカラビナをはずして、同じようにかけ直す

大きめのカラビナを使用する。HMS型などがよい

日本ロープレスキュー協会

　当協会は、全国のレスキュー隊、消防、警察、ロープウエーなど専門的救助活動技術から、登山、アウトドアをしている方のセルフレスキューのやり方まで、あらゆる実践で使えるロープレスキュー技術を指導いたします。
　講習は、まずロープの結び方などの基本コースを受講していただいてから、最終的には機材を使ったレスキュー技術までを学ぶことが出来るように各コースを設定しております。グループでの講習には、**スタッフを派遣**しておりますので、ご希望の場所で講習を受けられます。
　くわしくは、HPまたは下記へお問い合わせください。

　お申し込み・お問い合わせ

　日本ロープレスキュー協会（代表＝堤　信夫）
　〒114-0034　東京都北区上十条4-13-20
　Tel.03-5963-3547　Fax.03-5963-3574
　e-mail：bigwall@oregano.ocn.ne.jp
　http://www12.ocn.jp./~rescue/

第11章　ストレッチャー

　救助にストレッチャーを使うことは多い。
　要救助者がストレッチャーに乗ってから、出来るだけ安定を保って運搬しなければならない。扱いにくい場所でも、スムーズに運べるようにやり方を覚えよう。
　ヨーロッパでは、1800年代ごろには丸太にシーツを巻き、その端をスリングで結んでいた。左右を人が持ち、上からロワーダウンをして下に降ろしていた。
　現在、ストレッチャーも様々なものがあるが、良いものと悪いものがある。それぞれ一長一短がある。今回は紹介出来ないが、現在のものでは世界に4つだけ優れたものがあるので、いずれ紹介したいと思う。

1. ストレッチャーの基本的な使い方

　一般的にストレッチャーに救助者がついて降りるときの方法を述べよう。

　ストレッチャーのロープは、出来れば2本を使用しよう。リンギングプレートがなかったら、スチール製の安全環付カラビナは強度が強いし、急に割れることがないので使用するとよい。

　耐荷重以上のテンション（力）がかかると伸びてしまうが、自己ビレーは調節の利くほうがよい。自己ビレーは2本取ること。少し上がったり降りたりすることがあるので、登高器にスリングかアブミを付けたものを持っておくこと。ハーネスはクライミング用ではなく、レスキューまたはワーク用を使用する。レスキューもワークもだいたい同じ仕様である。

・救助者がついて降りるときの形

　図11-1　ストレッチャーの横に救助者が付き添い、ストレッチャーにセットするロープ、カラビナ、スリングなどのセットは図のようにする。これで、ストレッチャーの安定が保たれる。

　リンギングプレートの左右の穴から、1本ずつメインロープを取る。

　自己ビレーはリンギングプレートの中央の穴がよい。

図11-1　救助者がついて降りるときの形

- A　メインロープにエイト・ノットで安全環付カラビナにセットする
- B　メインロープにバタフライ・ノットで結ぶ安全環付カラビナにセット
- C　その先端をエイト・ノットでハーネスの横にセットする
- D　リンギングプレート
- E　リンギングプレートから自己ビレーを取る
- F　ストレッチャー
- G　救助者

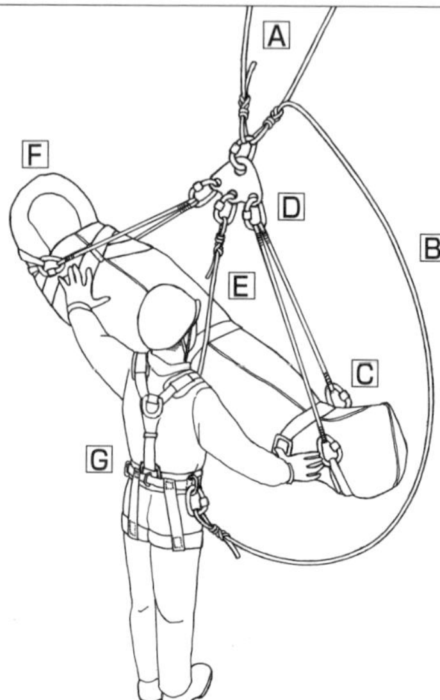

2. ストレッチャーを引く角度

1. ロープの角度と荷重

　ストレッチャーを吊っている頭と足側からの2本のロープを結んだ角度は、アンカーの角度と同じである。角度により、荷重が違ってくる。

　100kgのストレッチャーに、ロープ2点吊りをしたときのストレッチャーにかかる力（荷重）を図に書いたものである。あくまでも目安として覚えておいてほしい。

　計算上は角度が90°なら71kgになるが、目安として70kgと表示する。

　実際に使用するときは、角度が小さいほど引きやすいがロープは長くなる。その場合ストレッチャーのロープが長すぎて風に振られたり、ヘリコプターで吊り上げるときや引き上げのときは、ストレッチャーが安定せず引き上げの難しさが出てくる。

　それでいくと最適な角度は90°前後がよいだろう。

　図11-2　ストレッチャーのロープの角度と荷重

　100kgのストレッチャーを吊り上げたときの、前後のロープにかかる荷重である。

　ストレッチャーを吊っている2本のロープの角度が大きいほど、荷重は大きくなる。

　小さいと荷重は少ないが、振られたり引き上げが難しくなったりする。

　90°前後が、やりやすい角度である。

図11-2　ロープの角度と荷重

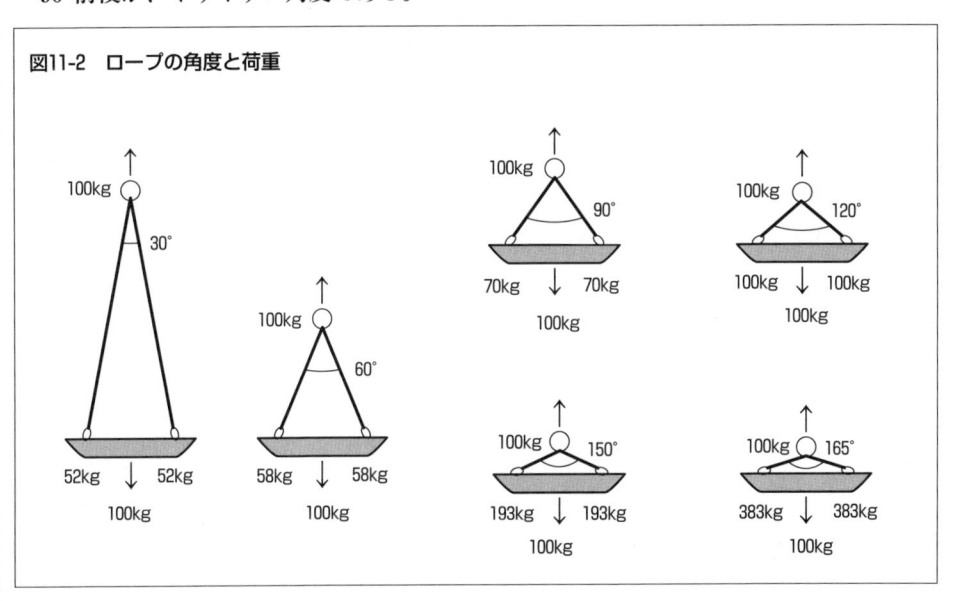

角度	左側荷重	右側荷重	合計
30°	52kg	52kg	100kg
60°	58kg	58kg	100kg
90°	70kg	70kg	100kg
120°	100kg	100kg	100kg
150°	193kg	193kg	100kg
165°	383kg	383kg	100kg

2. ストレッチャーの角度

　ストレッチャーを使うときは、4つのやり方がある。ストレッチャーの移動時に、ロープを引く方向に対してストレッチャーのどのような角度がやりやすいか考えてみよう。場所によって、ストレッチャーを水平ばかりではなく傾けて運ぶことがある。
　ストレッチャー内の要救助者は、頭は上にして体がずれないようにストレッチャー内で固定する。

　図11-3 A　水平に保って運ぶ。
　　　　　　引き上げや降ろすとき、垂壁や空中などのときによい。1～2名横につくとよい。
　　　　　B　45°に傾ける。
　　　　　　引き上げや垂壁で、岩が出ているときなどにストレッチャーの横に1名がついて引き上げる場合によい。このような形で使うストレッチャーもある。
　　　　　C　やや立てるように斜めにする。
　　　　　　急傾斜にストレッチャーを滑らすように移動させるが、ストレッチャーの左右に1名ずつ救助者がついて降ろす。
　　　　　D　垂直にストレッチャーを立てる。
　　　　　　狭いところや川のへつりなどで引き上げや降ろすときなどに、ストレッチャーを立てて移動させる。降ろすときは、ストレッチャーの下に1名がつく。

[ワンポイント]

E　ストレッチャーのロープの高さは45cm～50cmまでの方がひっかからず、動かしやすい。

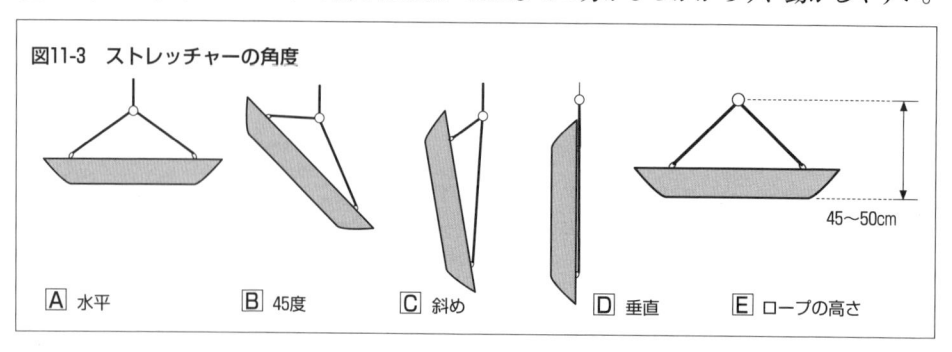

図11-3　ストレッチャーの角度

A 水平　　B 45度　　C 斜め　　D 垂直　　E ロープの高さ　45～50cm

3. 救助者が付き添うときのやり方

　ストレッチャーをロープで降ろすときは、横に1〜2名の救助者をつけるのが、一般的である。要救助者に負担がかからないよう、ストレッチャーの安定を保って下降するには、ストレッチャーを左右から支えるように救助者が横につく。慣れてくると1名でも充分出来る。図を見ながら、やり方を説明しよう。図は三角ストレッチャーである。中にストレッチャーの傾きがわかるよう縦に印がしてある。

1. ビルの屋上などの上から垂直に降ろす（ロワーダウン）

　垂直な壁を降ろすときの方法である。ストレッチャーが横になるので、ビルの角を降りる瞬間が難しい。ストレッチャーを3〜4名で持って、降りるときにロープを上に持ち上げてやるとストレッチャーの救助者が非常に楽である。そうしないと、いきなり落ちてしまう。ビルの角にはプロテクターなどを当て、ロープに傷がつかないようにする。

　図11-4 Ⓐ　3〜4名でストレッチャーを運び、下降を開始する箇所（ここではビルの角）まで持ってくる。
　　　　 Ⓑ　ビルの角まできたら、まずストレッチャーにつく救助者を降ろし、ロープは別の救助者が持ち上げながら、ロワーダウンする。
　　　　 Ⓒ　ビルの角にプロテクターを当てて、ロープが擦れても傷がつかないようにする。
　　　　 Ⓓ　ストレッチャーが水平になる。

2. セットバックしたビルを降ろすときのやり方

　斜面を降りていって角を通過するやり方である。角の下は急傾斜になる。
　図11-5 Ⓐ　救助者がストレッチャーを持って降りていく。上にいる救助者はロープを張り、少しずつロワーダウンする。
　　　　 Ⓑ　力がなくなると、図のようにストレッチャーが横向きになるので注意する。
　　　　 Ⓒ　角に来たときは、体を出来るだけ外に出して降りる。
　　　　 Ⓓ　ストレッチャーが角を通過したあと、ロープが角にあたる前にストンと落ちてしまう可能性があるので注意する。

図11-4　直角から垂直の壁を降ろすとき　　図11-5　セットバックした壁を降ろすとき

A
下降地点までくる

A
救助者が降りる

B
救助者1名が降りる

B
このように横向きに
ならないようにする

C
角は体を外側にして
降りる

D
ストンと落ちない
よう注意する

C
角にプロテクターを付ける

D
ストレッチャーを水平にする

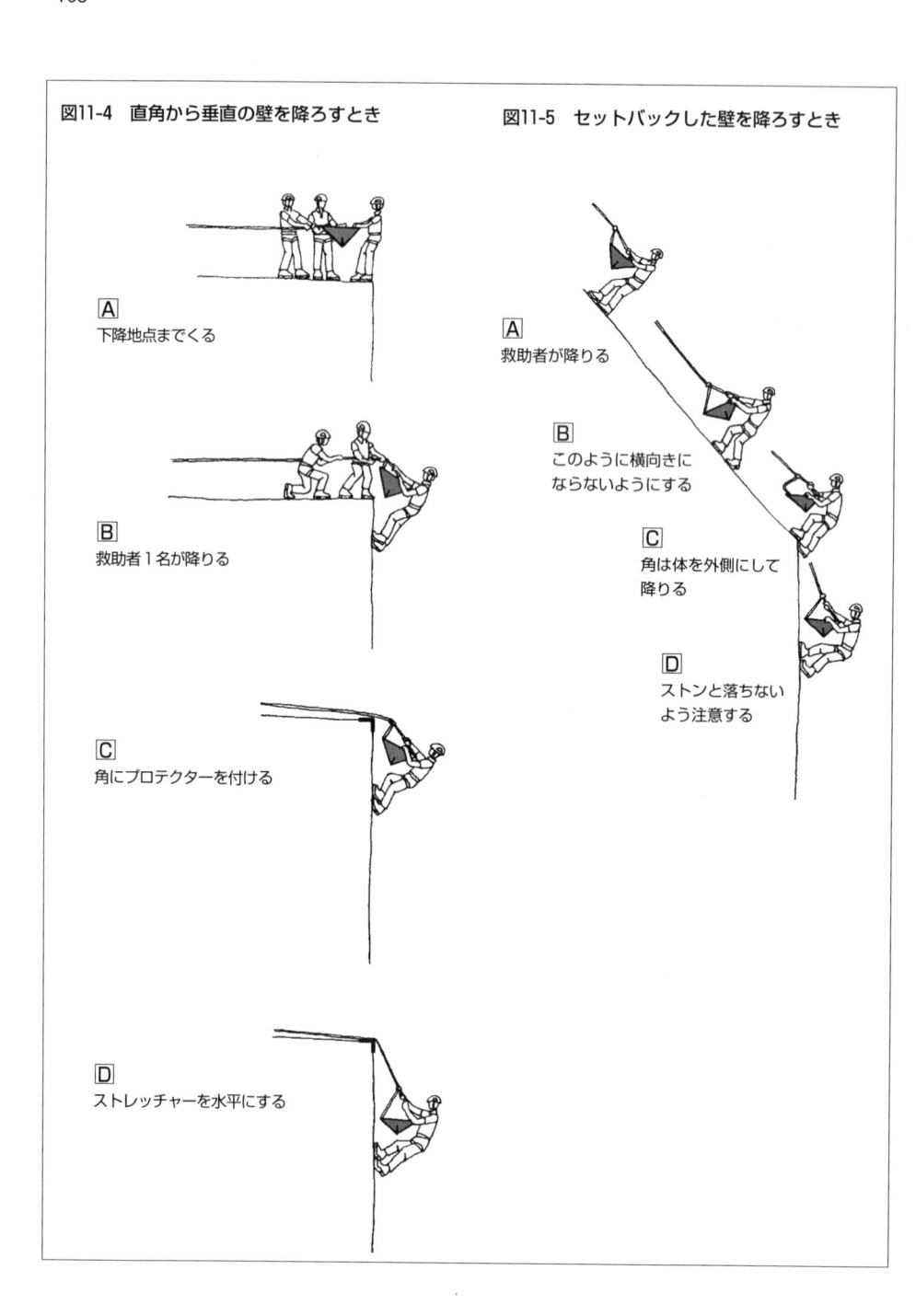

[ワンポイント]
角を通過するとき、ストンと落ちないためにストレッチャーのロープを調節する。または、ストレッチャーを45°に傾けて降りる。力がいるので、出来るだけ2人で降りるのが理想である。

3. 傾斜面を降ろすときの方法

スラブや傾斜のあるところを降りるときは、足下が滑りやすく不安定になるのでやりにくい。
このようなときは、ストレッチャーを斜め吊りにして降ろすと楽である。
力が足りなかったりすると、図のように斜めに傾いたりするので注意する。
図11-6 Ⓐ 力が足りなくてストレッチャーが斜めに傾いている。
　　　　Ⓑ ストレッチャーを水平に持って降りる。

[ワンポイント]
ストレッチャーを斜め吊りにして降りるやり方は、岩場のスラブでもこのようにして降ろす。ストレッチャーをずらして降ろすといった方法がやりやすいかもしれない。

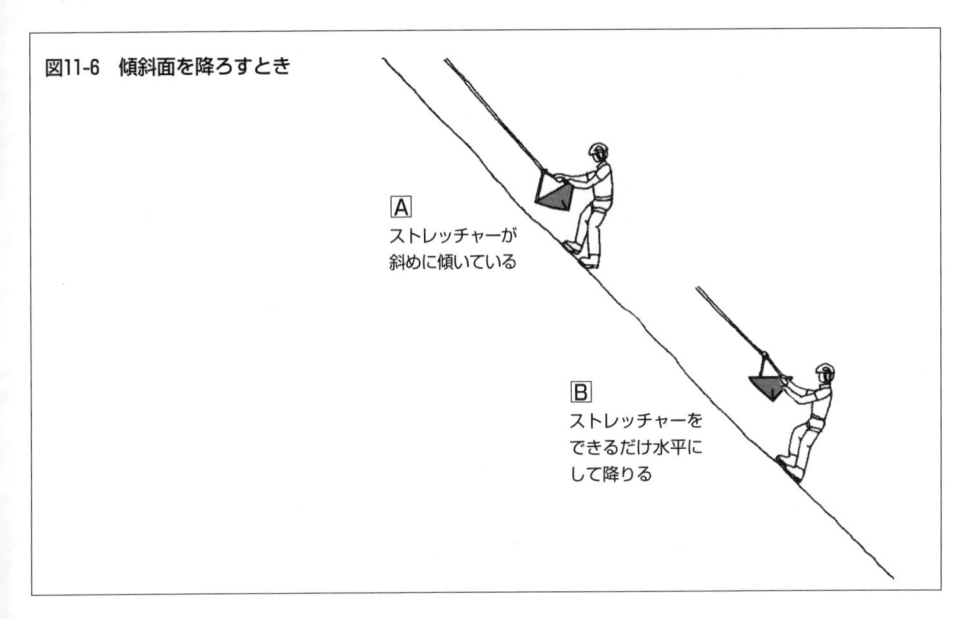

図11-6　傾斜面を降ろすとき

Ⓐ ストレッチャーが斜めに傾いている

Ⓑ ストレッチャーをできるだけ水平にして降りる

3. 円を描いて、降ろす方法をイメージする

　いままでのやり方をイメージトレーニングするには、円を頭に描いてその斜面をストレッチャーを持って下降すると考えてみよう。

　図11-7 Ａ　降り初めの体勢。
　　　　　　体を後ろに引き、ストレッチャーを持ち上げながらロワーダウンする。
　　　　　　一番難しいのは、ロープを出す人である。
　　　　 Ｂ　降りだすと少し楽になる。そのために、2人で降りる場合がある。
　　　　 Ｃ　岩に当てないように、ストレッチャーを引くだけだ。楽になってきた。
　　　　 Ｄ　ロープにぶら下がり、岩を蹴る。
　　　　 Ｅ　自然と岩から離れる。
　　　　　　ストレッチャーが回らないように調節する。

　降り初めの傾斜が急になってきたとき、空中および体勢とストレッチャーの持ち方が変わる。

　何度もやると要領がわかる。数多くするとよい。

　このような練習が出来る場所をつくればよいのだが、なかなか無いのが現実である。

[ワンポイント]

　初めに、ストレッチャーのロープを調節しておく。図11-7 Ａ Ｂ ではストレッチャーを持つと、ストレッチャーについているロープがたるんでいる。初めからそこを短くして、たるまないようにしておく。Ｃ からは救助者が自分で長さを調節する。空中になるまでに同じ長さにする。

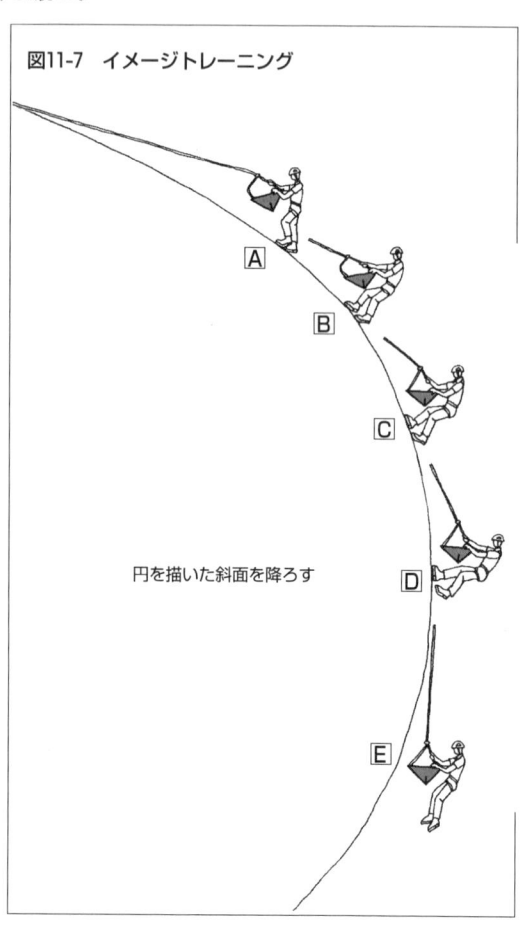

図11-7　イメージトレーニング

円を描いた斜面を降ろす

4. ストレッチャーでの安全な降ろし方

　ストレッチャーをロワーダウンで降ろすときは、垂直に降ろす方が安全である。
　アンカー（支点）の位置が低いと、アンカーからロープが横に力がかかるので安全性が高いとは決して言えない。安全性を高くするのは簡単である。それはアンカーを高くすることである。そうすることで、降ろす方向に力がかかり安全性が高くなる。
　アンカーを高くする方法を説明する。

1. 手すりを利用する

　ビルの屋上などにある手すりを使用する。図11-8で説明しよう。
　屋上にある手すりを利用すると、アンカーが高くなり安全性も高くなる。ストレッチャーの救助者は、ビルの角に立つことが出来るので、壁に降りるときに体のバランスを保つことが出来る。
　図11-8　手すりを利用して支点を高くするやり方。
　　　　　手すりの上部に支点をとる。手すりはしっかり固定しているかを確認してから行なう。

2. フレームを使ってアンカーを高くする方法

　手すりなどアンカーを高くするものがないときは、フレーム、棒などを利用してアンカーを高くすることが出来る。
　図11-9 Ⓐ　Aフレームをつくる。
　　　　　手すりがない場合は、パイプを利用する。パイプをX型に組み立てたものを、Aフレームという。アルミパイプや木材などを使用する。
　　　　Ⓑ　1本フレームを使う。
　　　　　ヨーロッパでは、図のような機材を使用して、引き上げやロワーダウンをしている。アルミニウム、カーボンファイバーなどがある。
　　　　Ⓒ　三角フレームを使う。
　　　　　アメリカのヨセミテなどで、クライミング写真家などが使用している。全面アルミのパイプでつくられており、大型の両面三角フレームである。

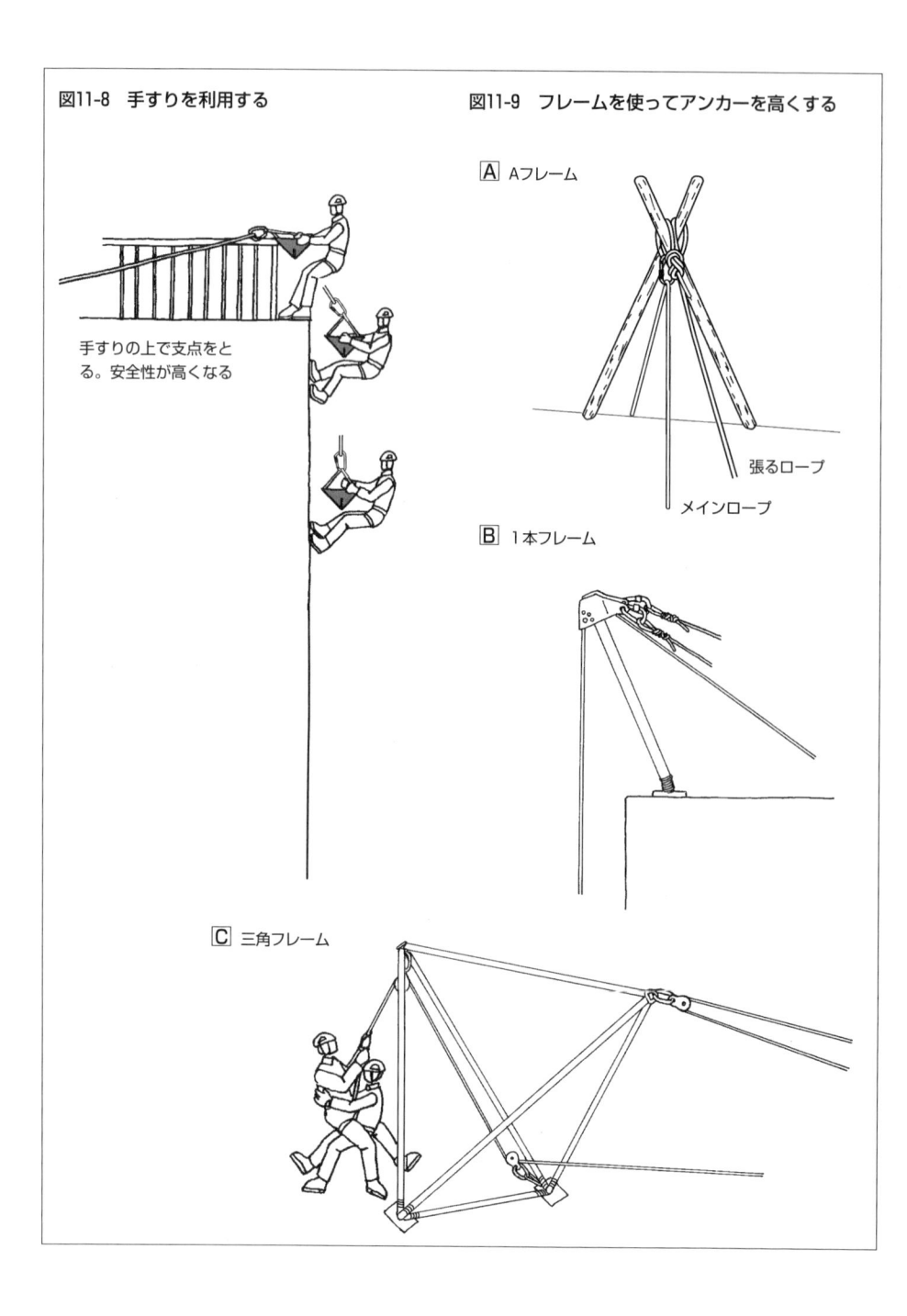

図11-8　手すりを利用する

手すりの上で支点をとる。安全性が高くなる

図11-9　フレームを使ってアンカーを高くする

A　Aフレーム

張るロープ
メインロープ

B　1本フレーム

C　三角フレーム

3. 山岳救助の現場で、支点を高くする方法

　前述のような器具がなくても、アンカーを高くすることが出来る。山岳事故では、器具がない場合も多い。そのようなときは、自然にある立木や丸太などを利用する。私が救助の現場に行くときは、バンセン、バンセンカッター、シノウ、のこぎり、鉈などを持って行く。これらの道具で、Aフレームと同じような物をつくることが出来る。また、立木の枝を払うとか長めの丸太をつくったりすることが出来る。

　図11-10 A　丸太をX型にしてバンセンでしばる。はずれないように念のためバンセンを反対側からも1回巻いておく。スリングで2本丸太の上からエイト・ノットで結び、安全環付カラビナをかけてロープを張り、ウサギの耳結びをかける。

　B　丸太Aフレームの角度の理想は90°である。この角度だとアンカーが地面から上がっただけである。それでも充分安全性が高まったが、壁から少しでも離した方がロープも擦れないし、ぶら下がる人が楽になる。

　C　斜めに立てるなら70°くらいがよい。

　D　50°になると、地面に突起がないとAフレームの地面に接触している部分がすくわれてしまう（滑ってしまう）。

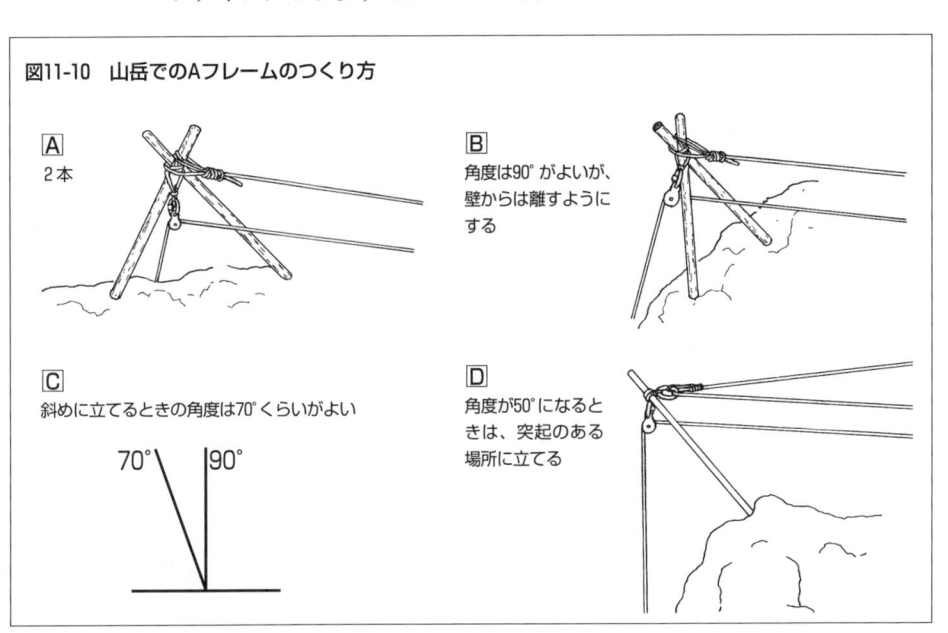

図11-10　山岳でのAフレームのつくり方

A　2本

B　角度は90°がよいが、壁からは離すようにする

C　斜めに立てるときの角度は70°くらいがよい
70°　90°

D　角度が50°になるときは、突起のある場所に立てる

図11-11　丸太が1本しかないときは、立木に丸太をかけるなどする。
2つのやり方を説明する。
Ⓐ　立木の枝の間に丸太をたてかける。丸太がずれないか必ず確認する。丸太に巻き付け結びをして、プーリーをセットする。
Ⓑ　立木と立木の間にロープを張り、そのロープにプーリーをセットする。

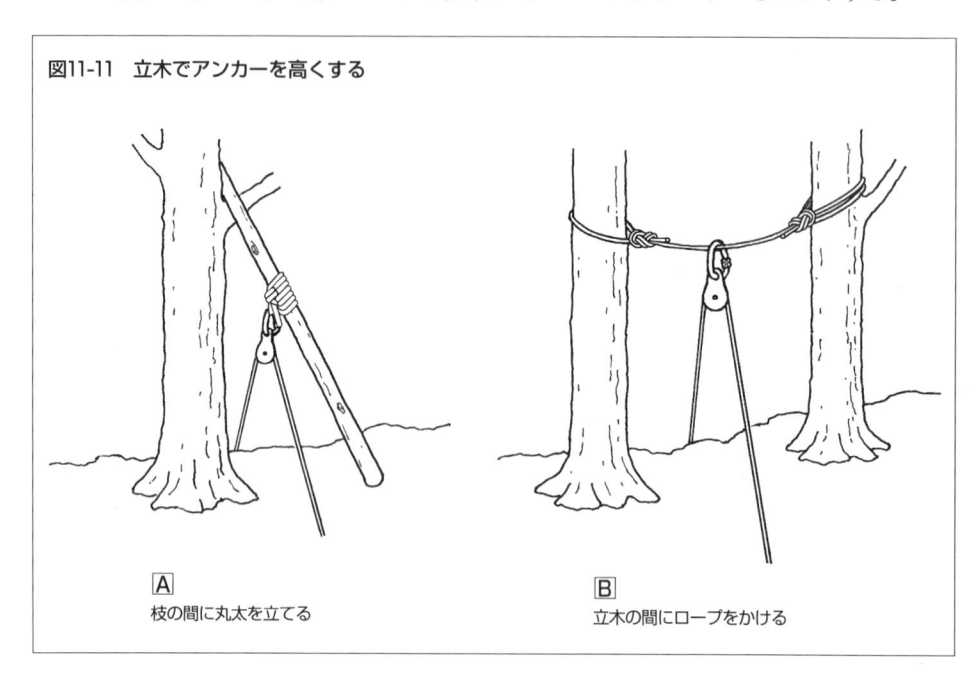

図11-11　立木でアンカーを高くする

Ⓐ
枝の間に丸太を立てる

Ⓑ
立木の間にロープをかける

5. ストレッチャーの使い方（ロープの調整）

　ストレッチャーを降ろすときや引き上げる場合に、傾いてしまうと不安定になり危険である。
　ストレッチャーのロープを短くしたり長くしたり調節出来るようにしておくと、それでストレッチャーを安定に保つことが出来る。やり方は巻き付け結びを利用する。

第11章　ストレッチャー　175

1. エイト・ノットで結ぶ

　安全環付カラビナに、ストレッチャーのロープをエイト・ノットにしてセットする。そのロープに巻き付け結びをし、ストレッチャーの穴に通してロープと巻き付け結びのスリングをダブルフィッシャーマンズ・ノットで結ぶ。昔からあるやり方である。

　図11-12 A　安全環付カラビナに、
　　　　　 B　エイト・ノットで、
　　　　　 C　ロープを結ぶ。
　　　　　 D　ロープに巻き付け結びをする。
　　　　　 E　ダブルフィッシャーマンズ・ノットで、ロープとスリングを結ぶ。
　　　　　 F　ストレッチャー

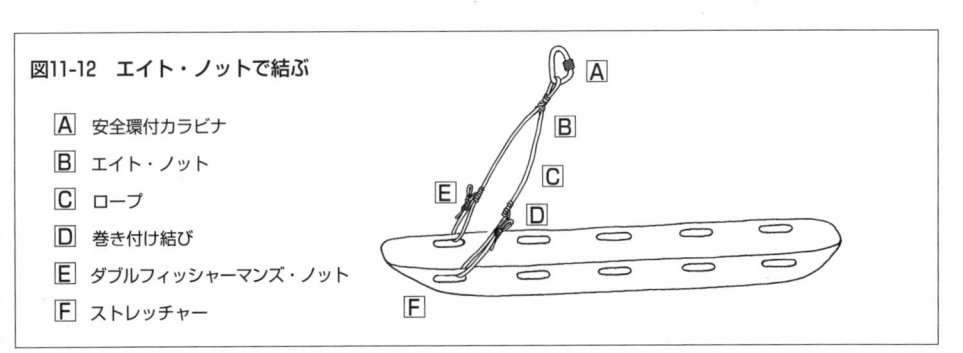

図11-12　エイト・ノットで結ぶ
A　安全環付カラビナ
B　エイト・ノット
C　ロープ
D　巻き付け結び
E　ダブルフィッシャーマンズ・ノット
F　ストレッチャー

2. エイト・ノットを2箇所に結ぶ

　安全環付カラビナに、ストレッチャーのロープをエイト・ノットにしてセットする。そのロープの先にもエイト・ノットで安全環付カラビナを付け、ストレッチャーにセットする。
　ロープに巻き付け結びをして、ストレッチャーにセットしたカラビナにかける。巻き付け結びが利かなくなっても、エイト・ノットで止めることが出来る方法である。
　アメリカの技術書などでは、巻き付け結びを2つ付けている写真をよく見る。

　図11-13 A　安全環付カラビナに、
　　　　　 B　エイト・ノットで、
　　　　　 C　ロープに結ぶ。
　　　　　 D　ロープに巻き付け結びをする。

　　　　E　エイト・ノットでロープに結び、安全環付カラビナにセットする。
　　　　F　ストレッチャー
　　　　G　安全環付カラビナ（Eでセットしたもの）をストレッチャーにかける。
　ストレッチャーにセットしたロープは、傾きによってたるむことがあるので、巻き付け結びを動かして調節する。
　　図11-14 A　ストレッチャーのロープを短くした形。
　　　　　　 B　ロープを伸ばしたときの形。

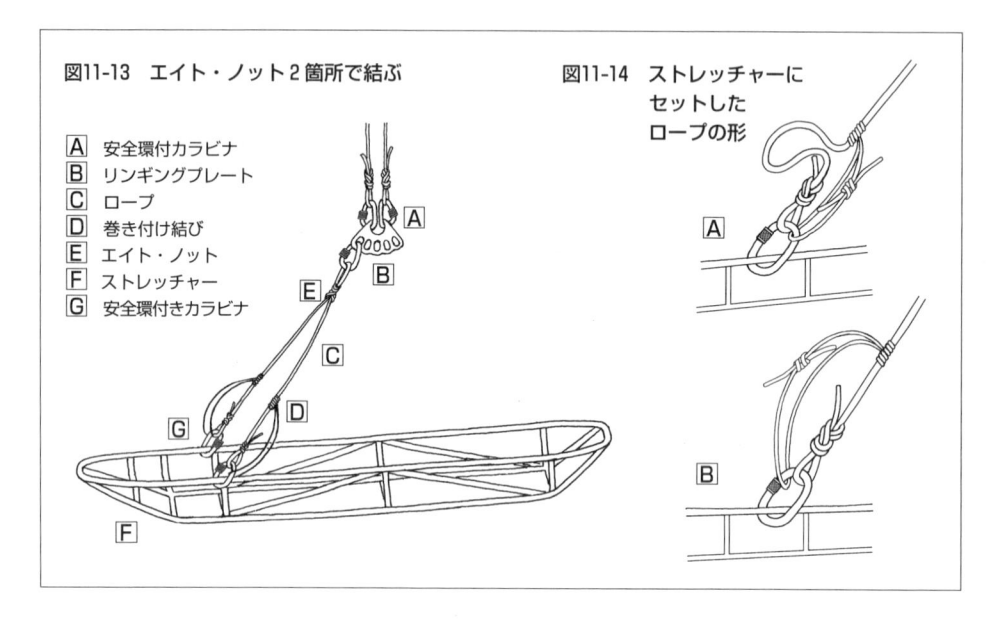

図11-13　エイト・ノット2箇所で結ぶ
A　安全環付カラビナ
B　リンギングプレート
C　ロープ
D　巻き付け結び
E　エイト・ノット
F　ストレッチャー
G　安全環付きカラビナ

図11-14　ストレッチャーにセットしたロープの形

3. ボーライン・ノットで結ぶ

　チロリアンブリッジなどで、ストレッチャーを使用するときは、水平に保てるという利点がある。ボーライン・ノットで結んで、必ず末端処理をする。日本ではあまり使用されない。
　　図11-15　チロリアンブリッジのロープに、ストレッチャーをセットした形。
　　　　　　中心から左右に振り分けることで均衡が保たれる。
　点線の円内の図は、ロープとストレッチャーにセットしたカラビナとスリングの形である。

第11章　ストレッチャー　177

Ⓐ 安全環付カラビナに、
Ⓑ エイト・ノットでロープを結ぶ。
Ⓒ ロープを
Ⓓ ボーライン・ノットで結ぶ。
Ⓔ 安全環付カラビナでストレッチャーに付ける。
Ⓕ フィッシャーマンズ・ノットで末端処理をする。

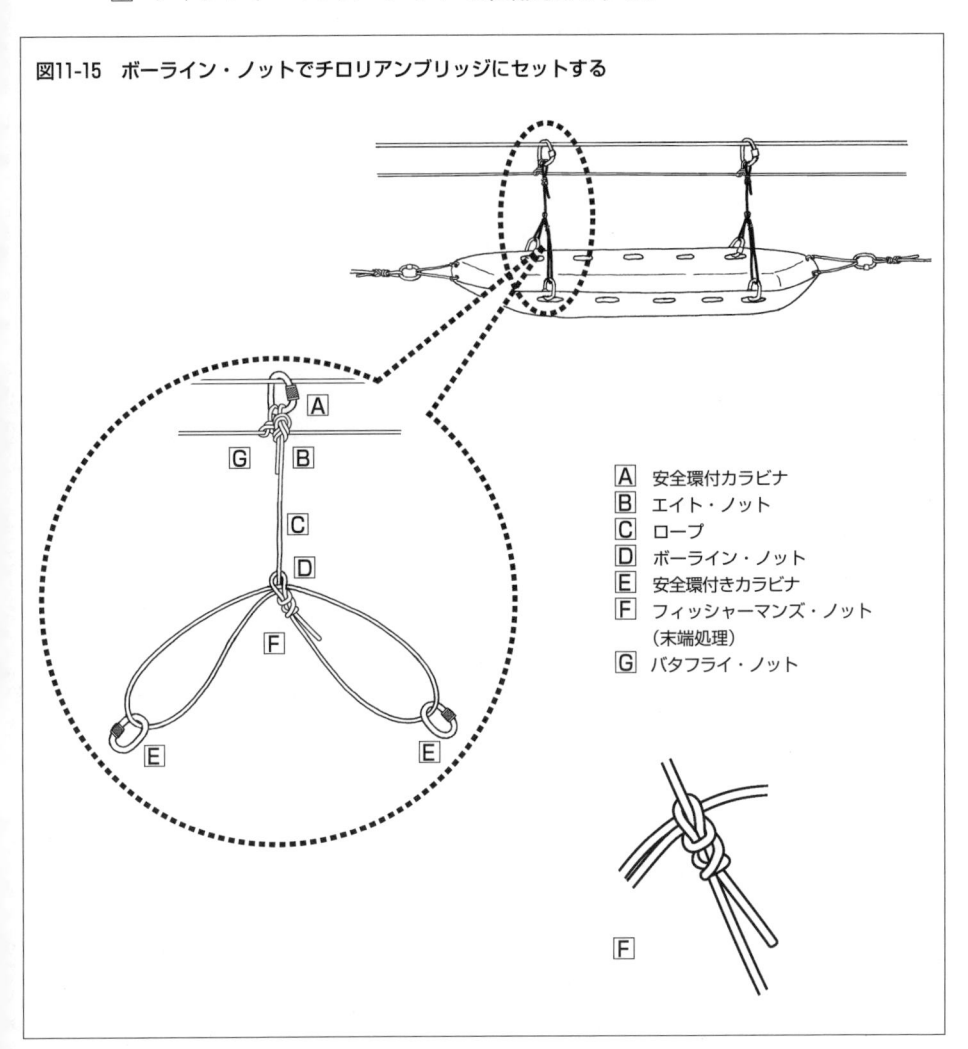

図11-15　ボーライン・ノットでチロリアンブリッジにセットする

Ⓐ 安全環付カラビナ
Ⓑ エイト・ノット
Ⓒ ロープ
Ⓓ ボーライン・ノット
Ⓔ 安全環付きカラビナ
Ⓕ フィッシャーマンズ・ノット
　　（末端処理）
Ⓖ バタフライ・ノット

Ⓕ

6. ストレッチャーをセットするときのやり方

•問題

ストレッチャーにロープをセットするときのかけ方で、一般的に正しいのはどちらかを考えてみよう。

図11-16 A　ストレッチャーの横から、右側は右側で、左側は左側で、左右からロープを張ってセットする。
　　　　 B　ストレッチャーの縦から、前側、後側で分けてロープをセットする。

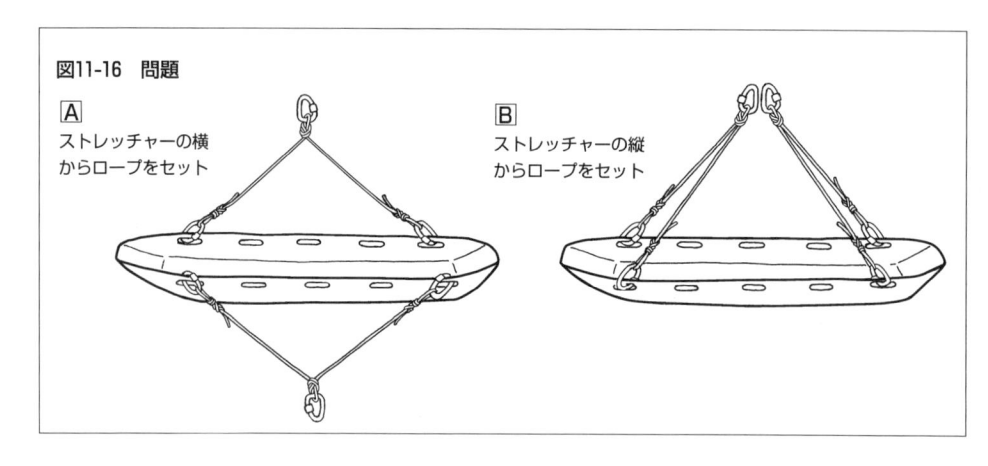

図11-16　問題

A　ストレッチャーの横からロープをセット

B　ストレッチャーの縦からロープをセット

•解答

この例題は、カラビナのロープの角度が問題である。横から見て、ストレッチャーと安全環付カラビナとの高さを高くしないことが基本だ。

なぜ、その方が良いかというと、

図11-16 A　ストレッチャーの前と後の、右は右、左は左でセットすると、幅が広い分だけ角度が広がる。そうすると、ストレッチャーの支点に力が多くかかる。

　　　　 B　ストレッチャーの前は前側で、後は後側で、左右からロープを取り、セットすると、ロープをセットする幅が狭い分、角度が狭くなる。支点にかかる力が少なくなる。

図11-16Aのやり方は、図11-17Aのように支点の角度が広くなる。図11-16Bのやり方は、図11-17Bのように支点の角度が狭くなる。したがって、正しいのは、図11-16Bのやり方である。

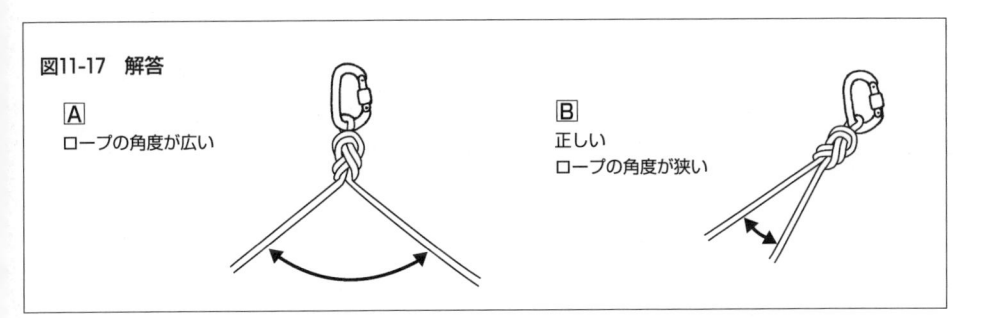

図11-17　解答
A　ロープの角度が広い
B　正しい　ロープの角度が狭い

7. ストレッチャーを運ぶとき（スリングとカラビナの使い方）

スリングとカラビナを使用して、ストレッチャーを搬送するやり方である。
図11-18　徒歩でストレッチャーを運ぶ場合のやり方である。
ストレッチャーの横に人がつくときは、手を離してもストレッチャーが離れないようにしておくと、手が自由になって歩くにも楽である。大きく分けると、2つのやり方がある。

1. 肩からスリングをかける

図11-19　肩から斜めにスリングをかける。二重にすると、肩への負担が和らぐので痛みが少ない。カラビナをスリングにかけて、そのカラビナをストレッチャーにかける。

2. 肩と腰にスリングをかける

図11-20　腰に回したスリングを肩にもかける。腰のところで、スリングにカラビナをかける。そのカラビナをストレッチャーにもかける。ストレッチャーを搬送する。

ストレッチャーは、前後にロープを付け、常に張って移動する。

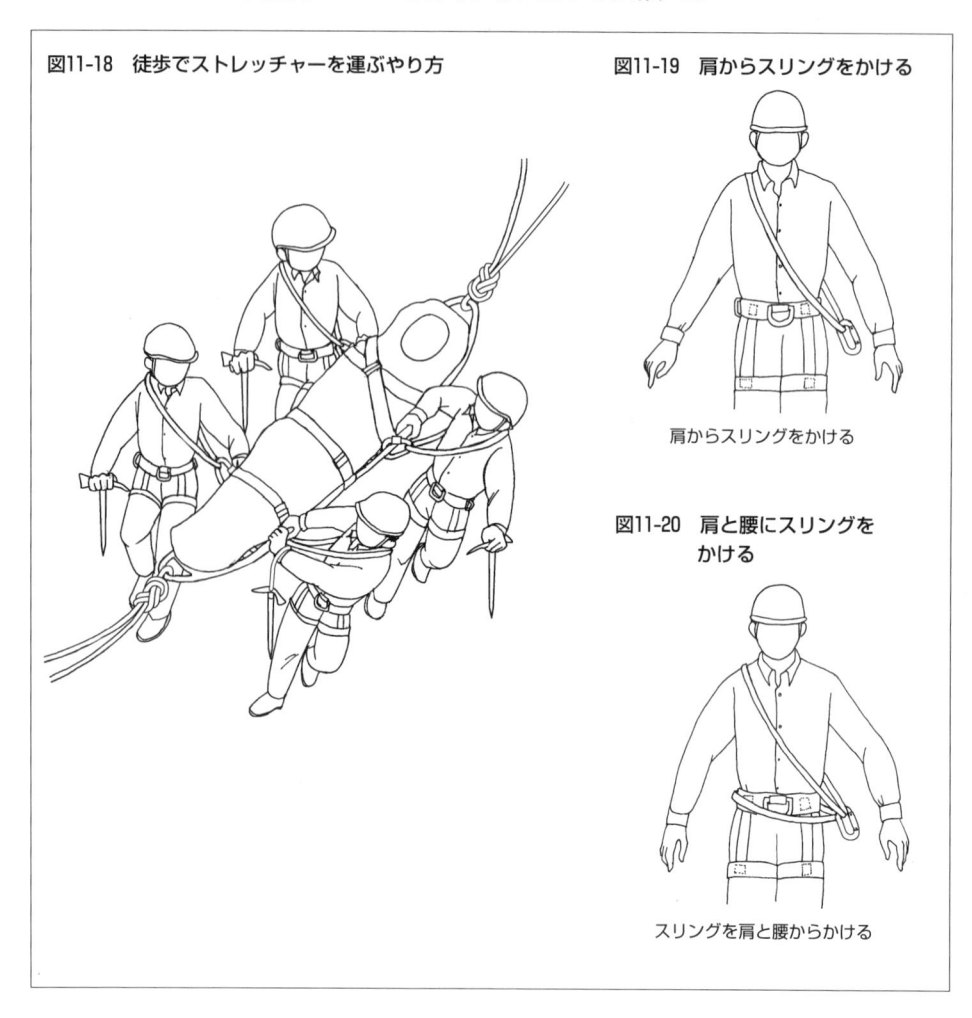

図11-18 徒歩でストレッチャーを運ぶやり方

図11-19 肩からスリングをかける

肩からスリングをかける

図11-20 肩と腰にスリングをかける

スリングを肩と腰からかける

3. ストレッチャーの搬送

図11-21 A　4人で搬送する場合は、前後のロープに　前側2名、後側2名がつく。登り降りがある場所に適する。ストレッチャーを滑らせて運ぶ。

　　　　 B　道が広いなら、前後のロープをV型にして、それぞれのロープに救助

者がついて降ろす。雪面などの場合に適す。
　　C　人数が6人以上いる場合は、ストレッチャーの左右に立ち、ストレッチャーを持つ。前後のロープは1名ずつが持つ。
　ロープを持つ人も、ストレッチャーの横に立つ人も、図11-19または図11-20のように、スリングを使ってロープやストレッチャーにセットしてから手に持つ。
　ストレッチャーを持つときに、なぜスリングとカラビナでストレッチャーにセットするかというと、登山道の登り降りの中で、ストレッチャーから手を離してしまっても、身体からは離れないので、すぐにストレッチャーを持って移動することが出来るからである。
　急斜面などは、図11-20の肩と腰にスリングをかけた方がよい。カラビナはノーマルカラビナを使用したほうがよい。滑ってしまい、ストレッチャーに引っ張られて危険なときは、すぐにカラビナをはずして逃げられるようにしておく。
　滑ったときの用心に、ストレッチャーにロープをかけ常に張って移動する。

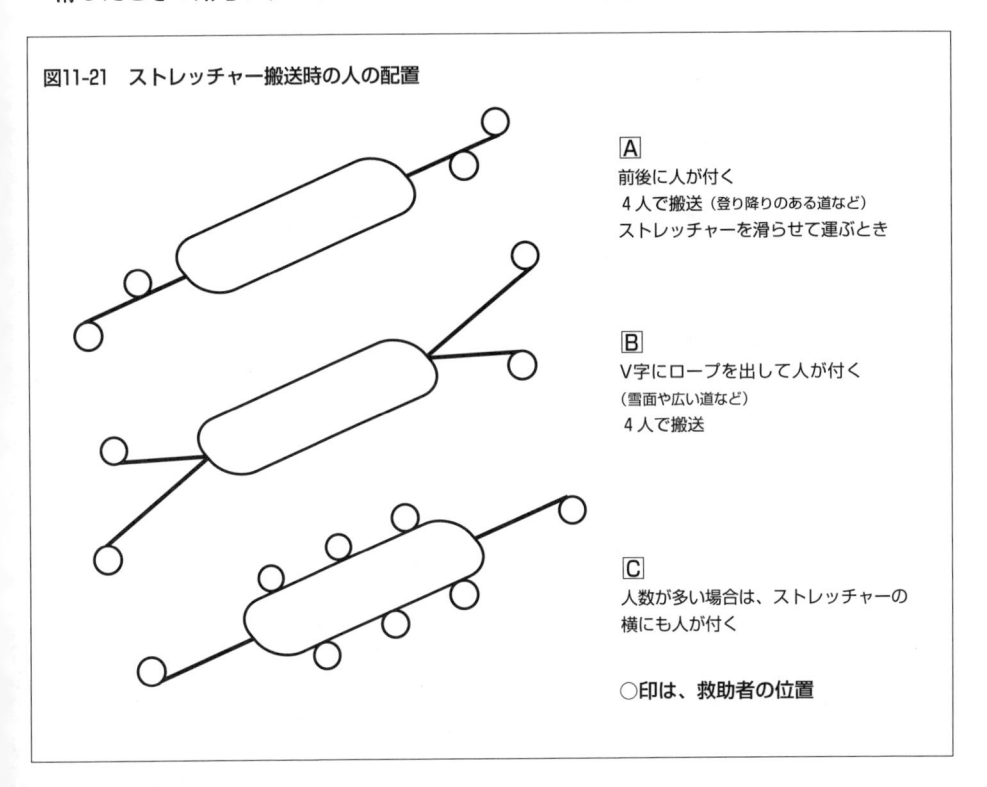

図11-21　ストレッチャー搬送時の人の配置

A
前後に人が付く
4人で搬送（登り降りのある道など）
ストレッチャーを滑らせて運ぶとき

B
V字にロープを出して人が付く
（雪面や広い道など）
4人で搬送

C
人数が多い場合は、ストレッチャーの横にも人が付く

○印は、救助者の位置

8. 2：1での引き上げ(狭いビル間の場合)

　ビルとビルの間で、壁があってスムーズにストレッチャーが入れないとか、地下から地上や、屋上に上げるときの方法を説明する。ビルの間にあるストレッチャーを引き上げるやり方を説明する。

1. 引き上げの準備
　図11-22　2：1のロープのセットの形である。
　　A　ロープを張り、プーリーをセットして片側を引き上げる。2：1になる。
　　B　バックアップのロープを引く。その先端は救助隊員にセットしておく。
　　C　これもバックアップ。Bと同じようにする。
　　D　ストレッチャー

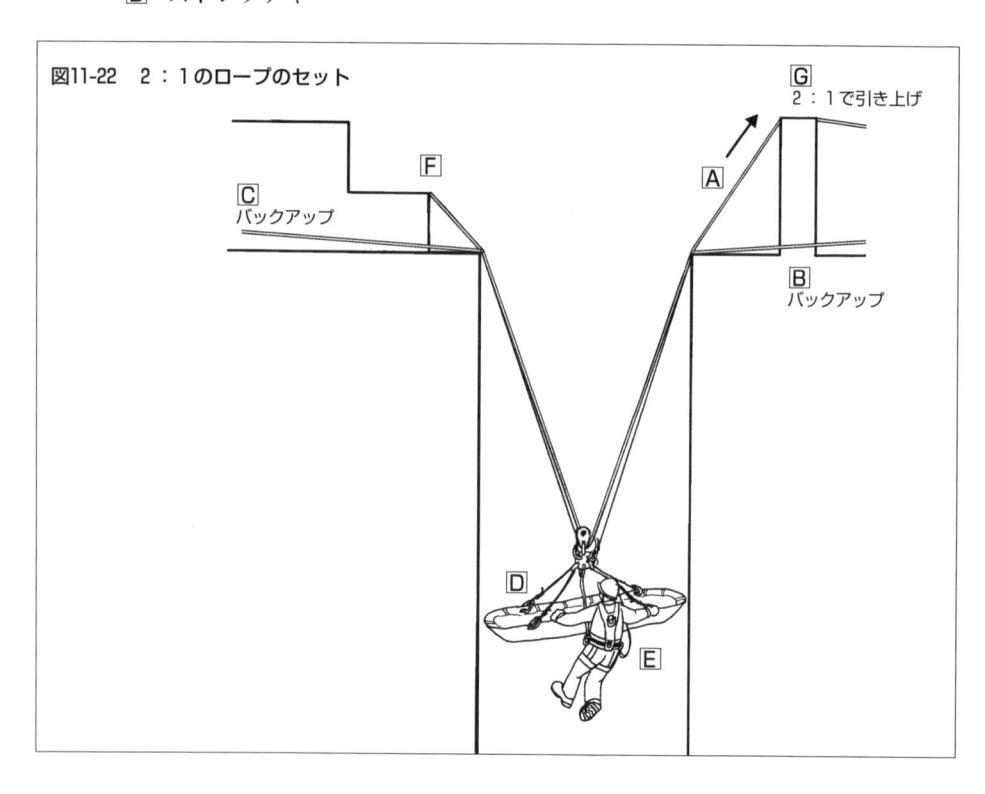

図11-22　2：1のロープのセット

E　救助隊員。ストレッチャーを補助する。
　　F　ロープを固定する。
　　G　2：1で引き上げるロープ。
　なぜ、このようにするかというと、屋上または地上に引き込むときに、FよりもGのアンカーの場所が高いので、GからFへロープが斜めに張られるので、引き上げやすいからである。

2. 引き上げ方
　　図11-23　引き上げ方
　　　Aのロープを張り、Gの所でロープを固定する。
　　　FからGへロープが張れる。Bのバックアップをゆるめながら、ロープを出す。
　　　Cはロープを引く。DのストレッチャーとEの救助隊員がFの方に上がってくる。

　Fの位置が角にあると、ストレッチャーと救助隊員を角から引き上げるのが大変である(引き込み)。この場合Fがビルの角より少し高い位置にあるのと、GがFよりも高い位置にあることが、ポイントである。BCはバックアップと、Bは送り出しロープ、Cは引き込みロープである。楽に引けるし、引き込みも楽である。FGのロープは、実際は図よりも、もう少したるんで自然に引ける。

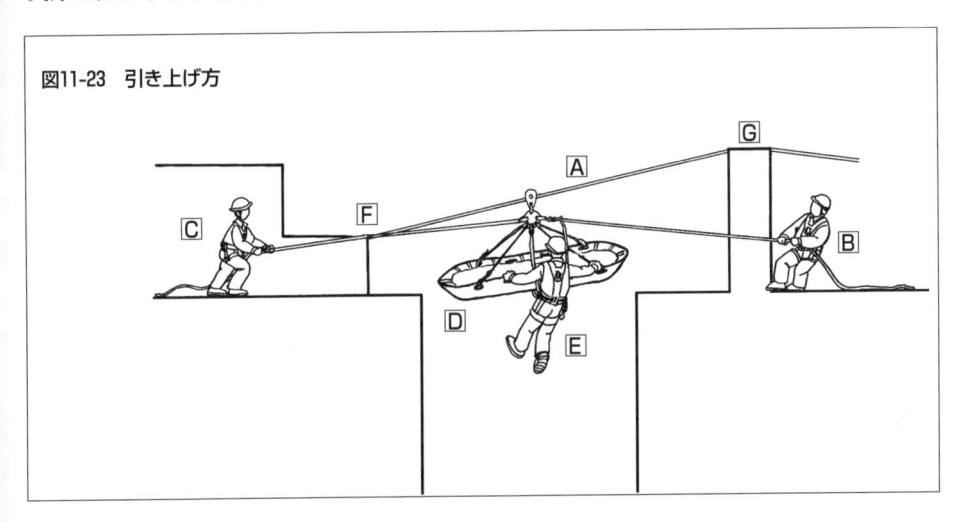

図11-23　引き上げ方

[ワンポイント]

Ａのロープが張り、Ｇのところでロープを固定したら、Ｂは肩がらみで送り出しをした方が楽である。２：１が引きにくい場合は、Ａのロープを３：１または４：１で引き上げればよい。

3. セットしたロープの説明

図11-24　ストレッチャーには、図のようにロープや器具がセットされている。

- Ａ　メインロープで、２：１の引き上げをする。
- Ｂ　送り出し用ロープ。その先側にハーネスをかけて、自己ビレーのバックアップも取る。
- Ｃ　バックアップ用ロープ
- Ｄ　ストレッチャー
- Ｅ　救助隊員
- Ｆ　固定アンカーにＡのメインロープをセットする。
- Ｇ　アンカーにＡのメインロープをセットする。２：１での引き上げ用である。
- Ｈ　プーリーをＡのメインロープにセットする。
- Ｉ　自己ビレーを取る。
- Ｊ　リンギングプレートまたは大リングに、プーリー、自己ビレー、バックアップ用ロープ、ストレッチャーなどからのカラビナをセットする。

第11章　ストレッチャー　185

図11-24　ロープのセット

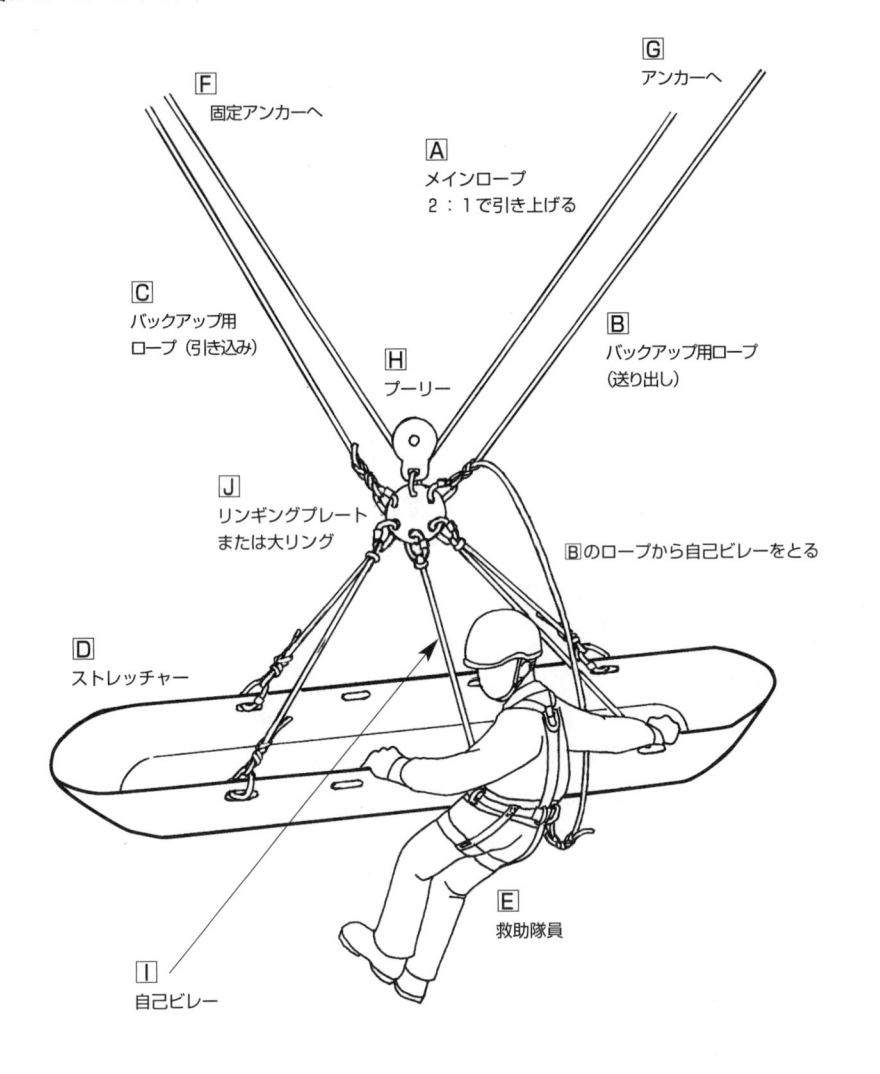

F　固定アンカーへ
G　アンカーへ
A　メインロープ　2：1で引き上げる
C　バックアップ用ロープ（引き込み）
B　バックアップ用ロープ（送り出し）
H　プーリー
J　リンギングプレートまたは大リング
B のロープから自己ビレーをとる
D　ストレッチャー
E　救助隊員
I　自己ビレー

9. Aアングルのつくり方

Aアングルは、現在では既製のものがあってアルミニウムなどで出来ている。日本では、鳶職の人たちが屋上で荷物を上げ降ろしをするとき、丸太を組んで使っていた。いわゆる「ぼうず」と言われるものである。水道屋さんがマンホールに三ツ又を組んで、ポンプなどを上げ下ろしするのも同様である。

1. Aアングルのつくり方

丸太は、バンセン（焼いた針金で工事用のもの）で縛ればよいのである。シノーでバンセンを丸太に巻き付けて締めつけ、回収するときはバンセンカッターでバンセンを切ればよい。

パイプは、足場用のパイプに穴を貫通させ、径10mmの全ネジを通してワッシャとナットで締めればよい。または、ワッシャと足場用のジザイを使用してもよい。

これらを用意しておけば、現場で組み立てるだけである。現場で都合する場合は、つくり方を知っていれば、棒などを探せばつくれるのである。

[ワンポイント]
丸太やパイプでAアングル（ボウズ）をつくるときには、3本持っていき、2本をAアングルに組み、1本を足下の補強用に使う。だが、山岳などでは足下をロープで結ぶ。それは、丸太やパイプを2本だけ持っていくことで、荷物を減らせるからだ。

2. Aアングルの設置の仕方

丸太またはパイプで、Aアングルをつくり、あるいは既製のAアングルを用意したら、それを現場に設置する。そして、プーリー、ロープをセットして引き上げ、ロワーダウンなどを行なう。

スリングを使って支点をつくる
図11-25　Aアングルの頭（丸太を交差させた所）に、縦にスリングを結んでプーリーをセット出来るように支点をつくる。やり方は、Ⓐ下から上の輪に通して締める。下締めと、Ⓑ交差したところに横からスリングを巻き、上から通す本締めがある。

このスリングの輪にプーリーをセットして、ロープをかける。

引き上げやロワーダウンをする。スリングを2本同じようにかけて、それぞれ安全環付カラビナにプーリーをセットし、メインロープを通す。メインロープは、安全のために2本を使用するほうがよい。幅の広い結び目の通過出来るプーリーを使用してもよい。

（1）ロープの張り方

Aアングルをセットするときに、ロープでアングルを固定して倒れないようにする。頭からかけたロープと、足下に巻いたロープで固定する。

まず、ロープを頭にかけるための、ロープの結び方を説明する。

スリングを、下締めか本締めした上にロープをかける。そうすると、スリングの振れ止めにもなる。ロープはラビット・イヤー（ウサギの耳）か、ダブルリングで結ぶ。

　図11-26Ⓐ　ラビット・イヤーは、輪を頭にかける。輪は締まらない。

　　　　　Ⓑ　ダブルリングは、2つの輪を頭にそれぞれかけて強く引くと輪が締まるので、万が一Aアングルがひっくり返ってもロープははずれない。

　図11-27　ダブルリングのつくり方である。

図11-25　Aアングルにスリングを結ぶ

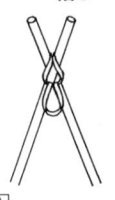

Ⓐ
交差させた頭をスリングで締める（下締め）

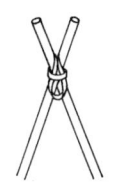

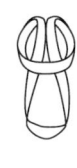

Ⓑ
横からも締める（本締め）

図11-26　ロープの張り方

Ⓐ
ロープをウサギの耳結びにして、1本ずつ頭にかける

Ⓑ
ダブルリングでもよい

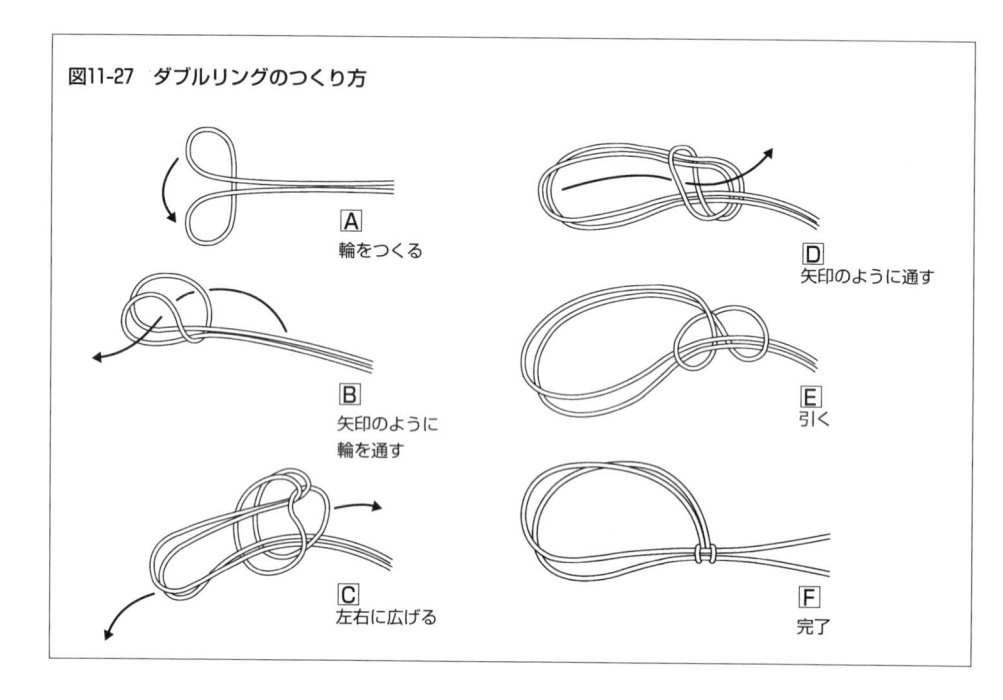

図11-27　ダブルリングのつくり方

A　輪をつくる

B　矢印のように輪を通す

C　左右に広げる

D　矢印のように通す

E　引く

F　完了

（2）Aアングルの設置の仕方

　Aアングルを立てたとき、それを固定して倒れないように設置しなければならない。Aアングルを立てるときの基本の方法である。

　図11-28　アングルの足下からと、頭からのロープを固定する。ロープはアングルの足より外側に張る。

　2本の足の間をロープで縛って固定し、そのロープをそれぞれ左右に引っ張り、木またはアンカーに固定する。まっすぐ横ではなく45°くらい外側に固定する。

　Aアングルの頭にかけた、ラビット・イヤーまたはダブルリングからのロープも、木またはアンカーに固定する。ロープの角度は中心からそれぞれ45°前後に開き、ロープの間は90°くらいになるようにする。開きすぎると倒れやすい。

　Aアングルの頭にスリングを巻いてつくった支点に、安全環付カラビナにプーリーをセットしてメインロープをかける。

図11-28　Aアングルの設置の仕方

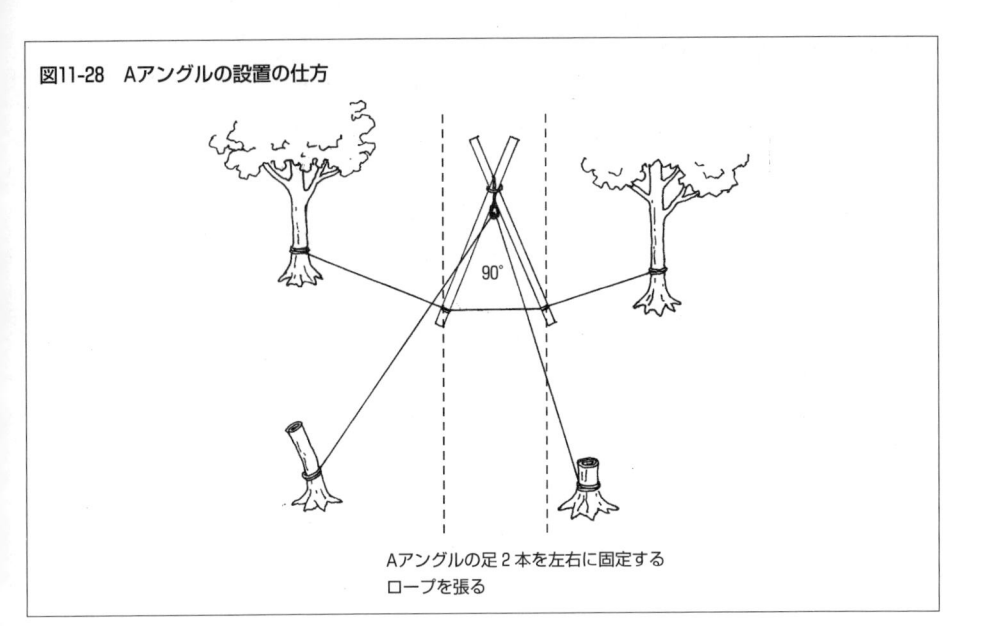

Aアングルの足2本を左右に固定するロープを張る

（3）ビルの屋上に設置するやり方

　図11-29　ビルの屋上では、カサギの手前にAアングルを立てて、ビルの外壁にロープが当たらないような角度に倒す。Aアングルの足は、ロープでアンカーまたは吊り環に結ぶ。頭にかけたロープは、屋上のアングルの反対側まで伸ばして固定する。

［ワンポイント］

　足下が滑らなければ、角度を思い切って寝かせて、外壁から出来るだけロープを離すこともできる。だが、安全性を考えれば適度の角度におさえる方がよい。吊り環または手すりがない場合は、コンクリートにハンマードリルで穴を開け、ボルトを打てばよい。10mmのアンカーを、2本をそれぞれの足下に打って固定する。

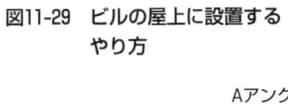

図11-29　ビルの屋上に設置するやり方

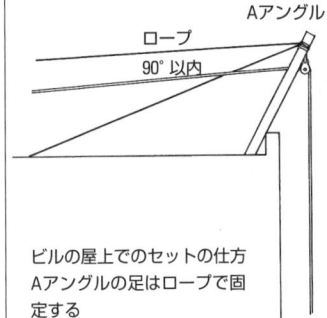

ビルの屋上でのセットの仕方
Aアングルの足はロープで固定する

スリングで締めて、安全環付カラビナをかけ、プーリーをセットするメインロープを通す

（4）岩場での設置のやり方

　図11-30　岩場では、人を背負ってのロワーダウンなどの場合、アングルの位置は少し内側（図のA地点）でもよいが、ストレッチャーを使用したり、引き上げるときは少し外側（図のB地点）に設置したほうがよい。ロープが岩場の斜面に引っかからないためである。

　不安定な場合は、Aアングルの足２本の下にハンマードリルでボルトを打ち、固定すればよい。

[ワンポイント]

①Aアングルの頭にロープをかけて、それを固定するときの結び方は、私はガルダーヒッチにしている。少しずつ引くことが出来るので調節が可能だ。そのかわり、バックが利かない（ロープを伸ばすことができない）ので少しずつ引くこと。

②ダブルリングはロープの１本を引いても抜けることがない。Aアングルの頭によく締まる。結び方は図11-27のように結ぶ。

図11-30　岩場での設置のやり方

Aの位置だと壁にロープが当たる
Bの位置だと壁にロープが当たらない
Aアングルの角度と場所に注意する

10. Aアングルのロープの張り方と調節

　トライアングルはAアングルの既製品で、三角錐の形に組み立てて使う。いろいろな種類があり、名称もメーカーにより違う。

　傾けて、壁際や斜面からロープを離して真直ぐに垂らすことが出来る。

　その傾きの調節をロープで、出来るようにしておくやり方である。

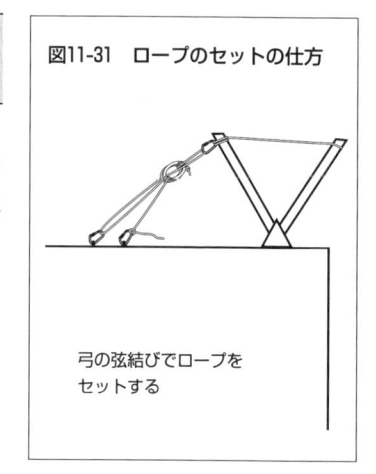

図11-31　ロープのセットの仕方

弓の弦結びでロープをセットする

第11章　ストレッチャー　191

1. ロープのセットの仕方

ロープを引いたり出したりすることが簡単で、ロープの張りを調節出来る。

図11-31は、トライアングルとロープをセットした形である。このロープを調節することによって、ストレッチャーも水平に引き上げることが出来る。

図11-32 A は弓の弦結びである。弓の弦を結ぶときに使う結び方である。ボーストリングともいう。結び方は後で書くので練習して覚えよう。まず、この結び目をつくっておく。B がロープをセットした形である。

つくり方は次のようにやる。

弦結びから出したロープに、1個目の安全環付カラビナをかける。

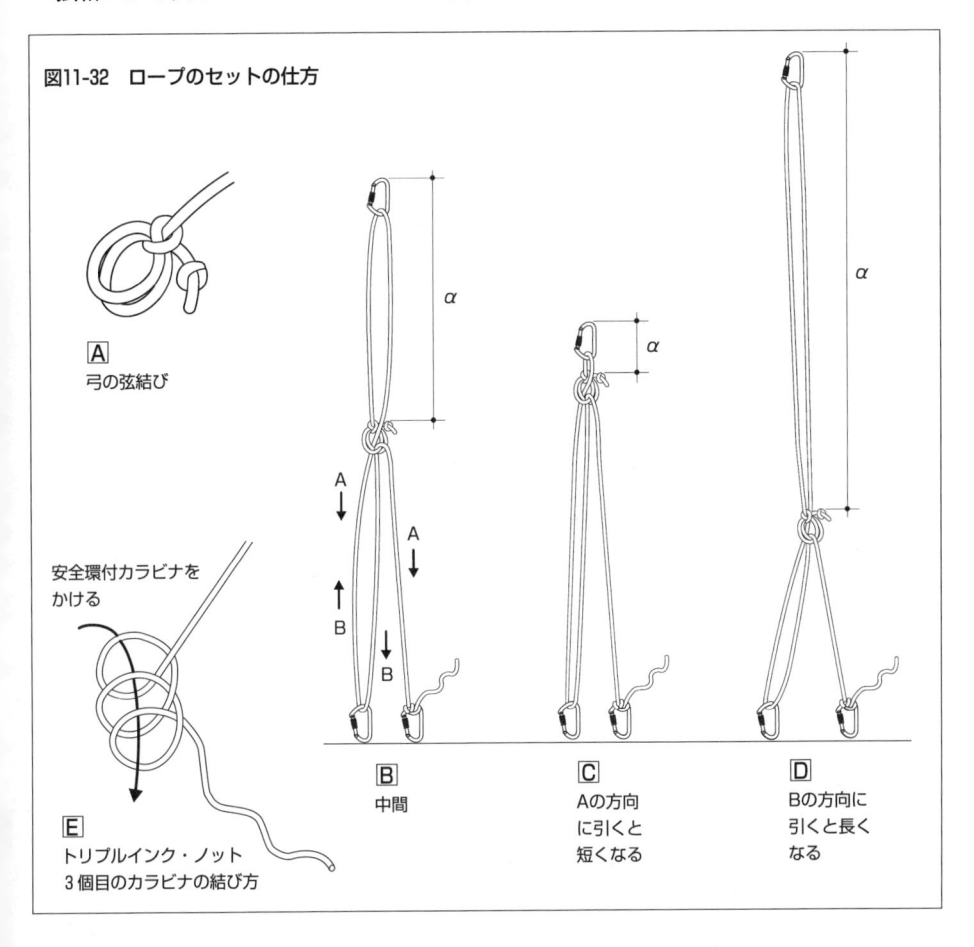

図11-32　ロープのセットの仕方

A
弓の弦結び

安全環付カラビナを
かける

E
トリプルインク・ノット
3個目のカラビナの結び方

B
中間

C
Aの方向
に引くと
短くなる

D
Bの方向に
引くと長く
なる

ロープをダブルにして、弦結びの輪に入れて、ロープを伸ばして２個目の安全環付カラビナにかけ、もう一度ダブルにして弦結びの輪に通す。
　弦結びが真ん中にくるようにして、３個目の安全環付カラビナにトリプルインク・ノットで固定する。
　上の安全環付カラビナ１個の方に、トライアングルをセットする。下の２つの安全環付カラビナはアンカーにかける。
　Bの図の矢印Aの方向へロープを引くと、Cのように a の部分が短くなる。矢印の方向へロープを引くとDのように a の部分が長くなる。
　このようにして、ロープの長さを調節して、張り方を変えることが出来る。
　トリプルインク・ノットは、輪を３つつくって安全環付カラビナにかける。輪が２つだとクローブヒッチという。

[ワンポイント]
　クローブヒッチだと、強い力が加われば緩んでくる可能性がある。それで私がよくやるやり方で、トリプルインク・ノットにする。クローブヒッチをもう１回多く輪をつくる。図11-32Eの輪のつくり方をよく見てみよう。
　そのとき、真ん中の輪がカラビナによく締まらないから、よく締めておくこと。
　中の輪がしまったらほどけにくい。回収するときはほどきやすい。固定にはとてもよい。

2. 弓の弦結びのつくり方（ボーストリング）

　一般的にはあまり使わないが、簡単でほどけにくい。回収するときはほどきやすい。結び目（コブ）がないので強度もある。救助のときは、より安全性を高めるので非常によい結び方である。
　図11-33　結び方は、図のような順序でつくる。出来上がったら、表と裏の結び目の形をよく覚えよう。最後に、末端をオーバーハンド・ノットで結ぶのを忘れないこと。

[注意]
結び方を間違えると、締まらないでほどけてしまうので注意すること。ロープを通す箇所を間違えないようにする。１回指を入れて引っ張ってみると、ロープが止まるか滑るかがわかる。図を見ながら練習するとよい。

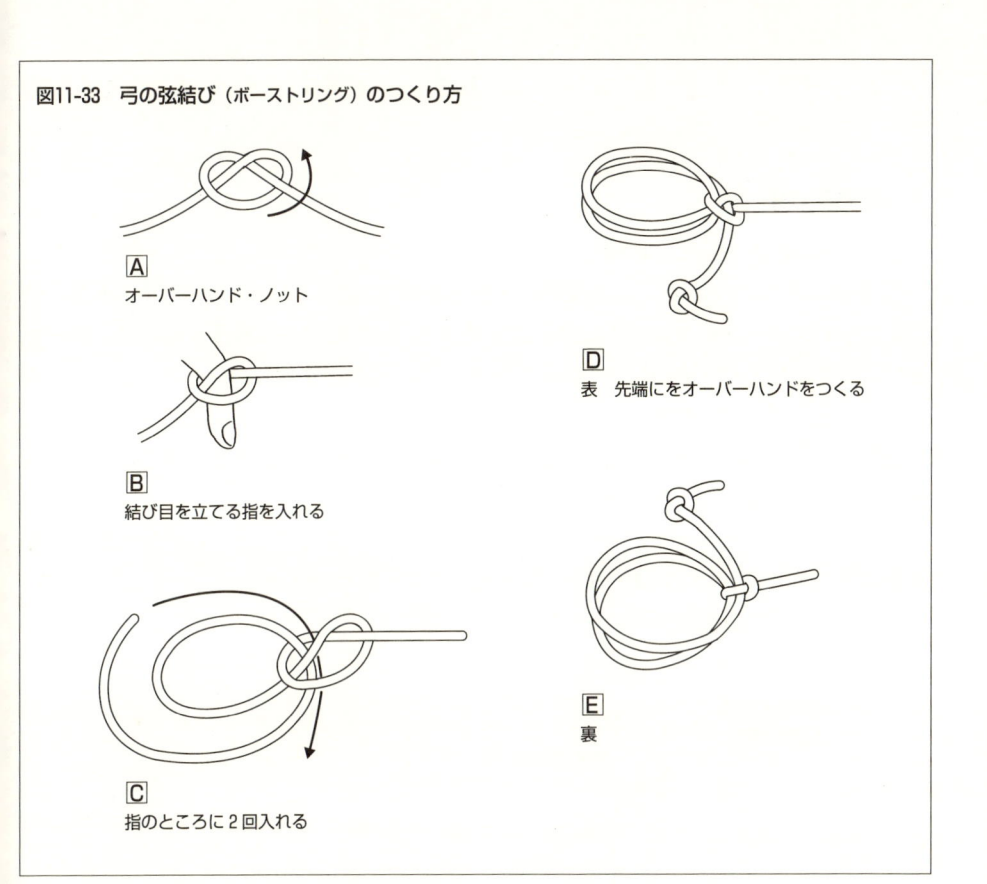

図11-33　弓の弦結び（ボーストリング）のつくり方

A　オーバーハンド・ノット

B　結び目を立てる指を入れる

C　指のところに2回入れる

D　表　先端にをオーバーハンドをつくる

E　裏

11. 人を降ろすときの誘導者の自己ビレー

　ビルの屋上や野外などでロワーダウンをするときに、ロープを操作する人は奥にいて（アンカーが手前でとれないため）、ビルの壁際にいる誘導者がロープの動きを見ながら指示を出し、その指示に従ってロープを操作する。
　そのとき、誘導者は自己ビレーをしておくが、この自己ビレーを調節出来れば動けるので楽にロワーダウンの状況を見ることが出来る。
　どのようにするかというと、自己ビレーの結び目がロープを移動出来るようにしてお

けばよい。それでいて力が加わるとキュッと締まって、止まることが出来るやり方である。

1. 誘導者の位置

まず、人の配置の状況を理解しよう。

図11-34は全体図である。人の配置の状態を書いてある。ロワーダウンする人を、壁際に立って、ロープがスムーズに出るよう見守り、後ろでロープ操作する人に、ロープを出したり、止めたり緩めたりの指示をするのが、誘導者である。ロープがよく見えるように、ときには壁（カサギ）から体を乗り出したりしなければならない。そのときに、自己ビレーしているロープの長さが固定されていると、身動き出来ない事態になり、危険な状況に陥ることも予想される。

例えば、誘導者の自己ビレーのロープが長すぎると、落ちてしまう可能性もある。短すぎると、下が覗けずに下降の様子が見えないので、指示が出せないということになる。

そこで、自分で自己ビレーのロープが調節出来るようにしておくのだ。

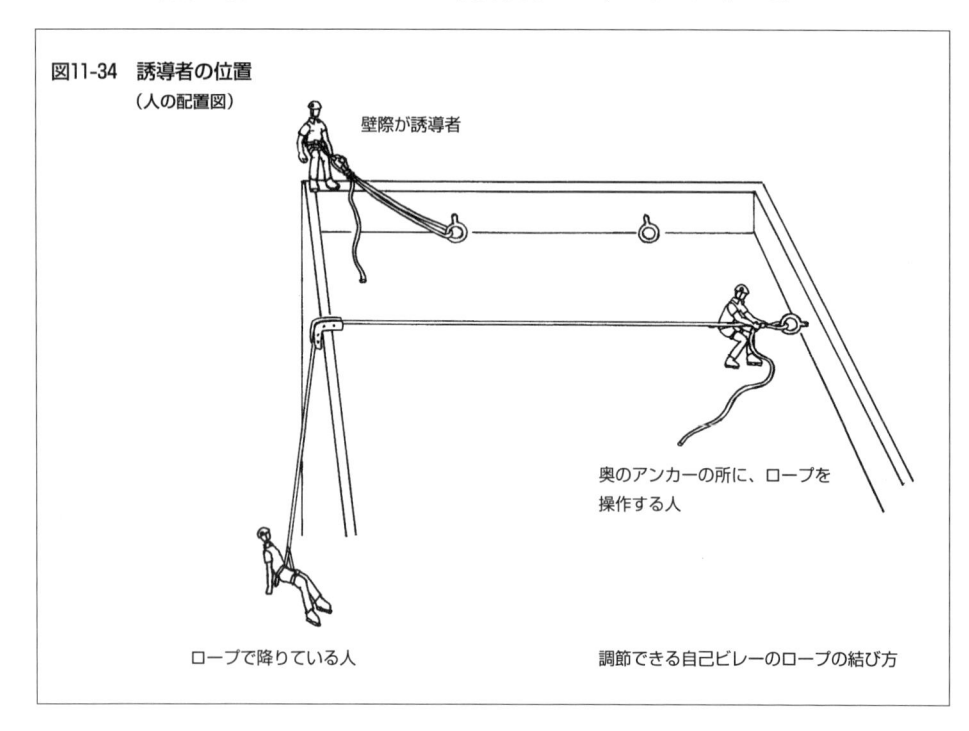

図11-34　誘導者の位置
（人の配置図）

壁際が誘導者

奥のアンカーの所に、ロープを操作する人

ロープで降りている人　　調節できる自己ビレーのロープの結び方

第11章　ストレッチャー　195

2. 調節出来る自己ビレーのロープの結び方、T式レイン・ノット

　自己ビレーしているロープを、自分で長くしたり短くしたり、調節出来る簡単な結び方がある。ビルの吊り環にロープを通し、3回巻いたあとからロープを通して締めるだけだ。立木などをアンカーにしても出来る。T式レイン・ノットのやり方を説明する。

　図11-35　巻き付けた輪をきちんと並べて、結び目をよく締める。反対側にエイト・ノットを結んで、ハーネスの安全環付カラビナにセットする。

　逆に、ハーネス側にT式レイン・ノットをつくり、吊り環側にエイト・ノットをつくってセットしても同じに使える。

　また、これは7：1のときの、メインロープの引き上げにも使える。ほかにどのような使い方が出来るか自分で考えてみよう。使い方の応用がきく結び方である。

　ロープは末端を30cmくらい出しておく。短いときはオーバーハンド・ノットで結んでおく。

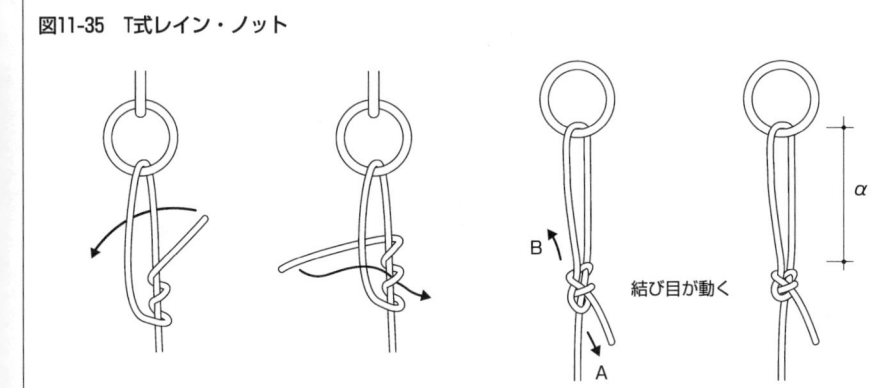

図11-35　T式レイン・ノット

A　吊り環にロープを通して、末端をロープに3回巻く

B　巻き終わったら2本ともに巻き付けて、最後に巻いたロープの2つ目に矢印のように通す

C　A、Bの矢印のようにロープをよく引っ張って締める

D　結び目の上のロープ（3回巻いた方のロープ）を引くと結び目が動く
結び目が動いて長くなる（α）
ロープの反対側でハーネスにセットする

[ワンポイント]
自己ビレーにはバルトタンという結び方もあるが、これはしっかり締めるのが難しい。T式レイン・ノットは、簡単で早く安全である。最低3回をロープに巻くが、4〜5回巻くと摩擦抵抗が大きくなるので、荷重が大きいときはそのようにするとよい。
ロープはソフトロープがよく利く。

3．スライドを使う場合

　スライダーという器具がある。小さなもので、3つ穴が開いている。これをカラビナにかけてロープを通し、末端を結んでおく。
　この他に、ストレッチャーを引き上げるときにも使える。

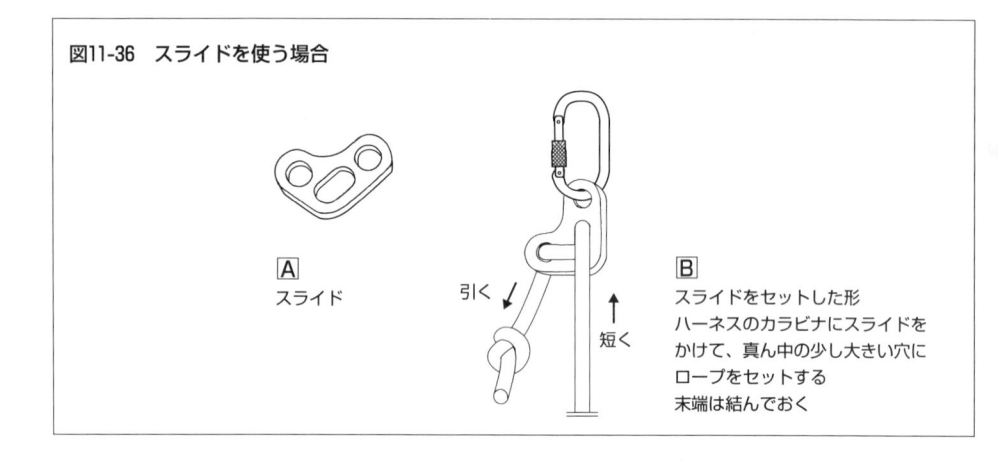

図11-36　スライドを使う場合

A　スライド

引く↓　↑短く

B　スライドをセットした形
ハーネスのカラビナにスライドをかけて、真ん中の少し大きい穴にロープをセットする
末端は結んでおく

第12章　救助に役立つ知識

　川や沢をトラバースするときの安全な渡り方は、自然災害で、大雨により道路が川と化したときにも応用出来る。また、ロープを固定する場合はどのようにやるか。それぞれ方法がある。
　さらに、街中でのマンホールも、近年の自然災害では念頭に入れておきたい。
　作業するときには、どこが安全地帯か危険地帯かを知ることも必要である。

1. 川、沢の渡り方(トラバース)

　川や沢を渡るときは、水量が一番少ない、深くない場所をよく確かめて、その中で一番歩きやすい所を探す。一般的には、斜めにやや下流に向かって渡ることだが、なぜ斜め下流に渡るのがよいか、その理由を説明する。

1. 3通りの渡り方

渡り方は3通りある。
図12-1 Ⓐ 川を斜め上流に向かって、流れを登りながら渡る。
　　　　Ⓑ 川を真横に渡る。
　　　　Ⓒ 川の流れに沿って斜め下に渡る。
この中で、一番安全性の高いものが良いのである。
途中で滑ったときに、それぞれどのように流されるかを説明しよう。
図12-2　川を斜め上流に向かって、流れを登りながら渡る場合、矢印の方に流される。
図12-3　川を真横に渡る場合、矢印のように流される。
図12-4　川の流れに沿って下流に向かって渡る場合、矢印のように流される。

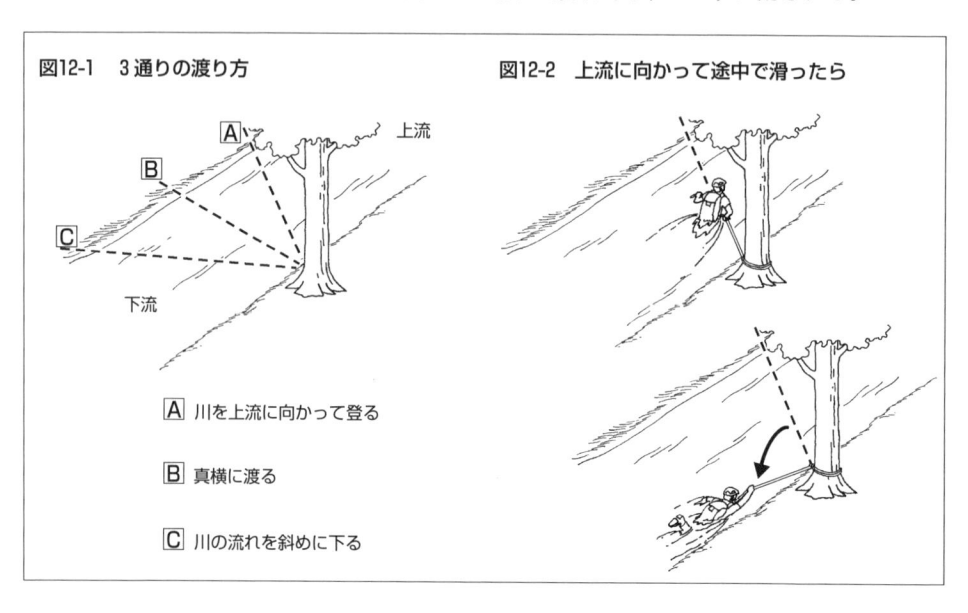

図12-1　3通りの渡り方

Ⓐ 川を上流に向かって登る
Ⓑ 真横に渡る
Ⓒ 川の流れを斜めに下る

図12-2　上流に向かって途中で滑ったら

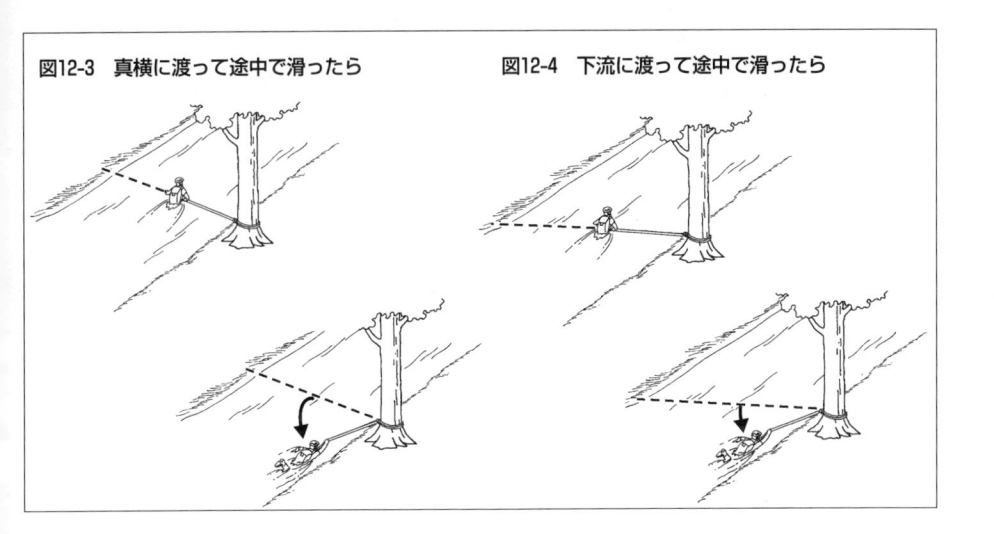

図12-3　真横に渡って途中で滑ったら　　図12-4　下流に渡って途中で滑ったら

2. 安全な渡り方

　一番安全な渡り方は、流される距離が最も短く体勢を立て直せる方法がよい。この図からわかるように、図12-1Cのように下流に向かって渡るのがよい。
　ロープを固定してから次の人が渡る場合も、どれが一番よいかを見てみよう。ロープに牛のしっぽをつけて、図12-1A、B、Cで渡った場合、どのようになるか説明しよう。

- **図12-5**　川を斜め上流に向かって渡る場合、途中でスリップしたらスタートラインまで流されるので戻ることが出来る。
- **図12-6**　川を真横に渡る場合、途中でスリップしたら、ロープに牛のしっぽがぶら下がり行動出来なくなり、ロープはV型になる。流れが急だと体が水の中に持って行かれて、水死する可能性が高い。
- **図12-7**　川の流れに沿って下流に向かって渡る場合、途中でスリップしたらうまくいくと、対岸まで流されて渡ることが出来る。

　この中で、一番安全なのは図12-1のなかでCの渡り方が安全で理想的だ。次に安全性が高いのはAである。ただ、ルートをつくるときにスリップすれば、水流に流される距離が一番長いので注意しなければならない。水の中を歩くときは、水流を上るより下るほうが水の抵抗が少なく楽である。Bは、スリップしてしまうと水流が大きいと、図12-8のように水平から体が水の中に引き込まれてしまい、自分の力では立つことが出来なくなってしまう。

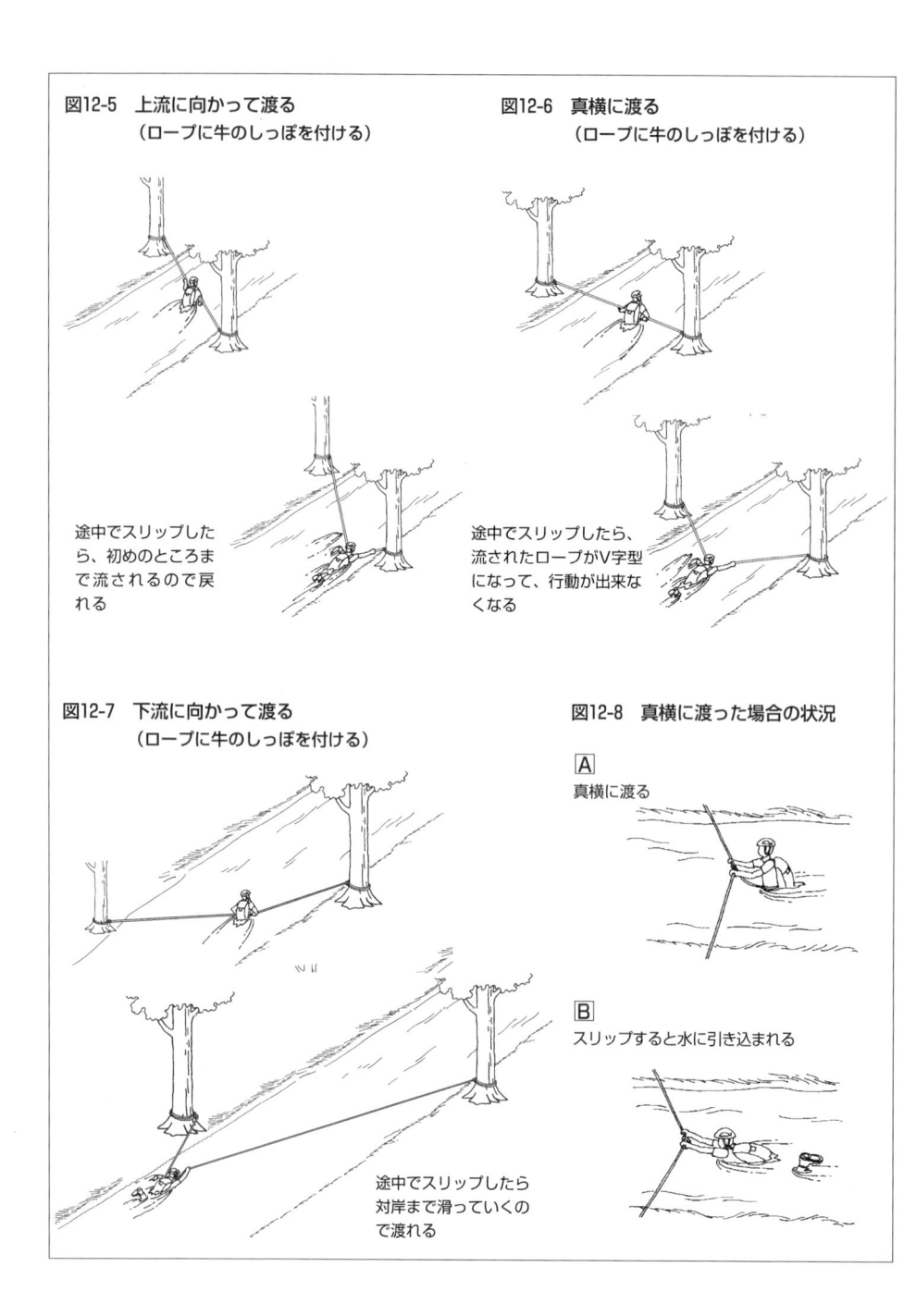

図12-5　上流に向かって渡る
　　　　（ロープに牛のしっぽを付ける）

図12-6　真横に渡る
　　　　（ロープに牛のしっぽを付ける）

途中でスリップしたら、初めのところまで流されるので戻れる

途中でスリップしたら、流されたロープがV字型になって、行動が出来なくなる

図12-7　下流に向かって渡る
　　　　（ロープに牛のしっぽを付ける）

図12-8　真横に渡った場合の状況

A　真横に渡る

B　スリップすると水に引き込まれる

途中でスリップしたら対岸まで滑っていくので渡れる

3. スリップしたときの対処法

図12-9 人数が数人または大勢で渡るときは、このように、ロープをずらして2本で同時に移動する。ゴムボートなどと一緒に移動するときはロープを2本使い、そこにカラビナをダブルロープから1本のロープに固定し、もう1本は上流に上がり、上で調節をしながらボートを寄せる。

図12-10 Ⓐ　2本のロープに安全環付カラビナをかけてボートへセットする。
　　　　　　Ⓑ　上のロープを出していくことで、ボートが岸に寄ってくる。
全員が渡りきったとき、ロープの回収をするときの注意とポイントを説明する。
まず、最後の1名になったとき、ロープの結び目をほどいて、立木に巻いたままのロープ2本と渡っている人に2本固定してもらい渡る。

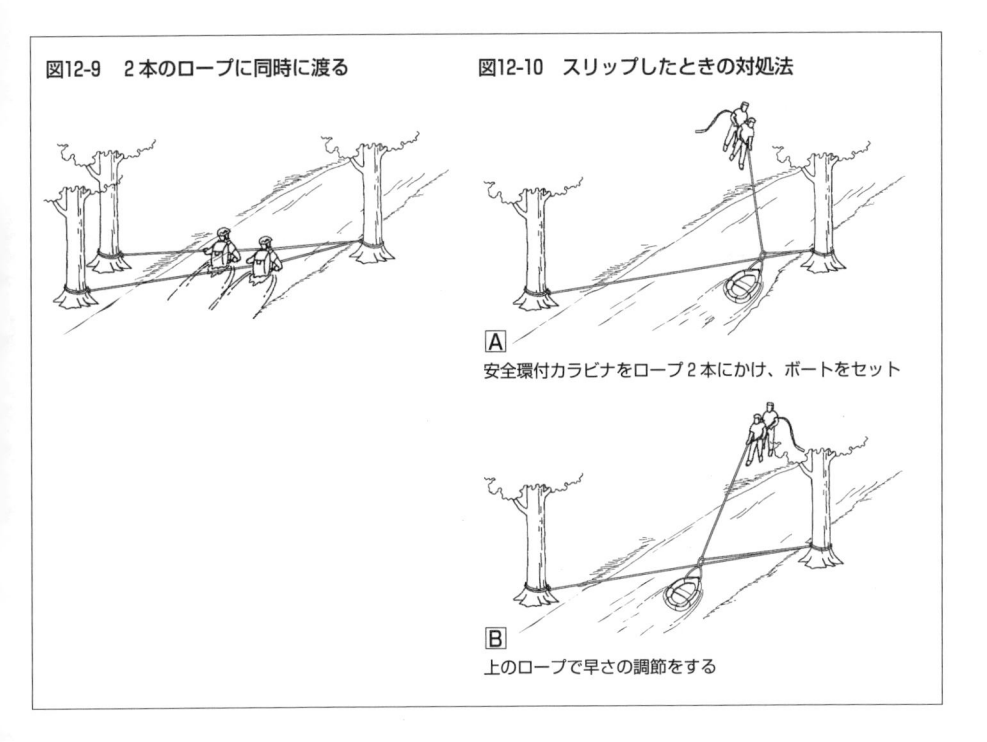

図12-9　2本のロープに同時に渡る

図12-10　スリップしたときの対処法

Ⓐ　安全環付カラビナをロープ2本にかけ、ボートをセット

Ⓑ　上のロープで早さの調節をする

[注意]
図12-11を見てみよう。やり方がよくないのがわかるだろうか。もし、足がスリップしたときに、立木にかけるロープに牛のしっぽはダブルにかけたほうが遊びがないので流されるのが少なくなる。

図12-12　わかりやすく上から見た図である。点線のようになるので、立木に巻いたロープ2本共に牛のしっぽの安全環付カラビナをかけること。そのときは上流でロープを引く人は少し下流に下がり、牛のしっぽをかけやすいようにする。

渡ってからのロープの回収は、図12-12のAかBを回収するのであるが、どちらを引くと回収しやすいか、次の図で説明する。

図12-13　図12-11のBを引くと、Aからのロープが流されて対岸の立木に巻いてしまい、摩擦が出来て引くのに大きな力が必要となる。

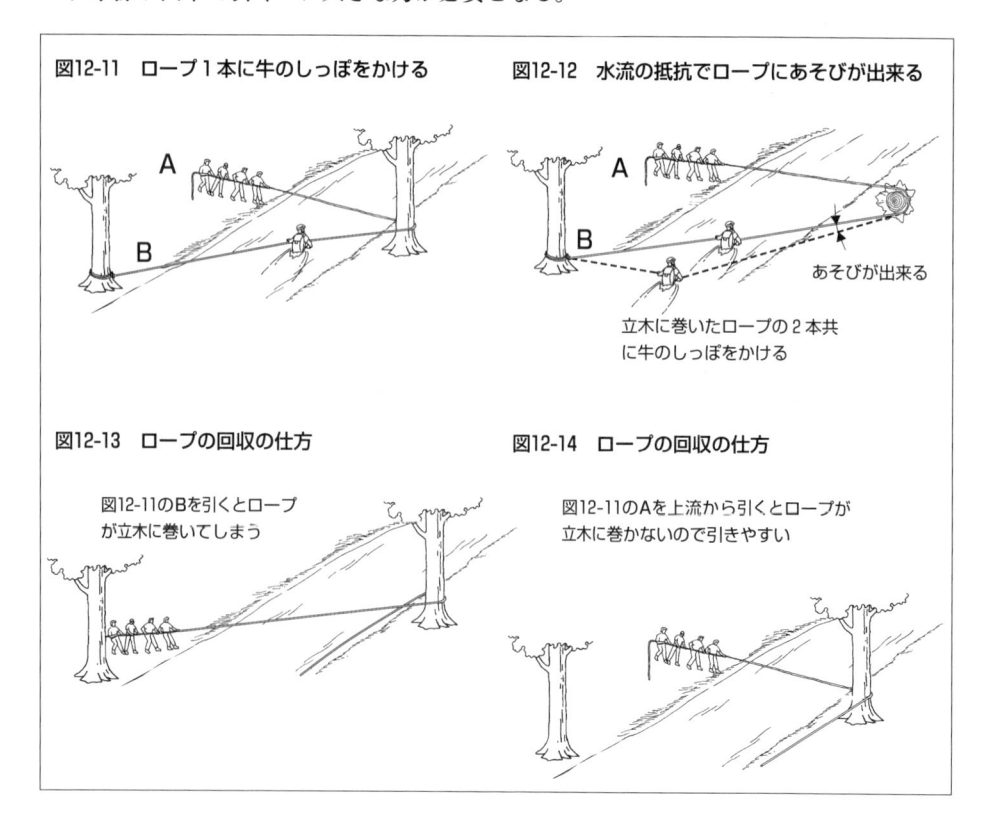

図12-11　ロープ1本に牛のしっぽをかける

図12-12　水流の抵抗でロープにあそびが出来る

立木に巻いたロープの2本共に牛のしっぽをかける

あそびが出来る

図12-13　ロープの回収の仕方

図12-11のBを引くとロープが立木に巻いてしまう

図12-14　ロープの回収の仕方

図12-11のAを上流から引くとロープが立木に巻かないので引きやすい

ロープは水に濡れているので、ますます回収が難しくなる。
　図12-14　図12-11のAを引く方が、立木に回していない分だけ回収がしやすい。Bのロープを立木からほどいてAを引く。出来るだけ上流から引く方が楽である。

[ワンポイント]
そのロープを持って立木より上流に行くと回収が楽である。

4. 立木に結び目をつくるやり方
　安全な渡り方で立木に巻いたロープに結び目をつくっている。そのやり方を説明する。
　図12-15 [A]　立木にロープを巻く。1本に輪をつくり、矢印のように下から上に入れて締める。
　　　　　 [B]　それを矢印のとおりオーバーハンド・ノットで結ぶ。
　　　　　 [C]　①ロープを引っ張ると、締まるような結び方なので固定する。
　　　　　　　　出来た結びの輪に、安全環付カラビナをかけること。
　　　　　　　　②のロープが動かないか確認する。

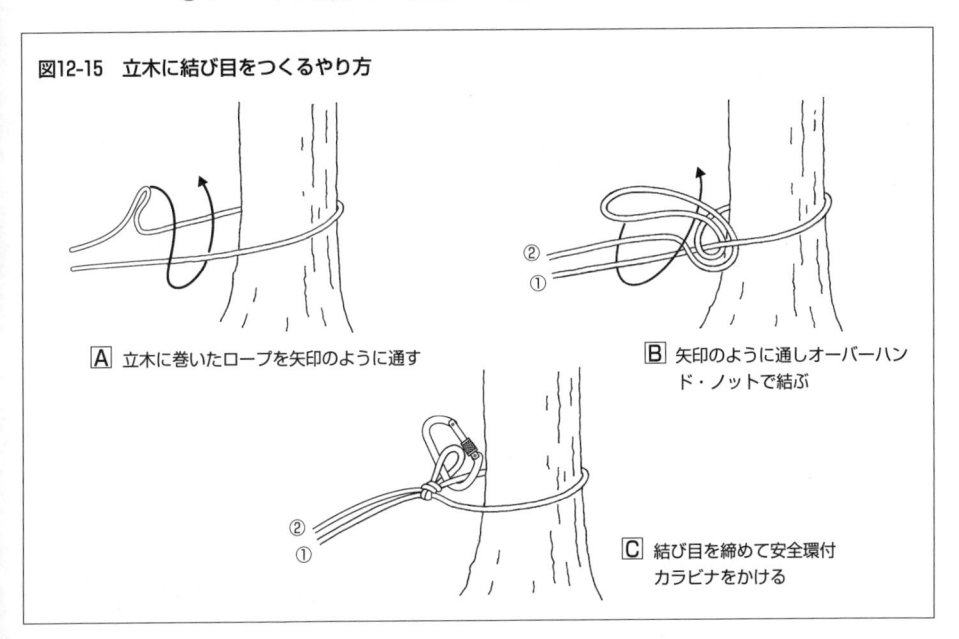

図12-15　立木に結び目をつくるやり方

[A] 立木に巻いたロープを矢印のように通す
[B] 矢印のように通しオーバーハンド・ノットで結ぶ
[C] 結び目を締めて安全環付カラビナをかける

2. マンホールからの救助

マンホール内に落ちた人を、引き上げる方法を紹介する。
まずは、マンホール入り口のフタの種類があるので、マンホールの形から説明する。

1. マンホールのフタの形

マンホールにはいろいろな形があるが、大きく分けると角形と丸形がある。フタの形で分けることが出来る。

角形で注意することは、角度によってはフタがマンホール内に落ちてしまう可能性があるということだ。

図12-16　角形のフタを開ける。

図12-17　開けたフタをマンホールのすぐ横に置くとき、横向き（長辺をマンホールに水平に置く）に置くと、マンホール内に落ちる可能性は低い。

図12-18　マンホールの穴は、点線の斜めの距離がフタの長い方の辺よりも長い。無造作に置いてフタが入り口に対して斜めになったり縦向きになると、フタはすっぽりとマンホール内に落ちてしまう危険性が高い。

その点、丸形はどのように置いても中に落ちることはない。

図12-19　丸形のフタを開ける。

図12-20　丸形は真ん丸な形をしているので、マンホールには落ちることはない。

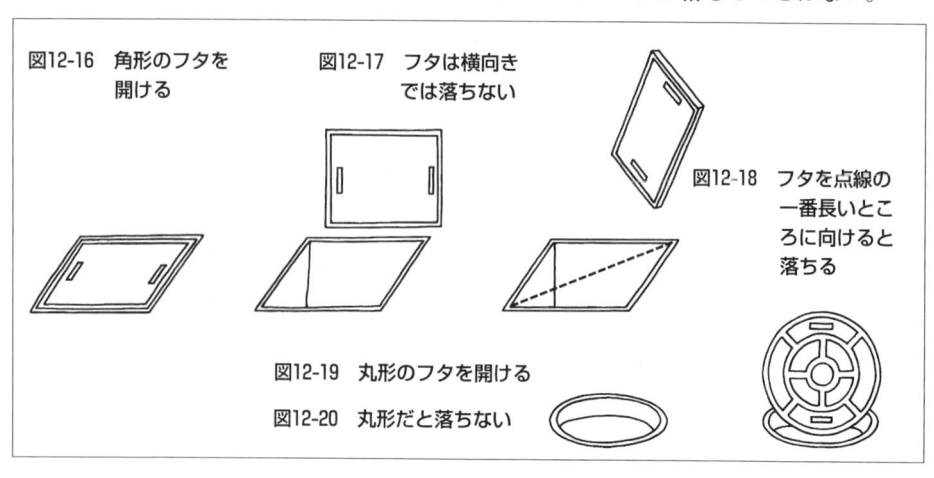

| 図12-16　角形のフタを開ける |
| 図12-17　フタは横向きでは落ちない |
| 図12-18　フタを点線の一番長いところに向けると落ちる |
| 図12-19　丸形のフタを開ける |
| 図12-20　丸形だと落ちない |

丸形はどのように置いても、直径が穴の幅よりも大きいため、落ちないようになっている。現在は、安全面から考えて丸形のフタが多い。

いずれにしても、フタをはずしたら救助活動中のマンホールの近くには置かない。けつまづいたり、角形は穴に落とす可能性があるからである。

また、マンホールに入る前は、**二酸化炭素やガスなどの有害なものが出ていないか確認してから入る。**

私は、ビルの高架水槽や受水槽のタンクのチェックなどをしているので、工事中はいつもこのような注意を業者や仲間に言っている。

2. アンカー（支点）をつくる

マンホールから救助する場合は、初めにマンホール内に入るための準備をする。

まず、マンホールの穴の上にアンカーをつくる。マンホールの中心の上からロープを垂らすのが一番安定が良い。そのために、マンホールの上にアンカーをつくる。

（1）三脚を使う

三脚は、角パイプと丸パイプのものがある。外国の物はアルミニウムパイプを使用している。三脚は、大、中、小くらいまで大きさがあり、脚の長さを調節出来るものも多くなってきた。

マンホールの上に固定して置き、ロープなどを垂らす。

また、手巻きウインチや、それとセットで登高器やストッパーをかける物もある。

図12-21　三脚をマンホールの上に立てる。
　　　　　三脚に手巻きウインチを固定する。
　　　　　図は手巻きウインチの形（上＝アメリカ製、下＝ヨーロッパ製）。

手巻きウインチには、ボックスを開けると、すでに4：1での引き上げが出来るような物もある。

エンジンを使用して、コンプレッサーで自動的に引き上げられるように出来る物もある。

外国では、引き上げるときにストッパーをかけるが、もし、ロープが凍ったら滑り出すので、そのときは巻き付け結びまたは確保器を使用する。

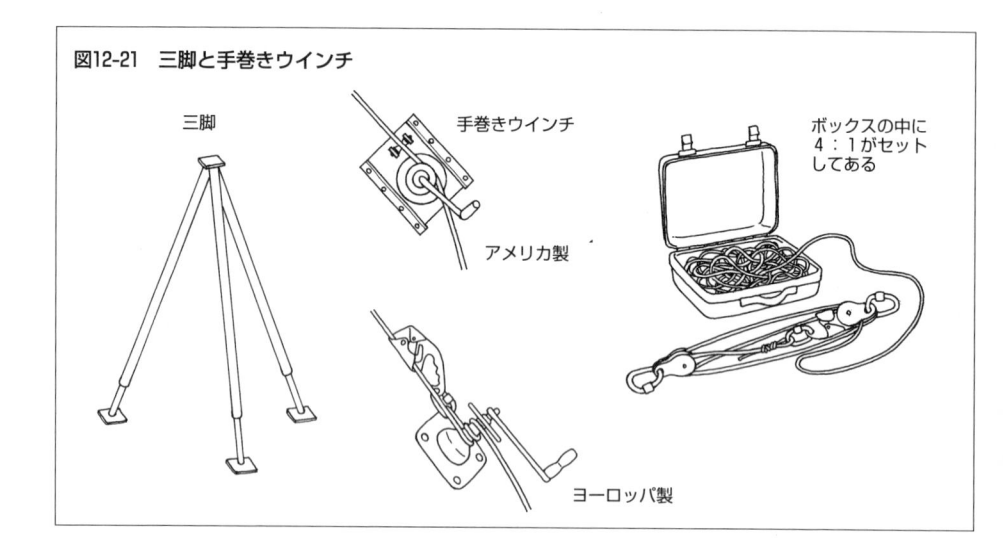

図12-21　三脚と手巻きウインチ

三脚

手巻きウインチ

アメリカ製

ヨーロッパ製

ボックスの中に
4：1がセット
してある

（2）三脚がないときのやり方

　もし、三脚がない場合は、丸太などを利用してつくる。
　約2mの丸太3本と、バンセン2～3本あれば出来る。焼きバンセンは、1本で1㌧の強度があると教わった。シノウ、バンセン、それらを縛る物、バンセンカッターがあればよい。

[注意]
バンセンは強く締めると切れてしまう。何回か練習しておく必要がある。つくりバンセン1箱あれば、1年は練習が出来る。バンセンを結ぶのもコツがあり一つの技術である。出来れば、鳶さんに教わるのが一番早い。

[ワンポイント]
2本の丸太を×の字に合わせて、角度を決めてからバンセンで締めること。
もう1本の丸太を×の上に乗せて、同じように締める。後は3本まとめて横からバンセンで締めると動かなくなり安心である。

図12-22　丸太でつくる三脚
　A、B、Cの順で丸太をバンセンで縛る。Aの巻き方でバンセンを巻く。Bのように

バンセンを締める。Cのように丸太を1本足してバンセンを巻いてよく締める。バンセンはDのような形になっている。三角になったらEのようにマンホールの上に立てる。

[ワンポイント]
丸太三脚の、頭へかかるようにスリングをかける。三脚の足下にロープかテープを結ぶ。ロープならクローブヒッチで3本の足を縛ること。救助用ロープを引くときは、自分の顔あたりでロープを掴んで下に下げると楽である。その反対だと、マンホールから来ている下向きにロープを引くことになる。人数が多くいるなら、2：1で引くのが一番早く、引き手の人数は要救助者が2〜3人ならそのまま2：1で引いてよいが、引く救助者よりも、下にいる要救助者の方が多い場合は、体力を使い切る前に上に引き上げる必要がある。

[注意]
三脚の足下のロープをしっかり結んでおくこと。緩むと足が広がって危険であり、三脚が倒れてしまうので周りの人が怪我をする。
なお、バンセン以外にロープを使って丸太を3本同時に縛ってしまい、丸太の間にロープを入れて締めるやり方もある。

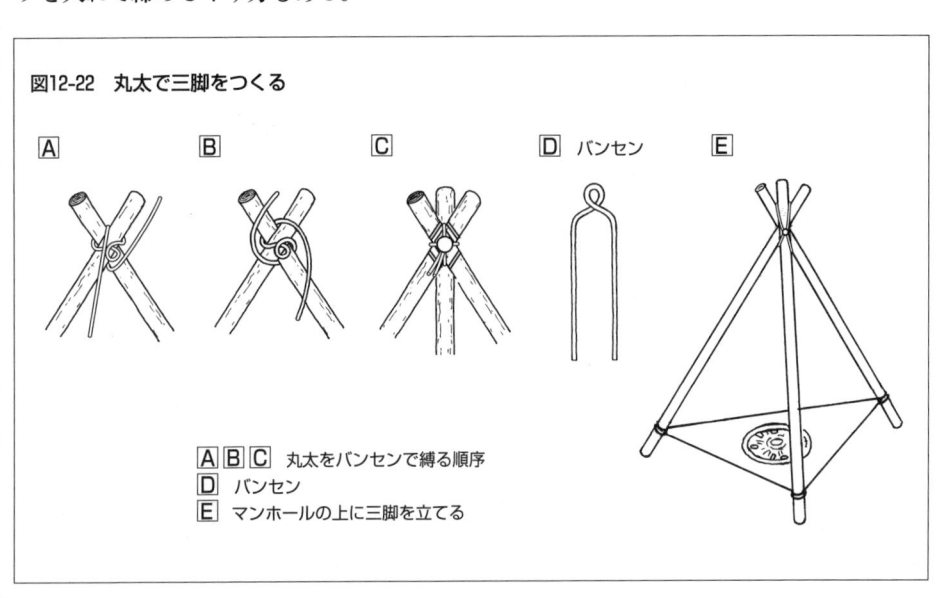

図12-22　丸太で三脚をつくる

A B C　丸太をバンセンで縛る順序
D　バンセン
E　マンホールの上に三脚を立てる

丸パイプで三脚をつくる

丸パイプでつくっておいてもよい。

図12-23 Ⓐ　2本の2mのパイプに穴を開けて全ネジ径12mmを通してナットをダブル締めで締める。

　　　　Ⓑ　これを広げるとAアングルになる。この形でも使用出来る。

　　　　Ⓒ　三脚にするには、もう1本のパイプをネジで止めた上に乗せ、3本の角度を決めたら重ねたところをまとめてロープできつく縛る。

　　　　Ⓓ　パイプの足は直角に切ったままなので、土の上なら埋め込めるため問題ないが、タイルやコンクリートなら滑るので下にゴムなど敷く。

（3）Aアングルだとどのようにやるか

図12-24　Aアングルを使って引き上げる

Aアングルを立てるときに、交差しているところをマンホールの上に持ってくる。後ろでロープをV型の形で引く。足下はその逆にしてロープを引く。Aアングルの2本の足も、広がらないようにロープで縛る。準備が出来たら2：1、3：1で引き上げる。

交差した部分からV型にロープを出して引く。点線のようにロープを出すとなお良い。

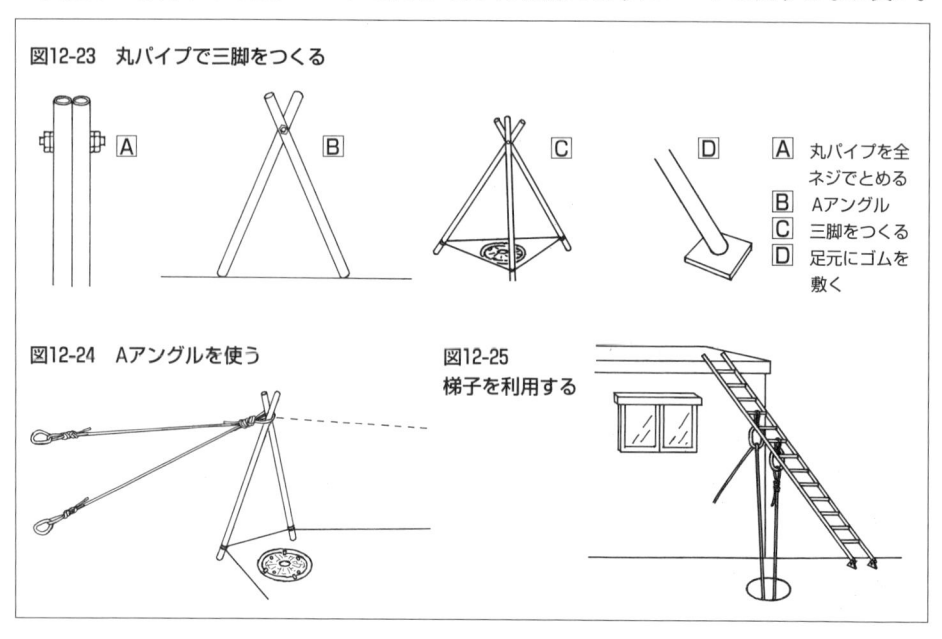

図12-23　丸パイプで三脚をつくる

Ⓐ 丸パイプを全ネジでとめる
Ⓑ Aアングル
Ⓒ 三脚をつくる
Ⓓ 足元にゴムを敷く

図12-24　Aアングルを使う

図12-25　梯子を利用する

足下は２本をロープで縛り、それぞれの足からロープを引く。上のロープとは逆方向に引く。

図12-25　梯子を利用して引き上げる

ビルのすぐ横にあるマンホールなら、外壁を利用してそこに梯子を立てかけてアンカーにすることが出来る。梯子にスリングをセットして２：１で引き上げれば、早くて安全である。梯子が滑らないように、梯子の足立てを１名が押さえておくこと。または、梯子の上部をビルの壁側にロープで縛っておくとよい。

3. プーリー（滑車）を使って引き上げる

三脚などでアンカーをつくったら引き上げるが、その場合、プーリーを使うと少ない力で引き上げられる。使用する用具として、次のようなものを用意する。
- 安全環付カラビナ　４枚　　・ダブルプーリー　１個　　・登高器　１個
- スリング60cm　１本、120cm　２本　　・三角ハーネス　１個（180cm　１本）
- ロープ　１本

三脚に用具をセットする方法は、次のような順序で行なう。

三脚に120cmのスリングを１本かけ、安全環付カラビナにダブルプーリーをセットする。その安全環付カラビナから、60cmのスリングを登高器の穴にガース・ヒッチを結んで、ダブルプーリーの安全環付カラビナにかける。登高器の上に安全環付カラビナをつけ、120cmのスリングを丸パイプにクレムリンハイストで巻き付け結びにする。ロープを３：１にセットする。

セットのやり方は、エイト・ノットで、もう１つの安全環付カラビナにロープをかける。これで３：１のセットが出来上がる。

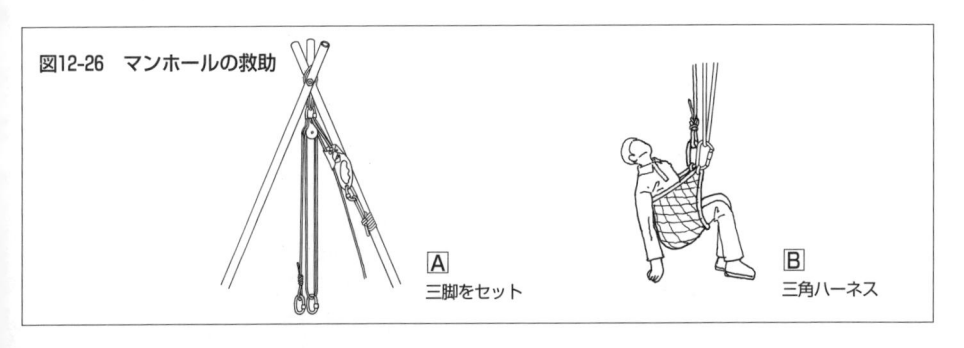

図12-26　マンホールの救助

A　三脚をセット

B　三角ハーネス

登高器は、人が多くいるとかえってじゃまになるので、登高器を使わないで、皆でロープを引っ張った方が早い。
　要救助者には、三角ハーネスをセットして、ロープにそれをかけて引き上げる。
　図12-26 Aは三脚にセットした形。
　　　　　 Bは三角ハーネスをセットした形。
　三角ハーネスがない場合は、180cmのスリングでフルボディ・ハーネスをつくるとよい。

4. プーリー引き上げシステムの形
　マンホールから引き上げるとき、三脚にセットするシステムの形はいろいろある。荷重、引き上げる人数、状況によってやり方を決めるとよい。
　図12-27 A～D　1：1　　E～F　2：1　　G～I　3：1　　J～K　4：1
　今ある用具で対応出来るよう、全員で一度システムの形をつくってやってみて、話し合う必要がある。そうすれば現場でスムーズに動くことが出来る。

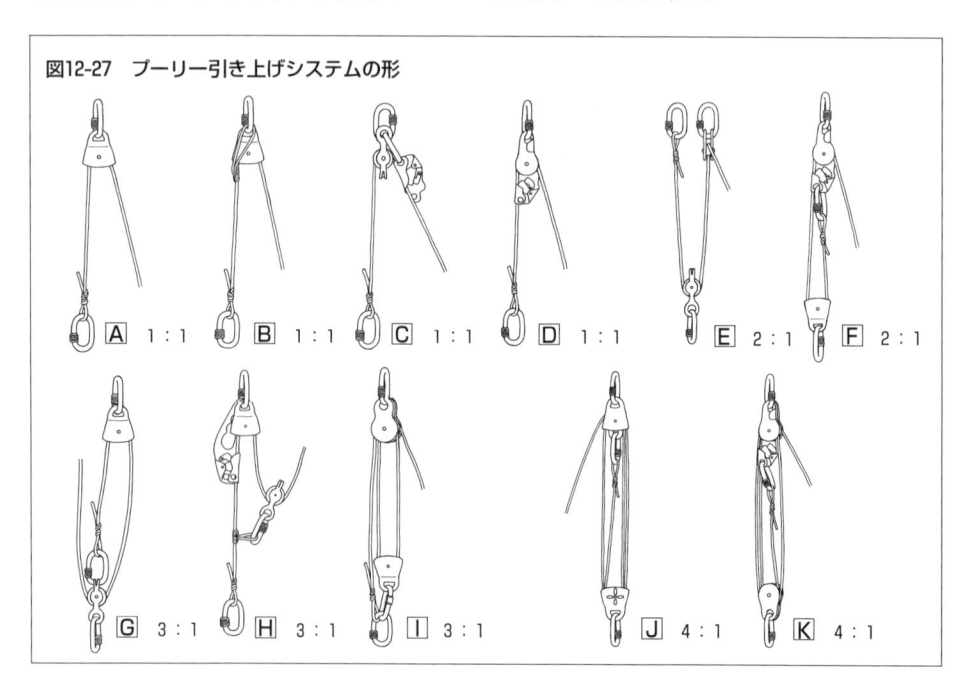

図12-27　プーリー引き上げシステムの形

A 1：1　B 1：1　C 1：1　D 1：1　E 2：1　F 2：1
G 3：1　H 3：1　I 3：1　J 4：1　K 4：1

3. 安全地帯と危険地帯、および中間地帯の見分け方

　いままで救助活動をやっていて、安全地帯まで連れて行けというと、どこが安全地帯でどこが危険地帯であるかという認識の少ないことを感じていた。
　登山では、自己ビレーを取ったら確保されるので、そこが「安全」という認識がある。しかし、ここでいう安全地帯とは、確保などをしなくても、ただそこに座っていられることが、「安全」という認識を持ったところを指すのである。
　それぞれの場所で、どこが安全地帯でどこが中間地帯か危険地帯かを示した。
　あたり前のようなことだが、現場に行くとなかなか認識出来ないので、意識して考えるようにしたほうがよい。
　図12-28 Ⓐ　登山道
　　　　　 Ⓑ　街に流れる川の土手堤
　　　　　 Ⓒ　ビルの屋上
　どれも、危険地帯は斜面や垂直の壁など、立っていられないなどの不安定な場所。中間地帯は、スリップすれば危険な場所。安全地帯は動くことが安心して出来る場所である。
　図を見て、常識的なことだと思われるが、救助の現場では混乱してわからなくなることもままある。普段から頭の中を整理しておくと、現場でここは安全、ここは危険ということが見ただけですぐに判断出来る。

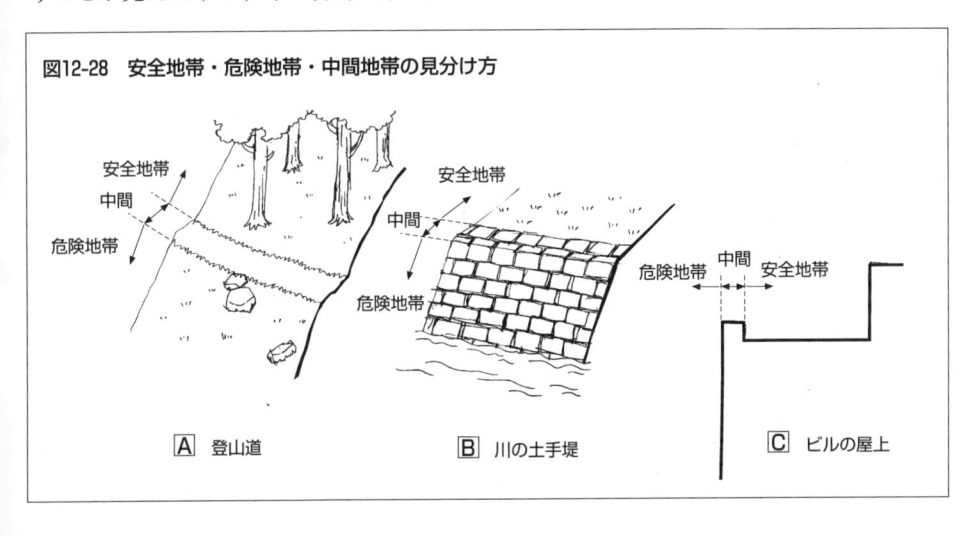

図12-28　安全地帯・危険地帯・中間地帯の見分け方

Ⓐ 登山道　　Ⓑ 川の土手堤　　Ⓒ ビルの屋上

4. 屋上からの脱出

　ビルからの救助を想定してみよう。
　街中のビルをよく見ると、窓の上に庇のある建物が多い。新しい建物は庇のないものが増えているが、気にして歩いてみるとまだまだ結構ある。
　そんな建物からの救助を考えてみよう。

1. アンカーを取り、ロープをセットする

　屋上から、吊り環または手すりの下部分にスリングを巻き付け、安全環付カラビナにロープをかける〔エイト・ノットまたはウサギの耳（ラビットイヤー・ノット）で結ぶ〕。ロープが地上（地面）に届いているかを確認してから懸垂下降に入る。
　これは、あくまでも文章にしただけである。実際は、屋上からロープを降ろし、地面に着いたら余分に2m垂らして手すりに一時結び、反対面の吊り環または手すりの下部分にアンカーを取る。スリングを巻き、安全環付カラビナにかけ、ロープをエイト・ノットまたはウサギの耳にして、手すりの一時結びはほどいて懸垂下降を開始する。
　この違いは、降りる面でアンカーを取るのではなく、反対側にアンカーを持って行くことで、さらに安全を確保出来るからである。
　階下の部屋にいる人を救助する場合、屋上から懸垂下降して窓から潜入し、エイト環をはずして要救助者に三角ハーネスをつける。上のもう一人がエイト環をはずしたときに、懸垂下降の用意をしてすぐに開始する。庇に止まり自己ビレーを取る。そのときに、何を使いどのように自己ビレーを取るかである。
　私は、岩場でも簡単に自己ビレーを取ることが出来る。ただし、足が着くという条件が必要になる。空中ではこの方法はやらない。

2. エイト環で自己ビレーを取る

　そのやり方を説明する。
　エイト環には短所といわれているものがある。その短所を長所にかえればよい。転換の発想である。
　エイト環を操作するのに慣れてない人がブロックしてしまい、にっちもさっちも動

がとれなくなるときがある。ブロックした状態とは、エイト環の首にかけたロープがずれて上に上がり、固まって締まってしまう状態である。それを利用して自らその形をつくり、自己ビレーするのである。早くて簡単、安全である。

エイト環がブロックした状態で自己ビレーを取る。それから、エイト環の小さい穴にHMS型安全環付カラビナをかけてロープでムンターヒッチをして、窓からロワーダウンをすればよい。そのとき、懸垂下降をしたロープを使用すれば早い。地面に2mほど余裕を持って垂らしているはずである。ムンターヒッチをしてもロープは十分地面に着いている。1本のロープを使用することで回収も早い。

その次に、部屋の中にいる者を下降させ地面に着地したら、庇にいる者が自己ビレー（ブロック）をはずして懸垂下降する。

ブロックのはずし方は、エイト環の首から上に上がったロープを両側から持ち、一気にエイト環の首までさげてエイト環での懸垂下降の体勢にする。足は庇に立っている。空中だとロープに荷重がかかっているので、ブロックをほどくことは出来ない。これが、初めに書いた条件が必要ということである。

図12-29　建物の形状　庇がある場合の建物
図12-30　ビルの横断面　下降をして庇に立ち、自己ビレー（ブロック）して、ムンターヒッチをする。

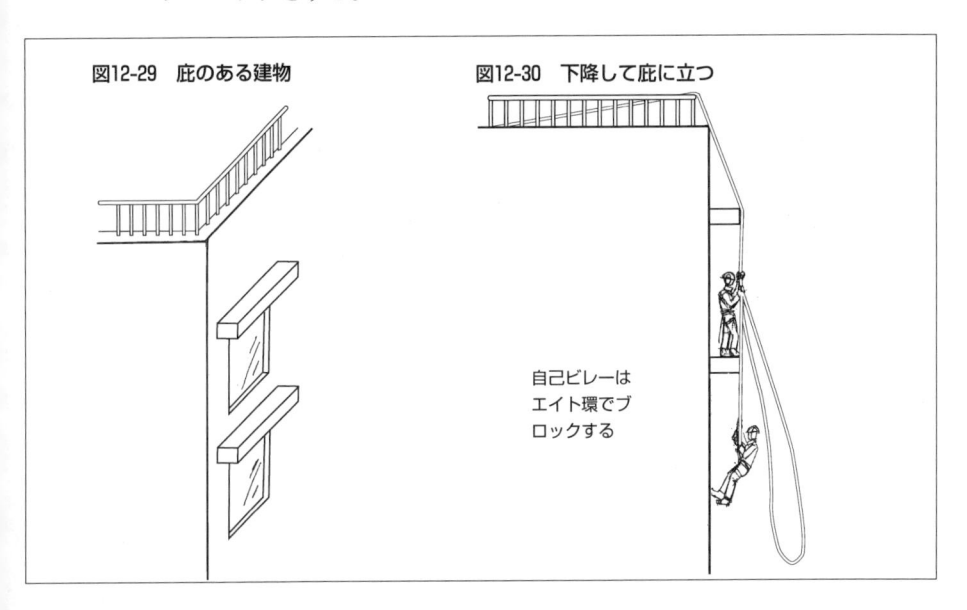

図12-29　庇のある建物

図12-30　下降して庇に立つ

自己ビレーは
エイト環でブ
ロックする

図12-31　救助をする。庇の人がロワーダウンして窓から人を外に出す。
　図12-32　エイト環で自己ビレー（ブロック）し、HMS型カラビナでムンターヒッチをして要救助者をロワーダウンする。

[注意]
エイト環によるブロックを利用した自己ビレーは、充分練習して解除出来るようになってから本番で使う。ブロックがほどけないと動きがとれなくなる。

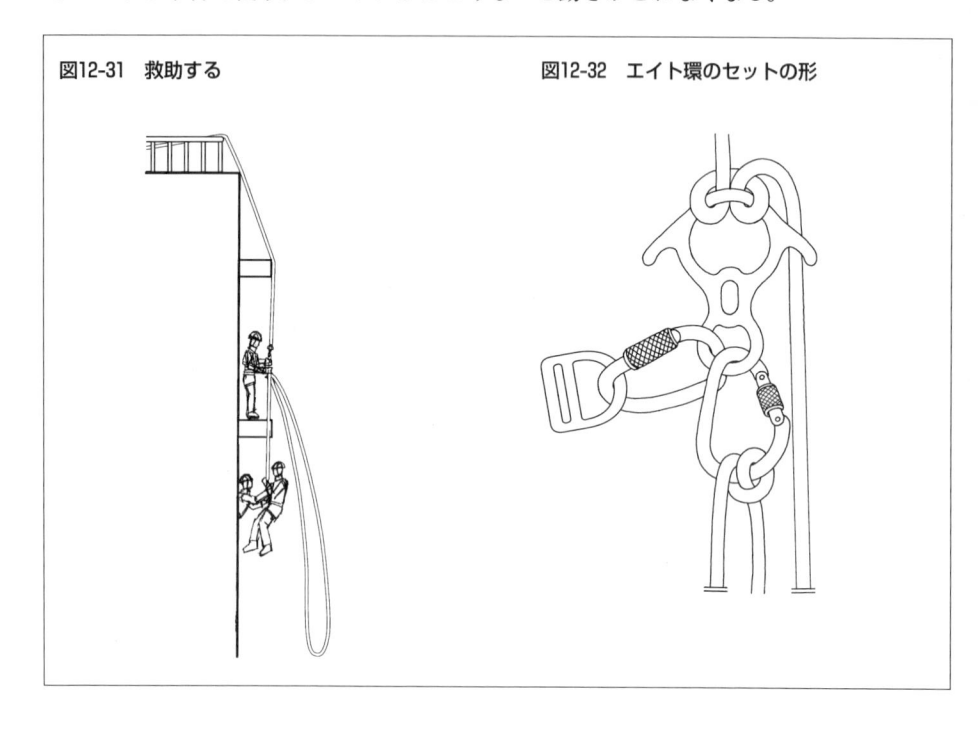

図12-31　救助する　　　　　　　　　　図12-32　エイト環のセットの形

おわりに

　日本ロープレスキュー協会を立ち上げ、ロープレスキュー技術を本格的に指導するようになって6年近くになりますが、日本ではまだまだ技術の統一がなされていないことや、最新の道具がなかなか普及しないので旧態依然のやり方でやっていることが多い、ということを実感しています。
　これでは、救助する方も危険にさらされながら、なおかつ時間もかかるので、要救助者のダメージも大きくなるということです。救助隊もいくつかの隊が集まって活動する場合に、隊ごとにやり方が違うということでは意味がありません。また、近年は大型機材の導入も行なわれていますが、災害や事故時にはそれが使えないような現場も多くあります。そのようなときは、やはりロープレスキュー技術が基本になります。
　ロープレスキュー技術は、大きく分けてアメリカ式とヨーロッパ式があります。どちらも長所、短所がありますが、ヨーロッパ式は、山岳レスキューを基にしているので、少人数、軽量機材での技術が発達しています。
　さらに古くから使われている日本式もすばらしいものがあります。
　私の技術は、ヨーロッパ式に、アメリカ式と日本式の良いところを取り入れ、なおかつ経験に基づいて独自のやり方も工夫しているので、必ず実践で役立つと確信しております。
　また、ロープレスキュー技術は、自分を守る技術でもあります。まずは自分が事故を起こさない技術を身につけていなければ、人を救助することは出来ません。
　この本が救助技術の統一、向上に役立つことを願ってやみません。
　最後になりましたが、この本の出版に際しては、古くからの友人であり先輩である京都趣味登山会会長の林辰夫さんに大変ご協力をいただきました。また、ナカニシヤ出版の中西健夫社長、林達三さん、竹内康之さんには多大のご尽力をいただきました。本書刊行にたずさわっていただいた皆様にこころより感謝申し上げます。

堤　信夫

◎著者紹介

堤　信夫（つつみ　のぶお）

1951年京都生まれ。登山家、山岳ガイド、レスキュー講師。1974年のヨーロッパアルプス登攀を機に、毎年海外遠征を行なう。

ヨーロッパアルプス・ドロワット北壁冬期単独初登、カラコルム・ウルタルⅡ峰新ルートから第2登、カラコルム・ディラン峰北壁初登、ボルネオ・キナバル山に多くのルート開拓とコマンド・コールドロン下降（世界初）など、国内外に数々の記録を残す。

2008年からNHKドキュメンタリー番組に同行。「グレートサミッツ」ではアメリカ「ヨセミテ」、カナダ「ロブソン」、パタゴニア「フィッツロイ」、ボリビア「サハマ」を登攀。また、ロープレスキュー技術の普及、安全講習などを行なう、日本ロープレスキュー協会を主宰・代表。日本山岳会会員、RCCⅡ会員、文部科学省登山研修所講師、（社）日本山岳ガイド協会会員・ガイド技術委員、自然公園指導員、（社）日本山岳協会・指導常任委員会委員、（社）東京都山岳連盟・指導教育委員会委員、日本ヒマラヤ協会会員、日本山岳文化学会会員、京都趣味登山会会員。

著書に『全図解クライミングテクニック』『全図解レスキューテクニック』（山と渓谷社刊）がある。

ロープレスキュー技術

2008年9月3日　初版第1刷発行
2021年7月30日　初版第12刷発行

定価はカバーに表示してあります

著　者　堤　　　信　夫
発行者　中　西　　　良
発行所　株式会社　ナカニシヤ出版

〒606-8161 京都市左京区一乗寺木ノ本町15番地
電話　075-723-0111
FAX　075-723-0095
振替口座　01030-0-13128
URL http://www.nakanishiya.co.jp/
E-mail iihon-ippai@nakanishiya.co.jp

落丁・乱丁本はお取り替えします。
© Nobuo Tsutsumi 2008 Printed in Japan
印刷・製本　ファインワークス／作図・装幀　竹内康之
ISBN978-4-7795-0284-2 C2075

◎本書のコピー、スキャン、デジタル化等の無断複製は著作権法上での例外を除き禁じられています。本書を代行業者等の第三者に依頼してスキャンやデジタル化することは、たとえ個人や家庭内での利用であっても著作権法上認められておりません。